증보판

융합적 사고와 창의적 글쓰기

경기대학교 사고와 표현 교재편찬위원회

Human Science
휴먼싸이언스

융합적 사고와 창의적 글쓰기

초 판 인 쇄 : 2024년 2월 15일
증보판 발행 : 2025년 2월 20일

저　　자 : 경기대학교 사고와 표현 교재편찬위원회
발행인 : 박 주 옥
발행처 : 휴먼싸이언스
주　　소 : 서울시 도봉구 시루봉로 291 B1 (도봉동 613-14 숙진빌딩)
전　　화 : (02) 955-0244
팩　　스 : (02) 955-0245
e-mail : humansci@naver.com
표지디자인 : 성지은

등록번호 : 제2008-20호
등 록 일 : 2008. 10. 13

ISBN : 979-11-89057-42-8　03700
정가 20,000원

* 이 책의 전체 내용이나 일부를 무단으로 복사·복제·전재하는 것은 저작권법에 저촉됩니다.
* 파본이나 잘못된 책은 구입처나 본사에서 교환하여 드립니다.

머리말

　이 책은 〈사고와 표현〉 과목의 교재로 활용하기 위하여 편찬하게 되었다. 대학에서 〈사고와 표현〉은 대학생으로서 갖추어야 할 기본 소양중의 하나인 비판적 사고와 글쓰기 능력을 배양하기 위한 교양 필수 과목이다. 그 목적은 읽기, 쓰기, 말하기, 듣기에 관한 이론 교육과 실습을 통해, 대학생의 비판력, 창의력, 논리력, 문제해결능력, 정보 활용능력 등을 함양하는 데에 있다. 이는 궁극적으로 대학생들에게 대학과 사회에서 요구하는 새로운 가치를 만들어 낼 수 있는 기초능력과 전문적인 의사소통 능력을 향상할 수 있는 토대를 제공한다.

　디지털 대전환 시대에서 대학 교양교육은 새로운 도전과 과제에 직면하고 있다. 사회공동체와 지식사회 발전에 기여할 수 있는 자율적 인격을 갖춘 인재를 양성하는 것은 물론, 디지털 사회에서 요구하는 정보화 능력과 실무능력을 배양하고, 학교교육에서 특히 비판적 사고능력과 의사소통능력을 계발하는 것은 모두 중요하다. 〈사고와 표현〉은 이러한 시대의 요구와 필요를 충족시키기 위해 설계된 강좌로 인간과 사회에 대해 깊이 있게 이해하고, 합리적인 가치관을 정립하며, 비판적 사고능력을 키우고, 공동체의 문제와 실천을 교육하는 데 중점을 둔다.

　이를 통해서 대학생들은 다음과 같은 효과를 기대할 수 있다. 첫째, 다양한 텍스트를 분석하고 해석하며 토론함으로써 인간, 사회, 세계, 자연에 대한 이해를 깊게 하고, 이를 바탕으로 합리적인 판단을 할 수 있는 가치관을 형성한다. 둘째, 텍스트에 대해 비판적으로 읽고 토론하고, 문제와 해결책을 찾아내는 과정을 통해 비판적 사고력, 창의·융합 역량, 의사소통·협업 능력을 발전시킨다. 셋째, 글쓰기라는 언어 활동을 통해 자아를 성찰하고 비판적으로 사고하며, 미래의 삶을 설계하고 공동체의 구성원으로서 필요한 능력을 습득하는 기회를 제공한다.

이 책은 위와 같은 사고와 표현 과목의 목적에 적합하도록 목차와 내용을 구성하였다. 모두 5개의 장, 13개의 절로 편성하였으며, 각 절에서는 학습 목표, 사고와 표현의 기본 지식과 글쓰기의 방법, 다양한 예시문과 연습문제를 수록하였다.

1장 〈융합적 사고와 창의적 글쓰기의 의의〉에서는 사고와 표현의 목적과 필요성, 글쓰기 윤리와 표절문제를 다루었다. 특히 교양교육의 관점에서 갈수록 중요해지고 있는 창의 융합적 사고와 표현 능력의 필요성과 방법 그리고 글쓰기 능력 향상을 위한 지침을 제시하였다. 또한 글쓰기를 할 때 반드시 지켜야 할 윤리의 의미와 필요성을 구체적인 사례를 들어 제시하고 각주 표기법 등 준수 방안도 연습 문제를 통해서 활용할 수 있도록 하였다. 이와 함께 최근 생성형 AI 활용에 따른 각주 표기법을 제시하였다. 이를 통해서 글쓰기의 본질이 무엇이고 좋은 글을 쓰기 위해서는 어떤 노력이 필요한지 고민할 수 있도록 했다.

2장 〈글쓰기의 기초〉에서는 글쓰기에서 갖추어야 할 가장 기본적인 사항을 제시하였다. 요약하기, 문단쓰기, 논증하기, 개요쓰기는 모든 글쓰기의 기초가 된다. 요약하기에서는 요약과 읽기 쓰기의 중요성, 요약의 과정과 이론을 다양한 예시글과 함께 제시하였고 연습 문제를 통해서 내용을 쉽게 이해하고 요약 훈련을 할 수 있도록 하였다. 문단쓰기는 생각을 체계적으로 서술하기 위해 필요하다. 문단의 기본구조를 설명하고 중심문장과 뒷받침 문장 쓰기의 원칙, 문단구성의 방법과 특징을 다양한 사례를 통해 제시함으로써 글쓰기에서 체계적 사유의 중요성을 이해하고 연습하도록 하였다. 논증하기는 논증의 개념과 목적, 전제와 결론의 논증 구성, 그리고 논증의 확장을 위한 이론을 담았고 이와 관련된 다양한 예시와 연습문제를 수록하였다. 논증하기는 비판적 사고능력을 기르는 데 기초가 되므로 사회 현안들에 관심을 갖고 글쓰기에 활용할 필요가 있다. 개요쓰기에서는 글쓰기의 전과정을 조망하면서 개요의 구성, 개요의 요소, 개요쓰기의 방법 그리고 글의 구성 방식을 예시문과 연습문제와 함께 제시하였다. 개요는 글 전체의 내용을 미리 써보는 효과가 있기 때문에 반복적인 연습을 통해 개요쓰기에 익숙해질 필요가 있다. 2장은 모든 글쓰기의 기초가 되기 때문에 익숙할 때까지 다양한 텍스트를 앞에 두고 반복적으로 적용하고 연습해야 한다.

 3장 〈학술적 글쓰기〉는 논문 및 보고서 쓰기와 비평문 쓰기로 구성하였다. 논문 및 보고서 쓰기에서는 논문의 의미와 형식, 논문작성의 과정과 모듈 글쓰기 연습을 통해 대학생 글쓰기 교육의 중심에 있는 학문적 깊이에 도달하도록 하였다. 특히 학술적 글쓰기의 과정을 체계적이고 상세하게 제시함으로써 논문과 보고서 작성시 유익한 안내 역할을 할 것이다. 비평문 쓰기에서는 서평 쓰기, 영화 비평문 쓰기, 예술 비평문 쓰기로 구성하였다. 비평문의 특징과 유의할 점 그리고 학생들이 작성한 예시글을 소개하여 문제의식과 비판적 안목을 갖추고 융합적 사고를 익히면서 세계관의 확장을 도모하도록 하였다. 학술적 글쓰기는 학술적 관심사를 논리적으로 표현하는 훈련을 통해 학문적 소양을 갖춘 교양인으로 성장하는 데 도움이 될 것이다.

 4장 〈자기 탐색적 글쓰기〉는 에세이 쓰기, 나에 대한 글쓰기, 자기소개서 쓰기로 구성하였다. 에세이 쓰기는 일상체험과 자연체험을 중심으로 일상과 자연의 관찰과 체험을 자유로운 형식으로 쓰게 하여 부담이 없는 글쓰기가 되게 하였다. 나에 대한 글쓰기에서는 연대기적 구성, 그리고 타자의 시선으로 구성하는 글쓰기를 통해 과거에 대한 성찰, 현재에 대한 진단, 미래에 대한 설계를 가능하게 하여 자기를 점검하고 대학생활의 새로운 이정표를 만들 수 있도록 하였다. 자기소개서 쓰기에서는 일과 직업을 가져야 하는 근본적인 이유를 생각하게 하고 직업선호도 검사를 활용한 흥미 적성 파악과 직업선택을 유도하면서 자기소개서를 쓸 수 있는 준비와 기초를 제시하였다. 자기 탐색적 글쓰기는 자기 밖의 대상으로 향했던 시선을 자기 자신으로 돌려 자기 내면을 성찰하고 자기를 탐색하는 시간을 갖고 미래를 설계하는 데 도움이 되도록 하였다.

5장 〈과학기술 문명과 창의 융합적 사고〉에서는 디지털 사회로 접어들면서 겪게 되는 인간과 사회 그리고 인류의 문제를 문명사적 시각에서 접근하고 창의 융합적 사고의 중요성을 제시하였다. 챗 GPT와 AI 윤리에서는 생성형 AI의 개념과 특징을 비롯해 AI의 범용화로 파생되는 다양한 윤리적 법적 문제를 분석하고 인공지능과 인간이 공존할 수 있는 지속 가능한 AI를 실천하기 위한 인문학적 방안들을 제시하였다. 미래사회와 인간관계에서는 초연결의 관점에서 미래사회의 모습을 피로사회, 기술폭식 사회, 공감과잉 사회로 분석하고 이에 대한 비판적 접근과 바람직한 21세기 시민의 모습을 모색하게 하였다. 특히 5장에서는 디지털 대전환기에 인류가 직면하고 있는 근본적인 문제인 포스트휴먼의 정체성 문제를 탐색하기 위해 국내외 전문 연구자의 글을 수록함으로써 성찰의 깊이를 더하고 융합적 사고와 창의적 표현을 가능하도록 하였다.

이 책은 무엇보다 4차 정보화 사회에서 요구하는 비판적인 사고능력과 창의 융합적인 글쓰기 능력을 기르는 데 최적화하였다. 엄정하게 선정된 제시문은 교양을 넓히고 지적 소양을 쌓는 데 도움이 되도록 하였다. 생각할 문제와 흥미로운 주제들을 연습문제에 수록함으로써 자신의 생각을 글로 쓰고 다른 학생들과 마음껏 토론하면서 의사소통 능력을 향상할 수 있도록 하였다. 아울러 보고서 작성법, 자기소개서 쓰기, 에세이 쓰기 등 대학 생활뿐만 아니라 사회생활을 하면서 도움이 되는 내용을 수록했다. 특히 교재 집필에 연구 업적과 교육 경력이 풍부한 인문학 전공 교수진이 참여하여 수준 높은 이론과 제시문을 제공하였다는 점도 이 책의 장점이다.

인터넷과 스마트폰 시대에 글쓰기의 경험과 기회는 갈수록 줄어들고 있다. 쇼츠와 문자가 읽기와 쓰기를 대체하고 있다. 하지만 100쪽을 읽는 것과 500쪽을 읽는 것은 그 호흡의 깊이가 다르고, 원고지 1장을 쓰는 것과 원고지 10장을 쓰는 것은 그 힘의 크기가 다르다. 읽기와 쓰기는 더 큰 존재로 성장하기 위한 밑거름이고 세상에 대한 안목을 넓힐 수 있는 자양분이다. 이 책을 통해 대학생들의 융합적 사고와 창의적 글쓰기 능력을 더욱 발전시킬 수 있기를 기대하며, 사고와 표현 강의 시간에 적극적으로 참여하여 즐겁고 유익한 대학생활을 보내기 바란다.

2024년 1월
경기대학교 사고와 표현 교재편찬위원회

차례

I. 융합적 사고와 창의적 글쓰기의 의의

1 융합적 사고와 창의적 글쓰기의 목적 / 3
1. 교양교육 그리고 사유 능력과 글쓰기 / 4
2. 글쓰기는 글자의 나열이 아니다 / 5

2 글쓰기의 윤리 / 9
1. 학문 연구와 연구윤리 / 10
2. 글쓰기의 윤리 / 12
3. 글쓰기의 윤리 준수 방안 / 15

II. 글쓰기의 기초

1 요약하기 / 33
1. 요약 그리고 '읽기와 쓰기' / 34
2. 요약의 과정 / 35
3. 요약의 사례 / 37
4. 요약의 실제 / 40

2 문단쓰기 / 55
1. 문단이란 무엇인가? / 56
2. 문단, 어떻게 쓸 것인가? / 61
3. 문단 어떻게 구성할 것인가? / 72

3 논증하기 / 85
1. 논증이란? / 86
2. 논증은 어떻게 구성되는가? / 88
3. 논증의 확장과 논증적 글쓰기 / 96

4 개요쓰기 / 109
1. 글쓰기 과정과 개요쓰기 / 110
2. 개요의 요소 / 111
3. 개요쓰기 방법 / 114
4. 글의 구성 / 121
5. 개요쓰기의 실제 / 126

III 학술적 글쓰기

1 논문 및 보고서 쓰기 / 131
1. 논문의 의미와 형식 / 132
2. 논문 작성의 과정 / 135
3. 연습문제 / 153

2 비평문 쓰기 / 155
1. 서평 쓰기 / 157
2. 영화비평문 쓰기 / 163
3. 예술비평문 쓰기 / 169

Ⅳ 자기 탐색적 글쓰기

1 에세이 쓰기 / 179
1. 일상체험 글쓰기 / 183
2. 자연체험 글쓰기 / 189

2 나에 대한 글쓰기 / 199
1. 나에 대한 글쓰기란? / 200
2. 연대기적 구성의 글쓰기 / 202
3. 화제별 구성의 글쓰기 / 214
4. 타자의 시선으로 구성하는 글쓰기 / 227

3 자기소개서 쓰기 / 239
1. 왜 일하는가? / 240
2. 직업의 이해 / 244
3. 자기소개서의 이해 / 252

Ⅴ 과학기술 문명과 창의 융합적 사고

1 챗 GPT와 AI 윤리 / 279
1. 챗 GPT와 의사소통 방식의 변화 / 280
2. AI의 명암과 윤리적 쟁점 / 286
3. AI 윤리규정 / 291
4. '지속가능한 AI'와 인문학 / 294

2 미래사회와 인간관계 / 305
1. 현대사회와 '초연결 사회': 언제나 온라인 / 306
2. 공감 부재사회와 공감 과잉사회: "타인은 나의 지옥 인가?" / 314
3. 21세기의 시민이란? 미래사회와 인간관계 / 323

3 **생태적 삶과 글쓰기** / 331
   1. 생태적 삶의 요구 및 필요성 / 332
   2. 생태적 삶을 넘어 생태미학적 삶으로 / 333
   3. 숲체험으로 보는 생태미학적 삶 / 335
   4. 생태미학적 체험의 글쓰기–공감각적 표현을 통한 '분위기 머금은 현상'의 묘사 / 339

I

융합적 사고와 창의적 글쓰기의 의의

1. 융합적 사고와 창의적 글쓰기의 목적
2. 글쓰기의 윤리

1

융합적 사고와 창의적 글쓰기의 목적

학습목표
- 융합적 사고 능력의 중요성을 이해할 수 있다.
- 창의적 글쓰기의 가치와 의의를 이해할 수 있다.

1 교양교육 그리고 사유 능력과 글쓰기

　교양교육의 가장 중요한 요소는 시대성이다. 시대의 변화에 따라 교양의 개념, 내용, 필요성 등이 변화하기 때문이다. 그러므로 교양교육은 항상 시대성을 내재화하기 위한 노력과 고민을 필요로 한다. 교양교육의 시대성은 "현대사회에서 필요한 지식과 기능"으로 구분하여 고찰할 수 있다. 그러나 대학은 더 이상 현대사회에서 필요로 하는 지식의 유일한 원천이 아니다. 많은 방송사들은 연예인과 그 분야의 유명 인사들을 초빙하여 교양이라는 지식을 예능과 함께 묶어 보급하고 있다. '교양 예능 프로그램'이라는 새로운 장르는 현대인이 알아야 할 보편적 지식을 예능과 더불어 흥미롭게 전달하고 있다. 뿐만 아니라 스마트폰이라는 매체의 출현은 교양의 무거움을 터치 몇 번의 단순함으로 치환시켰다. 유튜브, SNS 등과 같은 디지털 환경은 지식의 고유한 원천으로서의 대학의 의미를 퇴색시켰다.

　이러한 환경 속에서 최근 대학의 교양교육은 직업 업무 영역에서의 능력을 의미하는 역량 개념 중심으로 변화하고 있다. 인문학적 지식을 중심으로 한 기존의 교양교육에서 창의력, 비판력, 의사소통능력, 문제해결능력 등과 같은 역량을 강화하는 방향으로 교양교육이 변화했다는 것이다. 스마트폰이 보편화된 현대의 디지털 환경에서 지식은 시공간을 초월하여 항상 검색 가능한 상태로 존재한다. 이러한 시대에 필요한 것은 특정한 지식이 아니라 이러한 지식을 활용하는 능력에 있다. 21세기 대학의 교양교육은 바로 이러한 능력 향상을 교양교육의 핵심 내용으로 수렴하고 있는 것이다.

　교양교육이 역량 중심으로 재편될 때, 글쓰기 교육은 교양교육에 있어서 새로운 가능성으로 자리매김될 수 있다. 최근의 글쓰기 교육은 글 자체를 중요하게 생각하는 작문(composition)에서 글을 쓰는 필자에 대해 강조하는 쓰기(writing) 중심으로 전환하고 있다. 작문과 쓰기의 차이는 단순히 '글'과 '사람'의 차이만을 의미하지 않는다. 글을 강조하는 '작문'의 개념에서 중요한 것은 글에 드러나는 문법적 오류, 수사적 표현 등이었다. 하지만 사람을 강조하는 '쓰기'의 개념에서 중요한 것은 글을 쓰는 필자의 능력이다. 즉, 사람이 비판력, 창의력, 문제설정능력, 문제해결능력 등과 같은 사유의 능력을 함양해야만 좋은 글을 쓸 수 있다는 것이다. 따라서 글쓰기 교육은 단순히 글을 쓰기 위한 기술적 측면만을 교육하는 것이 아니라, 글의 기본이 되는 사유의 능력을 높이는 것을 목표로 한다고 할 수 있다.

대부분의 학생들은 대학을 취업을 위해 잠시 거쳐가는 곳쯤으로 생각한다. 취업과 직접적으로 관련된 지식만을 강조하여 스스로가 취업에 특화된 기능인이 되고자 하는 것이다. 그러나 대학교육은 기능인이 아닌, 21세기가 원하는 인재를 양성하는 것을 목적으로 한다. 21세기가 요구하는 인재는 세상을 비판적으로 인식하고 창의적으로 생각할 수 있으며 자신이 속한 공동체에 대해 따뜻한 공감의 능력을 갖추고 있어야 한다. 학생들의 사유 능력을 함양하고자 하는 글쓰기 교육 또한 대학의 이러한 인재 양성에 기여할 것으로 생각한다.

2 글쓰기는 글자의 나열이 아니다

스티브 잡스는 죽었지만 그가 남긴 이미지는 여전히 우리 주위에 존재한다. 새로운 제품의 발표에는 때와 장소를 가리지 않고 항상 스티브 잡스'들'이 등장했다. 제품을 설명하는 CEO의 모습은 국적을 불문하고 더 이상 근엄한 사장님의 이미지가 아니었다. 스티브 잡스의 이미지는 비단 보이는 것에 그치지 않는다. 인문학과 과학기술의 교차점에 대해 고민했던 스티브 잡스는 "애플이 사람들에게 공감을 얻는 이유는 우리의 혁신에 깊은 인간애가 흐르고 있기 때문이다."라고 강조했다. 이는 현재 융합을 주창하는 모든 기업과 대학의 지향점이다.

소통과 관련된 분야에서 스티브 잡스가 남긴 영향 또한 지대했다. 새로운 제품을 발표하면서 스티브 잡스가 보여주었던 카리스마 넘치는 프레젠테이션은 소통의 새로운 세계를 알리는 혁명이었다. 『스티브 잡스 프레젠테이션의 비밀』, 『스티브 잡스의 본능적 프레젠테이션』, 『스티브 잡스의 프레젠테이션』 등과 같은 '스티브 잡스' 코드를 활용한 프레젠테이션 관련 서적들이 범람했으며 스피치 관련 학원은 때 아닌 성황을 이루기도 했다.

스티브 잡스는 프레젠테이션을 단순한 정보 전달 매체가 아닌, 한 편의 드라마 수준으로 끌어올렸다. 그런데 스티브 잡스의 프레젠테이션이 주는 감동은 여러 프레젠테이션 관련 책자들이 강조하는 것처럼 현란한 스피치 기술에 의해서만 가능했던 것일까? 트위터식 헤드라인을 만들고 슬라이드를 단순하게 구성하고 편하고 자연스러운 모습으로 생생한 표현을 사용하면 누구나 스티브 잡스처럼 독자들에게 감동을 줄 수 있을까? 프레젠테이션에서 보여주었던 스티브 잡스의 신화는 어디에서 나온 것일까? 이것은 비단 프레젠테이션만의 문제가 아니다. 말과 글로 자신의 생각을 표현하는 모든 행위와 관련된 것이다.

훌륭한 말과 글은 청중과 독자를 감동시킬 수 있어야 한다. 그렇다면 말과 글의 감동은 어디에서 오는 것일까? 형식이 중요하다고 하는 사람도 있고 내용이 중요하다고 하는 사람도 있다. 하지만 분명한 것은 창의·융합적인 내용이 마련되지 않은 상태에서 형식만 가지고는 절대로 독자를 감동시킬 수 없다는 사실이다. 사람들은 내용의 중요성을 간과하고 말과 글의 힘을 겉만 번지레하게 치장한 '말발'과 '문장력'의 힘으로 오인하는 경우가 많다. 스티브 잡스가 관객에게 감동을 줄 수 있었던 가장 중요한 이유는 사람들이 미처 생각하지 못했던 창의·융합적인 내용을 갖고 있었기 때문이며, 별다른 비유를 구사하지 않은 과학자의 글이 독자에게 감동을 줄 수 있었던 이유 역시 사람들이 잘 알지 못했던 내용을 담고 있었기 때문이다.

그렇다면 독자를 감동시킬 수 있는 내용은 어떤 내용일까? 무엇보다도 독자의 기대 지평을 일탈한 창의·융합적 사유다. 창의·융합적 사유는 주제의 선택에서부터 드러난다. 모든 소통에서 가장 중요한 것은 주제다. 글감을 선별하는 노력을 아끼지 않는 것도, 소통의 구성을 고민하는 것도 그리고 적절한 표현을 찾기 위한 수고를 아끼지 않는 것도 오롯이 주제를 잘 전달하기 위한 행동이다. 그러나 정작 사람들은 이러한 주제를 간과하는 경우가 대부분이다. 특히, 글을 쓰는 경우에는 대부분 주제는 대충 정하고 오히려 글의 구성과 표현에만 신경을 쓰는 경우가 많다. 이는 '좋은 글'을 문장력이 뛰어난 글로만 인식하는 그릇된 편견에서 기인한다.

창의적 주제는 세상을 독서하는 것에서부터 비롯된다. 창의성은 '무(無)'에서 '유(有)'를 만드는 것뿐만 아니라, '유(有)'에서 '또 다른 유(有)'를 이끌어내는 것을 의미하기 때문이다. 세상을 읽는다는 것은 지금의 세상(有)을 좀 더 나은 세상(또 다른 有)으로 변형하고자 하는 무의식적 욕망을 내재한 행위이다. 그러므로 현대에 이르러 읽기는 단순히 수동적 읽기에 머물지 않는다. 새로운 의미를 생산하는 능동적 과정으로 읽기는 재규정된다. 따라서 새로운 의미를 생산하는 과정으로서의 소통은 바로 능동적 읽기 과정에서부터 시작된다고 할 수 있다.

감동적인 소통을 실천하기 위해서는 창의·융합적 사유 못지않게 '노력'이 필요하다. 이 세상에서 글을 쉽게 쓰는 사람은 아무도 없다. 사람들이 글을 잘 쓴다고 생각하는 작가들 역시 실은 엄청난 노력 속에서 작품을 생산하고 있다. 『태백산맥』, 『아리랑』, 『한강』 등과 같은 대하소설을 집필했던 조정래는 자신이 원고지에 직접 쓴 『태백산맥』(원고지 16,500매)을 아들과 며느리에게 베껴 쓰게 한 유명한 일화를 가지고 있다. 그 이유를 묻자 조정래는 "인생이란 지치지 않는 줄기찬 노력이 피워내는 꽃이라는 것을 체득시키고 싶었다."라고 말했다. 글을 쓰기 위한 노력이 삶을 위한 노력만큼 치열하다는 것을 새삼 일깨워준다. 밤을 새면서 주제에 합당한 소재를 찾고 새벽을 맞이할 때까지 구성을 고민한 글들은 반드시 독자들에게 읽는 즐거움을 선사할 것이다.

학생들에게 글을 쓰라고 하면 독자의 감동 여부는 생각하지도 않고 인터넷에서 떠돌아다니는 글자들을 조합하는 데에 급급하다. 과연 이러한 글자들의 나열을 보고 독자들이 감동할 수 있을까? 글자의 나열이 아닌 글을 쓰고 싶다면, 항상 독자를 염두에 두고 그들을 감동시키기 위한 노력을 아끼지 않아야 한다. 독자가 읽지 않는다면 그것은 글이 아니다. 글은 독자가 읽는 순간 비로소 형성되는 것이며, 독자를 읽게 만드는 것 역시 글을 쓰는 자의 노력과 전략에서 비롯된다고 할 수 있다. 망자가 된 스티브 잡스를 떠올리는 이유 역시 여기에 있다. 그는 "우리의 일은 고객이 욕구를 느끼기 전에 그들이 무엇을 원할 것인가를 파악하는 것이다."라고 말했다. 타자를 염두에 두었던 스티브 잡스를 생각하며, 우리의 글쓰기 또한 독자의 욕망을 구성하는 그래서 독자가 감동에 전율하는 그러한 글쓰기가 되기를 바란다.

참고문헌

김화경, 「역량기반 교육과정 고찰 및 창의융합역량 강화를 위한 통합적 글쓰기 운영방안 연구」, 『리터러시연구』 19호, 한국리터러시학회, 2017.
노명완, 「대학작문 – 현 실태, 개념적 특성, 그리고 미래적 지향」, 『대학작문』 1호, 대학작문학회, 2010.
다치바나 다카시, 『도쿄대생은 바보가 되었는가』(이정환 역), 청어람미디어, 2009.

2

글쓰기의 윤리

학습목표
- 글쓰기 윤리의 의미와 필요성을 이해한다.
- 글쓰기 윤리를 지킬 수 있는 방안을 숙지하고 대학생활에서 실천하도록 한다.

1 학문 연구와 연구윤리

> 연구자가 연구수행 중 지켜야 할 원칙이나 행동 양식. 연구 계획을 세우고, 실험하고 연구하거나 연구결과를 보고하는 과정에서 지켜야 하는 행동 규범

대학은 학문을 탐구하고 자기 분야의 전문 지식을 배우며 사회가 요구하는 지식을 쌓는 공간이다. 대학은 학문 분야별로 독자적인 학문 체계를 구축하고 연구 인력을 양성하며 연구 성과를 발전시킨다. 또한 각각의 학문은 직간접적으로 인접 학문과 연구 성과를 공유하고 융복합적으로 연구하면서 상생 발전하기도 한다. 이처럼 대학에서 수준 높은 학문 체계를 구축하고 각각의 학문이 융합하여 좋은 학문적 결과를 얻기 위해서는 연구자의 연구 역량 강화와 함께 성실하고 윤리적인 연구 태도가 요구된다. 대학에 입학하여 대학 교육을 받고 학문의 길에 처음 들어서는 대학생들도 진실하고 윤리적인 연구 자세와 학습 태도가 필요한 것은 마찬가지이다.

연구윤리는 대학이나 연구기관, 학술단체 등에 속한 연구자가 연구수행 중 지켜야 할 원칙이나 행동 양식을 의미한다. 곧 연구자가 연구계획을 세우고, 실험하고 연구하거나 연구결과를 보고하는 과정에서 지켜야 하는 행동 규범을 말한다.

연구윤리의 필요성은 2005년 황우석 교수의 줄기세포 논문 조작 사건에서 제기되었고, 비윤리적 연구를 바로 잡는 국가, 사회적 시스템이 부재한다는 문제제기로 이어졌다. 2006년에 정부 차원의 연구윤리를 확립하고 연구의 진실성을 검증하기 위한 제도적 기반을 마련해야 한다는 목소리가 높아지게 되었고, 과학기술부가 중심이 되고 학계와 관련 연구자들의 의견을 수렴하여 연구윤리의 1차적 가이드라인이 만들어졌다. 이 가이드라인을 바탕으로 2007년에 과학기술부 훈령으로 연구자가 가져야할 정직한 연구활동을 규정하는 〈연구윤리 확보를 위한 지침〉이 확정되고 발령되었다.

현재까지도 〈연구윤리 확보를 위한 지침〉을 바탕으로 대학과 연구기관, 학

술단체 등의 연구자와 관리자에게 연구윤리 교육이 실시되고 있다. 이런 노력으로 〈연구윤리 확보를 위한 지침〉은 연구자가 가져야 할 중요한 행동 규범으로 자리잡게 되었다. 연구 부정행위에 대한 규정과 검증, 처벌에 대한 보다 선명한 사회적 공감대가 만들어졌고, 학문을 연구하는 연구자의 윤리적인 태도가 강조되고 진실된 연구 분위기가 조성된 것이다.

그렇다면 〈연구윤리 확보를 위한 지침〉에서 규정하고 있는 연구부정 행위는 무엇일까?

연구부정 행위의 범위

1. "위조"는 존재하지 않는 연구 원자료 또는 연구자료, 연구결과 등을 허위로 만들거나 기록 또는 보고하는 행위

2. "변조"는 연구 재료·장비·과정 등을 인위적으로 조작하거나 연구 원자료 또는 연구자료를 임의로 변형·삭제함으로써 연구 내용 또는 결과를 왜곡하는 행위

3. "표절"은 일반적 지식이 아닌 타인의 독창적인 아이디어 또는 창작물을 적절한 출처 표시 없이 활용함으로써, 제3자에게 자신의 창작물인 것처럼 인식하게 하는 행위

4. "부당한 저자 표시"는 연구내용 또는 결과에 대하여 공헌 또는 기여를 한 사람에게 정당한 이유 없이 저자 자격을 부여하지 않거나, 공헌 또는 기여를 하지 않은 사람에게 감사의 표시 또는 예우 등을 이유로 저자 자격을 부여하는 행위

5. "부당한 중복게재"는 연구자가 자신의 이전 연구결과와 동일 또는 실질적으로 유사한 저작물을 출처표시 없이 게재한 후, 연구비를 수령하거나 별도의 연구업적으로 인정받는 경우 등 부당한 이익을 얻는 행위

6. "연구부정행위에 대한 조사 방해 행위"는 본인 또는 타인의 부정행위에 대한 조사를 고의로 방해하거나 제보자에게 위해를 가하는 행위

7. 그밖에 각 학문분야에서 통상적으로 용인되는 범위를 심각하게 벗어나는 행위

한국연구재단, "연구윤리 확보를 위한 지침 해설서", 연구윤리정보포털(2015.12.8.), https://cre.nrf.kr.

〈연구윤리 확보를 위한 지침〉에서 규정하고 있는 부정행위는 연구를 시작하는 아이디어 발상에서부터 연구의 수행, 결과 도출, 보고 및 발표 등 연구수행의 전범위에서 적용된다. 이 때문에 연구자는 연구를 수행하는 과정에서 의식적, 무의식적으로 행해지는 부정행위를 방지하고 자신이 수행하는 연구 전단계에서 자기 성찰과 검열을 하여 진실하고 창의적인 연구를 하려고 노력한다.

연구윤리는 전문적인 연구자에게만 해당되는 규범이 아니라 대학생들도 알고 있어야 할 규범이다. 대학에서는 고등학교 때와는 달리 인문, 사회, 상경, 이공, 예체능 계열 등 자신이 선택한 계열과 세부 전공에 따라 새로운 학문을 배우고 탐구하게 된다. 연구부정 행위에서 규정하고 있는 위조, 변조, 표절, 부당한 저자 표시, 부당한 중복 게재는 대학생활에서 과제, 보고서, 논문을 쓰거나 실험을 하고 창작을 할 때도 생길 수 있는 문제이기도 하다. 그러므로 대학생들도 연구윤리의 내용을 숙지하여 학습과 학문 탐구에서 정직하고 윤리적인 태도를 가져야 할 것이다.

2 글쓰기의 윤리

> 글쓰기를 할 때 자신의 생각이나 글을 타인의 생각이나 글로부터 명확하게 구분하면서 정직성의 기본 원칙을 준수하는 것

연구윤리에서 제시된 연구 부정행위 중 〈사고와 표현〉 강의에서 수행되는 글쓰기와 관련된 부정행위는 "표절"이다. 표절은 글쓰기를 할 때 일어나는 대표적인 비윤리적인 행위이다. 글쓰기 윤리는 글쓰기를 할 때 자신의 생각이나 글을 타인의 생각이나 글로부터 명확하게 구분하면서 정직성의 기본 원칙을 준수하는 것이다. 글쓰기 윤리를 위반한다는 것은 타인의 생각이나 저작물을 마치 자신의 생각이나 저작물인 것처럼 정확한 출처를 밝히지 않고 부당하게 사용하는 행위인데, 표절은 명백한 글쓰기 부정행위이다.

표절과 같은 비윤리적인 글쓰기의 양태는 우리 사회 전반에 널리 퍼져 있다.

대학생의 경우는 보고서나 논문을 쓸 때 인터넷 자료나 다른 사람의 책과 논문 등을 참고하여 글을 쓰면서 출처를 정확하게 밝히지 않고 다른 사람의 아이디어나 글을 자신의 생각과 아이디어인 것처럼 짜깁기하여 글을 완성하기도 한다. 유명 방송인이나 연예인들도 학위 논문을 쓰는 과정에서 표절과 짜깁기로 논문을 완성하여 학위를 받고 그 이후에서 이 사실이 밝혀져 비난의 온상이 되고 방송 활동을 접기도 하였다. 학자나 전문적 연구자 가운데도 논문을 쓸 때 타인의 아이디어나 연구내용을 제대로 검토하지 않거나 구분하지 않고 연구 논문을 완성하는 경우가 있다. 이 때문에 표절의 의혹을 받고 그 연구결과는 평가 절하되기도 한다.

이처럼 우리 사회에서 비윤리적인 글쓰기의 문제는 매우 심각하다. 비윤리적인 글쓰기로 인해 발생하는 여러 가지 문제는 개인의 비양심적인 생각에서 시작되기도 하지만 비윤리적인 글쓰기를 너그럽게 보는 우리 사회의 도덕적 불감증과 글쓰기의 윤리를 제대로 교육하지 않는 학교 교육의 안일한 태도에서 기인하는 것이기도 하다.

글쓰기의 윤리를 지켜야 하는 이유

1 〈사고와 표현〉에서 함양하는 비판적 사고 능력과 창의적 문제해결 능력은 글쓰기 윤리를 지키는 정직한 태도에서 비롯된다.

〈사고와 표현〉은 대학 교육의 목적인 학문 탐구를 제대로 수행하고 사회가 요구하는 전문 지식을 습득할 수 있도록 하는 기본 도구로서의 성격을 가진다. 이 때문에 〈사고와 표현〉 교육은 글쓰기를 통해 비판적 사고와 창의적 사고를 함양하여 교양 있는 지성인 양성을 지향한다. 비판적 사고는 옳고 그름을 판별하는 비판적 인식에 기반하고, 창의적 사고는 남과 다른 자신만의 개성적이고 독창적인 사유를 기반으로 한다. 그러므로 비윤리적 글쓰기는 비판적 사고와 창의적 사고를 퇴행시키는 행위라고 할 수 있다. 비판적 사고 훈련, 창의적 문제해결 능력은 글쓰기의 윤리를 제대로 지키는 것에서 비롯되고 더욱 발전적으로 향상될 수 있다.

2 **글쓰기 윤리를 지키는 것은 자신의 자존감과 성취감을 느끼게 하고 자기 발전과 성장을 위한 자양분이 될 수 있다.**

한 편의 글을 쓴다는 것은 사고한 내용을 구체적인 글로 구성, 표현하는 고차원적인 지적 활동이다. 그것이 보고서이든 논문이든 한 편의 글을 쓰기 위해서는 사고와 구성 그리고 표현하는 과정을 거칠 수밖에 없다. 이때 남의 아이디어나 생각에 의존하지 않고, 자신만의 사고로 아이디어를 생성하고 자기 나름의 구성을 자신만의 문체와 글로 완성한다면 성취감을 느낄 수 있을 것이다. 또한 이 과정에서 자신감과 자존감을 느낄 수 있는 소중한 경험을 할 수 있다. 이렇게 완성된 글이 미숙함이 있다고 하더라도 그 과정에서 우리가 체험하는 글쓰기는 우리의 발전과 성장을 위한 자양분이 될 것이다.

3 **글쓰기 윤리를 지키는 것은 자신의 양심을 지키고 정의롭고 공정한 사회 분위기를 조성하는 실천적 행동이 될 수 있다.**

비윤리적 글쓰기는 자신을 기만하는 행위이고 타인에게 피해를 주는 비양심적인 행위이다. 비윤리적인 글쓰기를 자행하면서도 좋은 결과를 얻기 위해 이러한 행위가 별것 아니라고 생각하는 자기합리화는 심각한 자기기만의 행동이다. 남의 저작물이나 아이디어를 가지고 와 출처를 밝히지 않고 쓰는 것은 '지식 절도(竊盜)'이다. 또한 자신의 이익을 위해 비윤리적인 글쓰기를 한다면 다른 사람에게 피해를 줄 수도 있다. 일례로 대학에서 보고서나 과제를 표절하여 제출한 학생이 정직하게 과제를 작성해 제출한 학생보다 좋은 평가를 받는다면 이것은 남에게 피해를 입히는 사회적 해악이 될 수밖에 없다. 그러므로 짜깁기, 표절, 바꿔쓰기 등과 같은 비윤리적인 글쓰기는 나를 속이고 타인에게 피해를 주는 범죄이다. 정직한 글쓰기는 자신의 양심을 지키며 정의롭고 공정한 사회를 만드는 실천이기 때문에 우리는 글쓰기의 윤리를 유념하면서 글쓰기를 해야 한다.

우리가 대학에서 수행하는 글쓰기는 대학에서 하는 지적 활동을 위한 도구이자 목적이 되기도 한다. 그러므로 대학 생활에서 수행하는 글쓰기는 비판과 창의적 태도로 수행되어야 한다. 대학의 학문 탐구와 지식 전수를 가능하게 하는 도구인 글쓰기를 짜깁기하거나 표절하거나 바꿔쓰기 하는 등의 방식으로 한다면 대학에서 자신의 발전은 기대하기 어렵다.

그러므로 본격적인 〈사고와 표현〉 강의를 시작하기 전에 글쓰기의 윤리를 생각해 보아야 한다. 글쓰기의 윤리에 입각하여 글쓰기를 한다면 나의 글은 더 많은 사람들에게 공감을 주고, 쉽게 정보를 전달하거나 설득할 수 있을 것이다. 또한 대학 본연의 학문 탐구와 전문 지식을 성실하게 자기 것으로 체내화할 수 있을 것이다.

3 글쓰기의 윤리 준수 방안

연구부정 행위 중 "표절"은 타인의 독창적인 아이디어 또는 창작물을 적절한 출처표시 없이 활용함으로써, 제3자에게 자신의 창작물인 것처럼 인식하게 하는 행위를 의미한다. 〈연구윤리 확보를 위한 지침〉에서 명시하고 있는 표절은 4가지 유형으로 세분화할 수 있다.

표절의 유형

① 타인의 연구내용 전부 또는 일부를 출처를 표시하지 않고 그대로 활용하는 경우
② 타인의 저작물의 단어·문장구조를 일부 변형하여 사용하면서 출처표시를 하지 않는 경우
③ 타인의 독창적인 생각 등을 활용하면서 출처를 표시하지 않은 경우
④ 타인의 저작물을 번역하여 활용하면서 출처를 표시하지 않은 경우

글쓰기에서 흔히 일어나는 표절은 타인의 연구내용, 저작물의 단어·문장구조, 독창적인 생각, 기존 저작물의 번역을 활용하면서 출처를 밝히지 않고 사용하는 경우이다. 표절 문제를 해결하기 위해서는 다른 사람의 연구내용, 저작물의 단어·문장구조, 독창적인 생각, 기존 저작물의 번역에 대한 출처를 정확하게 표시하는 습관을 가져야 한다. 특히 글쓰기에서 표절은 올바른 인용과 출처

를 밝히는 방법으로 해결할 수 있다.

1) 올바른 인용

인용은 다른 사람의 저작 내용을 인용부호를 적절히 사용하고 출처를 정확히 밝히면서 이용하는 것으로, 타인의 저작물을 합법적인 절차를 통해 자신의 저작물이나 글쓰기에서 이용하는 것이다.

글쓰기를 할 때 자기의 생각과 표현이 아닐 경우 인용을 하고 출처를 밝히는 것은 원저자의 글과 아이디어를 인정하고 그것을 활용하는 것에 대한 예의를 표현하는 것이다. 또한 인용은 원래의 아이디어가 어디에서 유래했는가를 밝히고, 글을 읽는 사람들에게 더 많은 아이디어와 지식을 제공하는 나침반이 될 수 있다. 인용을 할 때도 올바른 원칙이 있다.

올바른 인용의 원칙과 방법

- 인용은 공식적으로 검증되었거나 권위를 인정받고 있는 자료에 대해 꼭 필요한 경우에만 하고, 연구자가 주장하는 맥락과 인용한 자료가 어떤 관련이 있는지를 분명히 해야 한다.
- 자신의 것과 타인의 것이 명확히 구별될 수 있도록 신의, 성실의 원칙에 의해 합리적인 방식으로 인용한다.
- 인용은 자신의 저작물이 주가 되고 인용하는 것이 부수적인 것이 되도록 적정한 범위 내에서 한다.

한국연구재단, "올바른 인용과 인용방법", 연구윤리정보포털(2015.12.8.), https://cre.nrf.kr.

올바른 인용 원칙을 이해했다면 인용하는 방법을 알아야 한다. 인용 방법은 크게 직접 인용과 간접 인용으로 나눌 수 있다. 직접 인용은 타인의 원문을 그대로 가져다 쓰는 것이다. 큰 따옴표(" ")로 인용문을 표시하고 출처를 밝혀야 한다. 간접 인용은 원문의 내용을 잘 이해하여 원문의 정확한 의미를 훼손하지 않고 자신의 언어로 풀어 쓴 것으로 따옴표를 사용하지 않아도 된다. 그러나 '-의 견해에 따르면, -에 의하면, -는 이라고 말한다'와 같이 원저자의 아이디어나 의견이 들어간 부분이 명확히 드러나도록 표시해 주어야 한다.

직접 인용	"인용의 규칙은 솔직함과 정직함이라는 기본 원칙을 따른다." (찰스 립슨, 『정직한 글쓰기』(김형주·이정아 옮김), 멘토르, 2008, 63쪽.)
간접 인용	찰스 립슨에 의하면 인용의 규칙은 솔직함과 정직함의 기본 원칙을 따른다고 했다. (찰스 립슨, 『정직한 글쓰기』(김형주·이정아 옮김), 멘토르, 2008, 63쪽.)

2) 주석과 참고문헌

인용 원칙에 의해 남의 글을 인용했다면 이제 출처를 밝혀야 한다. 글쓰기에서 출처를 밝히는 방법은 주석과 참고문헌을 다는 것이다. 남의 글을 인용하면 출처를 밝히는 것이 표절의 문제를 해결할 수 있는 최소한의 방안이다.

주석과 참고문헌은 해당 학문 분야마다 조금씩 다른 방식으로 표기되기도 한다. 대표적인 방식이 시카고, APA, MLA 스타일인데 어떤 방식을 따르든지 저자명, 저서명 혹은 논문명, 출판사, 출판연도는 공통적으로 표기해야 한다. 학회, 기관, 단체에 따라 출처 표시 방식이 다를 수 있으니 요구 방식에 따라 통일성을 가지고 출처를 표기하면 된다. 공통 교양 강의에서는 일반적으로 많이 사용하는 기본적인 주석과 참고문헌 표시 방식인 시카고 스타일(Chicago Manual of Style)을 익혀보도록 한다.

주석은 글이나 보고서, 논문 등의 본문 내용에 대한 보충 설명을 쓰거나 본문에서 인용한 자료의 출처를 밝힐 때 쓰는 것이다. 주석이 어디에 위치하느냐에 따라 내주(內註), 각주(脚註), 미주(尾註)로 나눈다. 내주는 본문 가운데 위치하고, 각주는 본문 하단에 위치하며, 미주는 장·절의 끝이나 논문의 말미에 일괄해서 주석을 다는 방법이다. 내주는 인용한 문장 끝에 괄호를 만들어 저자,

출판연도, 인용 쪽수를 쓰며 기타 문헌명, 출판사의 정보는 참고문헌에서 자세히 쓴다. 각주는 본문과 분리하여 본문에서는 인용한 문장 끝에 각주번호만 쓰고 본문 하단에 각주를 쓴다. 본문 하단 각주에는 저자, 문헌명, 출판사, 출판연도, 인용 쪽수 순서로 쓴다. 미주는 인용한 문장 끝에 숫자 표기만 하고 장, 절, 논문의 마지막 페이지에 일괄해서 같은 숫자에 저자, 문헌명, 출판사, 출판연도, 인용 쪽수를 쓴다.

잠깐 정리

1. 다양한 출처 표시 방법

- **시카고(Chicago) 스타일**
  시카고 대학에서 제공한 출처 표시법. 미국에서 가장 많이 사용되고 있는 스타일로 주로 인문학, 이공계, 사회과학 등 모든 학문 분야에서 널리 사용함. 시카고 스타일은 각주–참고문헌 스타일(인문학 계열에서 주로 사용), 내주–참고문헌 스타일(사회과학/자연과학 계열에서 주로 사용)이 있으며 개인이나 기관이 선호하는 방식을 사용하면 됨.

- **APA(American Psychological Association) 스타일**
  미국심리학회에서 제공한 출처 표시법. 주로 사회과학과 자연과학 분야에서 많이 사용되는 스타일로, APA 스타일은 내주–참고문헌 방식을 사용함.

- **MLA(Modern Language Association) 스타일**
  현대언어학회에서 제공한 출처 표시법. 주로 인문(언어학)과 예술 분야에서 많이 사용되는 스타일로, MLA 스타일은 내주–참고문헌 방식을 사용함.

2. 주석과 참고문헌

- **주석**: 본문에서 언급한 내용에 대한 보충 내용을 쓰거나 본문에서 인용한 자료의 출처를 밝히는 것.

- **내주(內註)**: 인용한 문장 끝 바로 뒤에 주석을 다는 것. 본문에서 약식으로 주석을 달고 확인할 수 있는 장점이 있음.

- 각주(脚註): 인용한 문장 끝에 각주 번호만 달고 그 페이지 끝에 주석을 다는 것. 각주 내용이 본문과 같은 쪽에 있기 때문에 손쉽게 각주 내용을 참고할 수 있음.
- 미주(尾註): 장·절의 끝이나 논문의 말미에 일괄적으로 주석을 다는 것. 미주 내용을 한곳에서 일괄적으로 볼 수 있는 장점이 있음.
- 참고문헌: 연구논문이나 보고서의 작성을 위하여 참고한 문헌을 의미하며, 참고문헌의 서지사항을 일정한 순서로 정리하여 제시한 목록.

내주, 각주, 미주 중에서 각주 방식이 가장 널리 쓰이므로 각주 방식에 대해 더 자세히 알아보자.

내주	"인터넷을 통해 접할 수 있는 지식정보의 양이 상상을 초월할 정도가 된 오늘날, 에디톨로지(Editology)가 주는 유익을 취하려면 오히려 적절한 인용이 필요하다."(남형두, 2015, 260쪽)
각주	〈저 서〉 - 국내저서 : 저자, 『저서명』, 출판사, 출판연도, 인용 쪽수. 김문희, 『한국고전소설의 중국역사 소설화 방식과 동인』, 보고사, 2022, 58쪽. 그레고리 맨큐, 『거시경제학』(이병락 역), 시그마프레스, 2020, 101~102쪽. - 외국저서 : 저자(이름+성), 저서명(이탤릭체), 출판사, 출판연도, 인용 쪽수. Ronan Deazley, *On the Origin of the Right to Copy*, Hart Publishing, 2005, p. 23.
	〈논 문〉 - 국내논문 : 저자, 「논문제목」, 『학술지명』권호, 학회명, 발행연도, 인용 쪽수. 조극훈, 「미셀 푸코의 권력이론과 감옥담론」, 『교정담론』15권 3호, 아시아교정포럼, 2021, 280쪽.

각주	<ul><li>학위논문 : 저자, 「논문제목」, 대학명과 학위 종류, 출판연도 인용 쪽수. 박지영, 「청소년의 미술감상 경험에 관한 연구」, 경기대 박사학위 논문, 2023, 65~66쪽.</li><li>외국논문 : 저자(이름+성), "논문제목", 학술지명(이탤릭체) 권호, 학회명, 발행연도, 인용 쪽수. Jan Blommaert, "Writing as a Problem", *Language in Society* Vol. 33, Association for Linguistics, 2004, pp.540~541.</li></ul>〈인터넷 매체와 자료〉<ul><li>인터넷 기사: 필자명, "기사제목", 매체명(작성일), URL(검색일) 고석현, "AI운전비서도 등장…자동차는 이제 '바퀴 달린 스마트폰'된다", 중앙일보(2024.1.5.), https://www.joongang.co.kr/article(2024.3.7.)</li><li>인터넷 검색 자료: "검색어", 사이트명, URL(검색일) "ESG경영", 네이버지식백과, https://terms.naver.com/entry.naver?docId(2024.3.11.)</li><li>인터넷 블로그: 작성자, "페이지 제목", 블로그명(게시일), URL(검색일) KIRD, "'디지털 리터러시' 미래 사회 과학기술인에게 필요한 역량", KIRD공식블로그(2023.8.29.), https://blog.naver.com/PostView.naver?blogId=keyrdream&logNo(2024. 3. 5.)</li><li>유튜브 자료: 제작자(기관명), "제목", 채널정보(게시일), URL(검색일) EBS, "AI로 대체되기 가장 쉬운 직업은?", EBS스토리(2022.2.2.), https://www.youtube.com/watch?v=MYygMVtxy6c(2024.3.9.)</li></ul>

  참고문헌은 자기 글이나 논문에서 인용했거나 참고한 저서, 논문, 신문기사, 인터넷 자료 등의 목록을 정리한 것이다. 각주의 형식과 비슷하나 인용 쪽수는 쓰지 않는다. 인터넷 자료의 경우는 검색일을 적지 않는다. 국내논저-외국논저-기타자료로 정리하면 된다. 국내논저는 저자별 가나다순으로 외국논저일 경우는 저자별 알파벳순으로 참고문헌을 제시하면 된다. 그런데 외국논저를 참고문

헌으로 정리할 때 주의해야 할 것은 각주의 형식과 조금 다르다는 점이다. 각주에서는 저자를 '이름+성'의 순서로 표기했다면 참고문헌에서는 '성+이름'의 순서로 표기해야 한다. 그 이유는 참고문헌 목록을 성 순서로 정렬하기 위해서이다. 앞에서 사용한 각주를 다음처럼 참고문헌으로 정리해볼 수 있다.

참고문헌	
	1. 국내논저 그레고리 맨큐, 『거시경제학』(이병락 역), 시그마프레스, 2020. 김문희, 『한국고전소설의 중국역사 소설화 방식과 동인』, 보고사, 2022. 남형두, 『표절론-표절에서 자유로운 정직한 글쓰기』, 현암사, 2015. 박지영, 「청소년의 미술감상 경험에 관한 연구」, 경기대 박사학위논문, 2023. 조극훈, 「미셸 푸코의 권력이론과 감옥담론」, 『교정담론』15권 3호, 아시아교정포럼, 2021. **2. 외국논저** Blommaert, Jan, "Writing as a Problem", *Language in Society* Vol. 33, Association for Linguistics, 2004. Deazley, Ronan, *On the Origin of the Right to Copy*, Hart Publishing, 2005. **3. 기타자료** 고석현, "AI운전비서도 등장…자동차는 이제 '바퀴 달린 스마트폰'된다", 중앙일보(2024.1.5.), https://www.joongang.co.kr/article. "ESG경영", 네이버지식백과, https://terms.naver.com/entry.naver?docId. KIRD, "'디지털 리터러시' 미래 사회 과학기술인에게 필요한 역량", KIRD공식블로그(2023.8.29.), https://blog.naver.com/PostView.naver?blogId=keyrdream&logNo. EBS, "AI로 대체되기 가장 쉬운 직업은?", EBS스토리(2022.2.2.), https://www.youtube.com/watch?v=MYygMVtxy6c.

잠깐 체크

생성형 AI ChatGPT는 글쓰기에서 어떻게 사용할까?

생성형 AI ChatGPT란?

ChatGPT는 OpenAI에서 개발한 대화형 인공지능 서비스이다. GPT-3.5 모델이 2022년 11월에 출시되자 2주 만에 200만명의 사용자를 기록했다고 한다. 그후 GPT-4.0이라는 모델이 출시되었는데 GPT-4.0은 문자를 비롯해 음성과 이미지, 영상까지 만들 수 있어서 OpenAI 측은 GPT-4.0이 "인간의 수준을 가졌다"고 자평하기도 하였다.

ChatGPT의 활용

ChatGPT와 같은 인공지능을 활용하면 기존에 인간의 사고 과정을 통해 많은 시간이 걸려 만들었던 결과물도 쉽게 만들 수 있다. 예컨대 ChatGPT를 이용해 논문 작성, 프로그래밍, 언어 번역 및 교정, 콘텐츠 제작, 창의적 아이디어 구현 등을 할 수 있게 된 것이다. 특히 ChatGPT는 글쓰기 이전 단계에서 수행하는 아이디어 생성, 하위 주제 설정, 자료 조사 등에서 유용하게 사용할 수 있다. 사용자가 ChatGPT로 효과적인 질문을 하면 글쓰기 이전 단계에서 하는 여러 과정을 쉽게 할 수 있고 많은 정보를 수집할 수 있게 된 것이다.

ChatGPT 활용의 문제점

그러나 ChatGPT를 글쓰기에서 활용할 때 생기는 문제점도 적지 않다. 우선 자료 수집 단계에서 잘못되거나 왜곡된 정보나 사실을 제공한다는 점이다. ChatGPT와 기타 AI 도구들은 대규모 언어 모델을 바탕으로 만들어진다. AI 도구들은 책, 블로그, 기사 및 인터넷의 다양한 텍스트로부터 얻은 대량의 데이터로 학습되었기 때문에, 전문적인 주제나 대중적이지 않은 주제에 대해서는 정확하지 않은 정보나 사실을 제공하는 경우가 많다. 또한 ChatGPT는 인터넷상의 텍스트도 포함하기 때문에 인터넷상의 편견이나 고정관념 및 소수의 의견을 그대로 반영하여 노출하기도 한다.

또 다른 문제점은 ChatGPT의 텍스트를 그대로 사용하면 저작권 침해나 연구윤리, 글쓰기 윤리에 위배될 수 있다는 것이다. ChatGPT의 텍스트는 온라인상의 자료를 수집하여 제공하지만 출처를 병기하지 않는다. 만약 ChatGPT의 텍스트를 그대로 가져다 쓴다면 저작권 위반, 표절 등의 문제가 생길 수 있고 이에 대한 책임은 전적으로 사용자에게 있기 때문에 주의가 필요하다.

ChatGPT 활용의 팁

ChatGPT와 같은 생성형 AI가 작성한 글은 결코 내가 쓴 글이 아니며, 인간의 생각, 사고, 글을 완전히 대체할 수 없다는 경각심을 가져야 한다. 나의 글쓰기에서 ChatGPT는 아이디어를 찾고, 하위 주제를 설정하며, 자료를 조사하는 데 쓸 수 있는 도구로 활용해야 한다. 또한 잘 모르는 새로운 정보를 찾을 때는 ChatGPT에만 의존하지 말고 인터넷 자료, 전문 서적, 논문 등을 보완적으로 활용하는 것이 필요하다.

아직까지 생성형 AI 사용 초기 단계라 ChatGPT를 활용하여 글쓰기를 했을 때 어떻게 인용하고 출처를 밝히는가에 대한 합의된 기준이 마련되지 않았고 출처를 표시하는 방법도 지속적으로 개정되고 있다. 그렇기 때문에 ChatGPT 활용시 출처 표시는 글, 논문을 제출할 기관, 학회, 단체 등의 가이드라인에 따르면 좋을 것이다. 세계적으로 많이 사용하는 APA, MLA, Chicago 스타일의 ChatGPT 출처 표시 가이드라인을 소개해본다.

- APA(American Psychological Association) 가이드라인
  - 각주와 참고문헌: 회사. (연도). ChatGPT (버전 날짜) [Large language model]. URL

    예시) OpenAI.(2024). ChatGPT (3월 10일 버전) [Large language model]. https://chat.openai.com.

- MLA(Modern Language Association) 가이드라인
  - 각주와 참고문헌: "질문 내용" prompt. ChatGPT, 버전 날짜, 회사, 생성 날짜, URL

    예시) "가상 자산법 이슈는?" prompt. ChatGPT, 3월 10일 버전, OpenAI, 2024. 3. 10, https://chat.openai.com.

- 시카고(Chicago Manual of Style) 가이드라인
  - 각주: 저자, "질문 내용"에 대한 답변, 생성 날짜, 회사, URL.
    예시) ChatGPT, "가상 자산법 이슈"에 대한 답변, 2024.3.10, OpenAI, https://chat.openai.com.
  - 참고문헌: 저자, 생성 날짜, 회사, URL.
    예시) ChatGPT, 2024.3.10, OpenAI, https://chat.openai.com.

연습문제

1. 앞에서 배운 각주와 참고문헌 달기 방법에 따라 각주를 달고, 참고문헌을 정리해보자.

1) 각주 달기

  (1) 송성수가 쓴 책 『과학기술의 경영과 정책』(박영사에서 2022년에 출판) 48쪽에서 49쪽까지의 내용을 인용하여 글을 쓰려고 한다. 각주 형태를 쓰면?
    →

  (2) 윤대선이 쓴 책 『레비나스의 타자물음과 현대철학』(문예출판사에서 2018년에 출판) 65쪽의 내용을 인용하여 글을 쓰려고 한다. 각주 형태를 쓰면?
    →

  (3) 줌달이 쓰고 화학교재연구회가 옮긴 책 『줌달의 일반화학』(센게이지러닝에서 2019년에 출판) 150쪽의 내용을 인용하여 글을 쓰려고 한다. 각주 형태를 쓰면?
    →

  (4) Kevin P. Murphy가 쓴 책 *Probabilistic Machine Learning*(MIT Press에서 2023년에 출판) 104쪽에서 105쪽까지의 내용을 인용하여 글을 쓰려고 한다. 각주 형태를 쓰면?
    →

(5) 송명진이 쓴 논문「디지털 매체 시대의 소설 쓰기 연구」(2021년 국제어문학회의 학술지『국제어문』91호)의 229쪽에서 230쪽까지의 내용을 인용하여 글을 쓰려고 한다. 각주 형태를 쓰면?
　→

(6) 최성우가 쓴 논문「KPS의 타당성 검증 및 적용 사례」(2019년 한국생산관리학회의 학술지『한국생산관리학회지』30권1호) 72쪽에서 73쪽까지의 내용을 인용하여 글을 쓰려고 한다. 각주 형태를 쓰면?
　→

(7) 김혜정이 쓴 논문「한·중 신데렐라 유형 설화 비교 연구」(2013년 경기대 박사학위 논문) 128쪽의 내용을 인용하여 글을 쓰려고 한다. 각주 형태를 쓰면?
　→

(8) John Baugh가 쓴 논문 "Linguistic emancipation"(2023년 Linguistic Society of America의 학술지 *Language* 99권) 810쪽의 내용을 인용하여 글을 쓰려고 한다. 각주 형태를 쓰면?
　→

(9) 2024년 3월 10일 인터넷 한국경제(인터넷 주소는 https://www.hankyung.com/article/2024010552951)에서 조사한 허란 기자가 2024년 1월 5일에 쓴 "1시간에 햄버거 패티 200개 조리…한국 로봇 '놀라운 기술'"이라는 기사를 인용하여 글을 쓰려고 한다. 각주 형태를 쓰면?
　→

(10) 2024년 3월 8일에 과학기술정보통신부의 블로그(인터넷 주소는 https://blog.naver.com/PostView.naver?blogId)에서 조사한 "전세계를 매료시킨 한국 OTT"(2023년 4월 26일 게시)라는 글의 내용을 인용하여 글을 쓰려고 한다. 각주 형태를 쓰면?
　→

2) 참고문헌 쓰기

남의 글을 인용하고 적절한 출처를 밝히는 것은 글쓰기의 윤리를 지키는 첫 번째 노력이며, 최소한의 표절의 문제를 해결할 수 있다. 그러나 출처를 밝힌다고 해도 인용으로 가득 채워진 글이거나 전적으로 AI에 도움을 받아 완성한 글도 표절이 될 수 있다. 인용이 능사는 아니기 때문에 남의 아이디어나 글을 참고하기 이전에 자신이 먼저 생각하고 구성하면서 글을 쓰는 습관을 가져야 한다. 〈사고와 표현〉 강의에서 우리가 얻으려고 하는 것은 사고하는 힘과 표현하는 능력이다. 이것은 사고의 주체가 내가 되고 나의 사고를 표현하는 노력이 동시에 이루어질 때 최대치가 될 수 있다. 남의 아이디어나 글은 어디까지나 참고자료일 뿐 자신의 아이디어나 글이 될 수는 없다. 인용은 최소한으로 하고 자신의 아이디어를 기반으로 사고하고 자신의 표현으로 글을 완성해야 정직한 글쓰기라고 할 수 있다.

글쓰기 윤리를 지키기 위한 Tip

첫째, 〈사고와 표현〉 수업시간에 글쓰기, 혹은 토론 주제가 주어질 때 남의 아이디어나 글을 참고하지 말고 먼저 자신에게 "나"의 생각과 의견은 무엇인가를 물어야 한다. 이로써 '나'는 '사고의 주체'가 된다. 사고는 자신의 지성 안에서 일어나는 일임을 기억해야 한다.

둘째, 자신의 사고와 의견이 구체화된 후에 타인의 저작물이나 인터넷 자료를 참고해야 한다. 자기 생각을 형성해놓은 상태에서 기존의 책이나 논문, 인터넷 자료를 참조해야 자료들이 도움이 된다.

셋째, 책, 논문, 인터넷에서 본 자료는 글의 논거, 사례, 데이터 등을 제공해줄 수 있는 정도로 참고하되 의견, 주장, 주제는 자신의 생각이 주(主)가 되도록 해야 한다. 내 목소리로 내 생각과 의견을 말하는 것이 남의 생각에 맞추어 립싱크하는 것보다 훨씬 가치 있는 일이다.

넷째, 올바른 인용법과 주석, 참고문헌을 적극적으로 활용하자! 표절은 남의 지식을 훔치는 '범죄'이다. 이를 피하기 위해서는 올바른 인용을 하고 출처를 밝혀야 한다. 너무 많은 인용으로 글을 완성하는 것도 표절이 될 수 있기 때문에 최소한의 인용만으로 글쓰기를 하자.

> 연습문제

2. 다음은 '대학축제 문화의 문제점과 해결방안'이라는 글감으로 〈사고와 표현〉 수업시간에 학생이 쓴 글의 서론과 본론의 일부분이다. 앞에서 배운 글쓰기 윤리에 입각하여 문제점을 지적하고 올바른 인용, 각주, 참고문헌을 갖춘 글로 수정해보자.

수정전	**대학문화의 꽃 '대학축제' 이대로 괜찮은가?** ①대학축제는 대학문화의 꽃이라고 할 정도로 대학에서 중요한 문화행사이다. ②대학축제는 대학생들이 잠시 학업에서 벗어나 대학문화의 즐거움을 만끽하며 학생들 간의 화합을 이루고 애교심을 높이는 긍정적 효과가 크다. ③그래서 한국의 대학축제는 대학에 따라 고유의 명칭을 붙이기도 하고, 다함께 크게 어울려 화합한다는 뜻의 대동제(大同際)라는 명칭을 쓰면서 대규모로 진행되기도 하였다. ④그렇다면 2023년 현재, 대학축제의 모습은 어떨까? ⑤현재 대학축제는 지성의 공간에서 펼쳐지는 축제라고 말하기 무색할 정도로 연예인 공연에 의존하고 있고, 상업적 행사와 음주 중심으로 진행되고 있다. ⑥이제라도 대학축제를 수동적으로 그저 바라보지만 말고 대학축제의 문제점과 그 원인을 분석하고 대학축제 문화를 개선할 수 있는 대안을 생각해보아야 할 것이다. ⑦1980년대에는 대학축제가 대동제라는 타이틀을 달고 학생 운동의 성격이 강한 행사가 주를 이루었지만 2000년대로 접어들면서 상업성과 대중가수 중심의 공연축제와 사회대중 문화시대의 특징들을 보여주는 축제로 변모하였다. ⑧2023년 현재는 대중가수 중심의 공연문화가 대학축제의 핵심이라는 인식이 더욱 공고해졌다. ⑨코로나 이후 3년만에 대학축제가 진행되면서 연예인 섭외 경쟁은 더욱 치열해졌고 20분 공연에 5000만원에 이르는 초호화 축제가 되고 있는 실정이다. ⑩그러나 이런 연예인 섭외 비용은 결국 학생들이 낸 등록금에서 충당되며, 축제 운영 비용의 대부분이 연예인 섭외에 쓰이고 학생 공연, 학생 행사들에 지원되는 비용은 매우 적다. ⑪학생 공연, 행사들은 연예인 공연의 들러리가 되었고, 학생은 공연을 보는 수

수정전	동적 관람자로서 만족하는 주객전도의 악순환이 계속되고 있는 것이다. ⑫과연 이런 소비가 적절한지, 매해 이런 축제 운영 방식이 최선인지 생각해보아야 한다. [조사한 자료] • 대학축제의 뜻: 한국의 대학축제는 대학에 따라 고유의 명칭을 붙이기도 하고, 다함께 크게 어울려 화합한다는 뜻의 대동제(大同際)라는 명칭을 쓰는 대학이 많음. (네이버지식백과, https://terms.naver.com/entry.naver?docId.) • 대학축제의 시대별 특성: 1980년대 이념실현 성격이 강한 행사, 1990년대 학생운동과 결별한 문화공연시대, 2000년대 상업성과 대중가수 중심의 공연축제로 변모함(김창수,「대학축제의 진단과 대안모색 연구」,『관광경영연구』69호, 관광경영학회, 2016, 102쪽) • 연예인 섭외 비용: 연예인 섭외 경쟁이 치열해지자 연예인 출연료가 덩달아 뛰어 몸값이 비싼 연예인의 경우 20분 공연 가격이 5000만원에 달함(김채현, " '연예인 20분 공연에 5000만원'… 초호화 대학축제", 서울신문(2022. 5. 22.), https://www.seoul.co.kr/news/newsView.php?id.
문제점	

수정후

참고문헌

경기대 교재편찬위원회,『사고와 표현』, 휴먼싸이언스, 2021.
김태원, "ChatGPT는 혁신의 도구가 될 수 있을까?: ChatGPT 활용 사례 및 전망" NIA 한국지능정보사회진흥원(2023.1.5.), https://www.nia.or.kr.
남형두,『표절론-표절에서 자유로운 정직한 글쓰기』, 현암사, 2015.
성균관대학교, ChatGPT 종합안내 홈페이지, https://chatgpt.skku.edu.
이인재,『연구윤리의 이해와 실천』, 동문사, 2015.
찰스 립슨,『정직한 글쓰기』(김형주·이정아 옮김), 멘토르, 2008.
한국연구재단, "연구윤리 확보를 위한 지침 해설서", 연구윤리정보포털(2015.12.8.), http://www.cre.or.kr.

Ⅱ

글쓰기의 기초

1. 요약하기
2. 문단쓰기
3. 논증하기
4. 개요쓰기

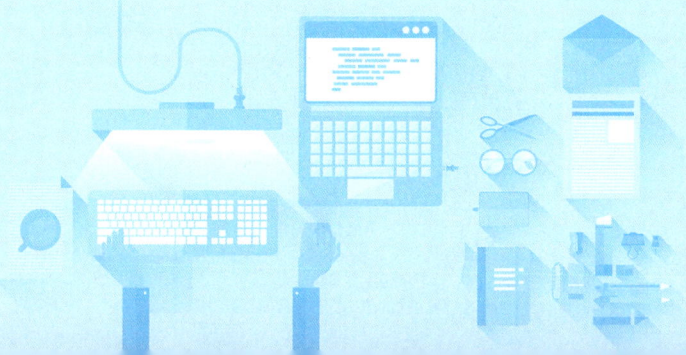

1

초기 작품들

1

요약하기

학습목표
- 글을 분석적이고 비판적으로 읽을 수 있다.
- 조건에 맞춰 요약문을 작성할 수 있다.

1 요약 그리고 '읽기와 쓰기'

　현대사회에서 쓰기란 의미를 생산하는 일련의 과정을 가리키는 용어로 사용되고 있다. 의미를 생산하는 과정으로서의 쓰기를 염두에 둘 때, 읽기 행위는 중요한 의미를 가진다. 왜냐하면 의미 생산의 출발은 읽기에서부터 비롯되기 때문이다. 다양한 정보를 수용하고 축적하는 숱한 읽기 과정을 전제로 해야만 비로소 쓰기가 가능하다. 소설가 김영하는 『읽다』에서 자신은 수천 권의 책을 읽어서 겨우 스무 권의 저서를 쓸 수 있었다고 겸손하게 말했지만 이것은 거꾸로 스무 권의 쓰기도 수천 권이라는 읽기가 있어야만 비로소 가능하다는 사실을 은연중에 암시한다.

　요약은 글을 읽고 중요한 내용을 간추려서 정리하는 것이다. 글이 말하고자 하는 바를 정확히 이해하고 이를 자신의 언어로 재진술하는 과정이 곧 요약이다. 읽기와 쓰기의 만남으로서의 요약은 두 가지 측면에서 유효하다. 첫째, 능동적 읽기를 가능하게 한다. 요약은 글의 구조, 글의 내용, 글의 주제를 더욱 명확하게 이해하고자 하는 일련의 적극적인 노력이다. 둘째, 창의적 쓰기를 가능하게 한다. 글이 미처 생각하지 못했던 부분 혹은 글이 잘못 말하고 있는 부분 들은 새로운 쓰기를 위한 밑거름이 된다. 따라서 읽기와 쓰기로서의 요약은 곧 세상을 능동적으로 이해하고 새로운 세상을 만들기 위한 방법이라고 해도 과언이 아니다.

　요약의 조건 역시 읽기와 쓰기의 연장선에서 논의할 수 있다. 먼저, 읽기 차원에서 요약문은 저자의 생각을 오롯이 드러내는 데에 초점을 맞춰야 한다. 간혹 저자의 생각과 자신의 생각을 구별하지 않고 요약문을 작성하거나 저자가 강조하는 사항을 임의로 변경하는 경우가 있다. 글에 대한 자신의 생각을 드러내는 것은 요약을 한 이후에 해도 늦지 않다. 우선은 글이 중심 내용을 가감 없이 드러내기 위해 노력해야 한다. 한편, 쓰기 차원에서 요약문은 요약문 자체로 완결된 글의 형식을 보여주어야 한다. 어떤 요약문은 원문을 염두에 두지 않으면 이해가 되지 않는 경우도 있다. 요약문은 그 자체로 이해가능한 것이어야 한다. 따라서 요약문은 문장들의 관계가 유기적이어야 하며 하나의 주제로 통일되어 있어야 한다.

2 요약의 과정

요약은 다음과 같은 사유의 과정을 거친다.

1) 이해의 과정

요약은 단순히 글자 수를 줄이는 과정이 아니다. 글의 주제, 내용 등을 오롯이 드러내기 위해서는 글에 대한 충분한 이해가 선행되어야 한다. 글을 제대로 이해하기 위해서는 글의 주제를 파악하고 핵심어를 확인해야 한다. 그리고 주제를 드러내기 위한 글의 구조와 전개가 구체적으로 어떻게 이루어지는지에 대한 면밀한 고찰이 있어야 한다.

핵심어는 다음과 같은 특징을 갖고 있다.

- 주요 내용을 포함한다.
- 자주 강조되어 표현된다.
- 전체 내용을 이해하는 실마리 역할을 한다.

2) 선택의 과정

요약은 중요한 것과 중요하지 않은 것을 구별할 수 있는 능력을 필요로 한다. 중요한 것과 중요하지 않은 것의 구별은 문장 수준과 문단 수준에서 이루어진다.

- **한 문단 내에서 문장들 간의 관계** : 하나의 문단은 중심문장과 뒷받침문장들로 구성되어 있다. 중심문장은 문단 내에서 다른 뒷받침문장들을 포괄하면서 동시에 다른 문단의 중심문장과 연결되어 있다.

- 문단들 간의 관계 : 핵심내용을 포함한 주지문단과 그 외의 문단들(도입문단, 부연문단, 상술문단 등)을 구별해야 한다.

3) 구성의 과정

요약은 자신의 언어로 재구성된다. 이때 요약의 문장들은 선택, 삭제, 일반화, 재구성의 원리에 의해 만들어지며, 이 문장들이 통일성과 일관성을 가질 때, 완결성 있는 요약문이 구성될 수 있다.

- **선택** : 중심 내용을 명확하게 보여주는 문장들을 선택한다.
- **삭제** : 중요하지 않거나 중복되는 내용은 삭제한다.
- **일반화** : 구체적인 개념 혹은 세부 정보 들을 아우를 수 있는 상위 개념의 문장들을 만든다.
- **재구성** : 중심 내용을 명확하게 보여주는 문장이 없다면, 주요 내용을 명확하게 드러낼 수 있는 문장들을 새롭게 만든다.

4) 요약문 체크리스트

이해, 선택, 구성의 과정을 거쳐 완성된 요약문은 다음과 같은 질문을 통해 그 완결성을 점검할 수 있다.

1. 저자와 제목을 썼는가?
2. 핵심내용들을 포함한 문장들로 구성되어 있는가?
3. 제시된 문장들이 명확하고 간결하게 씌어 있는가?
4. 문장들 혹은 문단들의 연결이 통일성, 일관성을 유지하고 있는가?
5. 중복된 내용, 부차적인 내용 등은 삭제되었는가?
6. 요약자의 주관적 생각이 배제되어 있는가?
7. 한 편의 온전한 글인가?

3 요약의 사례

다음 제시문은 한 학생이 수업 과제로 제출한 보고서다. 다양한 자료들을 참고하여 논의를 전개하고 있는 글이다. 이 글이 요약되는 과정을 구체적으로 보여줌으로써 요약하기와 관련된 이해를 돕고자 한다.

키오스크, 과연 편리한가?

그동안 우리는 패스트푸드점에서 음식을 살 때 계산대에 줄을 서서 점원에게 직접 주문을 해왔다. 그러나 언젠가부터 우리가 주문을 하는 모습이 변해가기 시작했다. 그 이유는 바로 키오스크의 등장 때문이다. 키오스크는 공공시설에 설치되어 각종 업무의 무인자동화를 목적으로 개발된 구조물을 말한다.[1] 키오스크는 비대면 서비스를 제공하기 때문에 현재 더욱 각광을 받고 있다. 그 외에도 소비자들의 입장에서는 대기 시간과 처리 시간이 줄어들어서 좋고,[2] 사업자의 입장에서는 인건비가 절감되고 데이터 수집이 편리하여 마케팅에 활용하기 편하다는 점에서 좋다는 의견이 많다.[3] 현재 국내에서 키오스크 시장이 증가하고 있다. 한국농촌경제연구원(KERI)에 따르면, 2015년 약 2130억 원이었던 키오스크 시장이 2023년에는 약 3960억 원 규모로 성장했다.

편리함 때문에 키오스크의 보급이 늘어나고 있으나 키오스크가 오히려 디지털 소외를 발생시킨다는 의견도 있다. 노년층과 중장년층은 디지털 기기에 익숙하지 않아 키오스크 조작에 큰 어려움을

제목을 보니, 이 글의 중심소재가 '키오스크'라는 것을 알겠어. 그리고 '과연 편리한가?'라고 의문을 제기하는 것을 보니, '키오스크'라는 새로운 기기가 가져온 편리함과 더불어 불편함에 대해 함께 논의하려고 하는구나. 제목이 전체 내용을 잘 요약한 것 같은데!

1단락은 서론의 역할을 하고 있어. 크게 4가지 정도를 말하고 있는데, '①변화된 주문 풍경 ②키오스크의 개념 ③키오스크의 편리함 ④키오스크의 영향 확대'로 정리할 수 있겠어. 그런데 이 전체를 포괄할 수 있는 중심문장은 없네. 이 중에서 '①변화된 주문 풍경'은 독자의 흥미를 유발하기 위한 기능을 하고 있으니까, 요약할 때 삭제해도 무방하겠군. 그렇다면 '②키오스크의 개념 ③키오스크의 편리함 ④키오스크의 영향 확대'를 아우를 수 있는 요약문장을 새롭게 만들어야겠어. '무인자동화 서비스 기계인 키오스크에 대해 많은 소비자와 사업자가 편리하다고 생각하고 있으며 앞으로도 점차 그 사용이 늘어날 것으로 예상된다.' 정도로 요약하면 되겠어.

2단락은 키오스크의 보급이 늘어남에 따라 발생하는 디지털 소외에 대해 논의하고 있군. 이것을 노년층 및 중장년층, 청년층 그리고 장애인으로 구분하여, 사례를 제시하며 매우 구체적으로 서술하고 있어. 따라서 이 내용

겪고 있다. 청년층도 마찬가지이다. 할인 쿠폰을 사용하는 것이 불편하며, 인터페이스가 한 번에 많은 정보를 담고 있어서 직원이 직접 주문을 받을 때보다 시간이 더 오래 걸린다는 것이다. 키오스크의 가장 큰 문제는 장애인이 이용하기에 불편하다는 점이다. 키오스크 사이의 간격이 좁아서 휠체어가 들어갈 공간이 나지 않는 경우가 있고, 키오스크의 높이 조절이 안 되기 때문에 휠체어에 앉은 채로는 이용할 수가 없다. 또한 음성 서비스와 점자 시스템이 탑재되어 있지 않아서 시각 장애인은 키오스크 사용이 거의 불가능하다.[4]

키오스크로 인한 디지털 소외 현상이 일어나서는 안 된다. 앞에서 언급했던 문제들을 해결하기 위한 방안들이 있다. 첫 번째 방안은 키오스크를 재설계하는 것이다. 먼저 고쳐야 할 부분은 인터페이스이다. 한 화면에 많은 정보를 담는 것보다 글씨와 사진의 크기를 키우고 조건별로 분류하는 것이 이용하기에 더 편리하다. 그리고 쿠폰을 사용하는 것을 불편해하는 소비자들을 위해서 쿠폰 사용 버튼을 첫 페이지에 크게 만들어놓는 것이 좋다. 음성 인식 서비스와 음성, 점자 안내, 높이 조절 기능이 있으면 장애인에게도 큰 도움이 될 것이다. 또한 매장 내 키오스크의 배치로 인해 불편함을 겪는 소비자들이 있는데, 이를 해결하기 위해서는 줄이 길더라도 매장 안의 다른 손님들이 불편하지 않도록 주변과의 간격을 넓히는 것이 좋다. 두 번째 방안은 정부의 대책 마련이다.

들을 포괄하는 첫 번째 문장 즉, '편리함 때문에 키오스크의 보급이 늘어나고 있으나 키오스크가 오히려 디지털 소외를 발생시킨다는 의견도 있다.'가 중심문장으로 적절하겠어. 하지만 좀 더 문단의 내용을 포괄하고 의미를 명확하게 하기 위해 '키오스크의 보급이 늘어나고 있으나 노년층 및 중장년층, 청년층 그리고 장애인에게서 디지털 소외가 발생하고 있다.'로 요약문장을 만들면 좋겠어.

3단락은 디지털 소외 현상을 해결하기 위한 방법들에 대해 논의하고 있군. 크게 키오스크를 재설계하는 부분과 키오스크 관련 교육으로 구분하여 매우 구체적으로 서술하고 있어. 키오스크 재설계 부분에서는 인터페이스, 매장 내 위치 등과 관련하여 논의하고 있으며 키오스크 관련 교육에서는 서초구의 사례를 들며 설명하고 있어. 구체적이고 짜임새 있는 서술이 돋보여. 이 문단을 포괄하는 중심문장을 하나로 선택하기는 어렵지만, 문단에 있는 단어들을 재구성하여 '디지털 소외 현상을 해결하기 위해서는 키오스크의 재설계와 키오스크 관련 교육을 실시해야 한다.'로 요약문장을 만들 수 있겠군.

4단락은 결론의 역할을 하고 있어. 본론의 내용을 다시 한 번 간단하게 요약하여 독자의 이해를 돕고 있으며 앞으로의 전망을 제시하고 있어. 따라서 이 부분을 포괄하는 요약문장으로는 '키오스키의 문제점이 개선된다면 사업자와 소비자 모두에게 더욱 이득이 되는 환경을 만들 수 있을 것이다.'라는 마지막 문장이 적절하겠어.

요약문 초고를 만들기 위해서는 글의 제목을 밝히고, 각 문단의 요약문장을 다음과 같이 이어붙이면 돼.

키오스크 사용에 익숙하지 않은 사람들을 위한 교육 프로그램을 정부에서 실시한다면 그들에게 많은 도움이 될 수 있다. 실제로 서울시 서초구에서는 노인들을 위한 교육용 키오스크를 자체 개발하여 작년부터 무료 교육을 실시하고 있다.5) 이렇게 키오스크 교육을 쉽게 받을 수 있으면 디지털 기기가 익숙하지 않은 사람들도 그와 더 가까워질 수 있고 디지털 소외에서 벗어날 수 있다.

앞으로 우리의 생활에서 키오스크는 불가피한 존재가 될 것이다. 따라서 편리함을 위해서 만들어진 키오스크가 불편함을 주는 모순이 발생하지 않도록 해야 한다. 그러기 위해서는 위에서 언급했듯이 키오스크의 재설계와 교육 프로그램이 실행되어야 한다. 키오스크의 문제점이 개선된다면 사업자와 소비자 모두에게 더욱 이득이 되는 환경을 만들 수 있을 것이다.(학생글)

---

1) 최양현·박석훈,「사용자 선호도 특성을 고려한 정보키오스크 디자인 개발」,『한국디자인문화학회지』18권4호, 한국디자인문화학회, 2012, 589쪽.
2) 김용균,「무인화 추세를 앞당기는 키오스크」,『주간기술동향』1790호, 정보통신기획평가원, 2017, 21쪽.
3) 손다예,「패스트푸드점 키오스크의 혁신특성과 혁신저항이 이용의도에 미치는 영향」, 세종대 석사학위논문, 2019, 2쪽.
4) 윤서영, "현실이 된 '무인화 사회'… 장애인엔 '공포'가 되다", 서울경제(2019.01.16.), https://www.sedaily.com/NewsView/1VE255JB82(2024.1.21.)
5) 윤고은, "서초구, 교육용 키오스크 프로그램 자체 개발…어르신 무료교육", 연합뉴스(2019.8.13.), https://www.yna.co.kr/view/AKR20190813028400004?input=1195m(2024.1.21.)

<키오스크, 과연 편리한가?>는 키오스크의 편리함에 대해 비판적으로 고찰하고 있는 글이다. 무인자동화 서비스 기계인 키오스크에 대해 많은 소비자와 사업자가 편리하다고 생각하고 있으며 앞으로도 점차 그 사용이 늘어날 것으로 예상된다. 키오스크의 보급이 늘어나고 있으나 노년층 및 중장년층, 청소년층 그리고 장애인에게서 디지털 소외가 발생하고 있다. 디지털 소외 현상을 해결하기 위해서는 키오스크의 재설계와 키오스크 관련 교육을 실시해야 한다. 키오스키의 문제점이 개선된다면 사업자와 소비자 모두에게 더욱 이득이 되는 환경을 만들 수 있을 것이다.

그리고 문장들 간의 연결을 긴밀하게 하기 위해서 적절한 접속사 및 지시어를 사용하고 문장을 다듬어 다음과 같이 요약문을 완성하면 돼.

<키오스크, 과연 편리한가?>는 키오스크의 편리함에 대해 비판적으로 고찰하고 있는 글이다. 무인자동화 서비스 기계인 키오스크에 대해 많은 소비자와 사업자가 편리하다고 생각하고 있으며 앞으로도 점차 그 사용이 늘어날 것으로 예상된다. 하지만 키오스크의 보급이 늘어남에 따라 노년층 및 중장년층, 청년층 그리고 장애인에게서 디지털 소외가 발생하고 있다. 이러한 디지털 소외 현상을 해결하기 위해서는 키오스크의 재설계와 키오스크 관련 교육을 실시해야 한다. 키오스크의 문제점이 개선된다면 사업자와 소비자 모두에게 더욱 이득이 되는 환경을 만들 수 있을 것이다.

끝으로 요약문과 원문의 비교를 통해, 글의 의도와 내용이 요약문에 잘 반영되어 있는지를 검토하고 수정하면 돼.

4 요약의 실제

1) 요약문의 요건

요약문은 원문의 주요 내용에 대한 정보를 전달하면서 동시에 그 자체로 온전한 글이어야 한다.

> **연습문제**
>
> 1. 다음 예문은 한 인터넷 서점에서 『다시, 수학이 필요한 순간』이라는 도서에 대해 소개하고 있는 글이다. 요약문이 포함해야 할 내용을 염두에 두면서 다음 소갯글에 대해 논의해보자.

실수나 등식이 없던 그리스 시대의 사람들과, 전염병의 감염 추이 그래프를 누구나 쉽게 이해하는 지금 우리의 사고법에는 어떤 차이가 있을까? 급변하는 21세기, 수학의 질문은 어떻게 세상을 거듭 진화시키고 있는가? 2018년『수학이 필요한 순간』을 통해 단숨에 베스트셀러에 올라 바야흐로 '수학 교양서 시대'를 연 한국인 최초의 옥스퍼드대 수학과 교수, 김민형 교수가 2020년 8월『다시, 수학이 필요한 순간』으로 독자들을 다시 찾아왔다. 이 책은 수학의 거장이 중학생부터 현직 수학교사, IT개발자, 미술작가 등 세대와 성별을 뛰어넘는 다양한 독자 7인과 교감하며 나눈 아홉 번의 세미나를 생생하게 옮긴 것이다. 일상적 대화로 시작하여 깊은 이해로 다가가는 튜토리얼 형식의 세미나를 통해, 그는 오래도록 세상을 견인해온 광대한 수학적 문명의 세계로 독자를 인도하고 있다. 수의 기본 개념부터 AI 시대의 근간을 이루는 현대수학 이론까지, 앞으로의 상식이 될 수학의 언어에 정면 도전하는 위대한 수업이 펼쳐진다. 이 책을 통해 자연과 우주, 그리고 인간의 생각이 작동하는 방식까지, 우리를 둘러싼 모든 순간에 수학이 존재하고 있음을 깨닫게 될 것이다.

> **연습문제**

2. 다음 예문은 최근에 개최된 '기초의학 학술대회'의 심포지엄 초록이다. 초록은 요약문을 의미한다. 요약문의 요건을 염두에 두고, 다음 두 초록의 차이점을 논의해보자.

예문1

북한의 보건 의료 체계 및 감염병 유행 현황

한반도 분단 70여년의 기간 동안 남북한의 사회 구조, 경제수준, 문화적 차이뿐 아니라 보건의료체계에도 격차가 심해져서 평균 수명, 영아 사망률을 비롯한 남북한 주민들의 건강수준에도 큰 격차가 벌어지고 있다. 북한의 보건의료 현황을 이해하고, 남한과의 차이를 정확하게 이해하여 효율적으로 통합하기 위한 노력은 통일을 대비하기 위한 준비 중 가장 시급하면서도 중요한 문제라 할 수 있다. 본 연구에서는 김일성 체제부터 김정은 체제까지의 보건의료 체계의 변화에 대해 알아보고, 말라리아, 결핵 등 중요한 감염병의 유행 현황에 대해 간단히 살펴보고자 한다.

예문2

북한 기생충증 관리를 위한 남한 기생충 관리 모델의 현장 적용 및 향후 협력방안

남한에는 오랜 기간 회충, 구충, 편충 등 토양매개성 장내 기생충 감염이 만연하였으나 국가적 차원의 관리 프로그램을 30년 이상(1965년-1995년) 시행한 결과 1995년 이후부터는 커다란 문제가 되고 있지 않다. 국가적 관리 프로그램의 구체적 내용으로는 대규모 집단검진과 집단투약(연 2회 봄, 가을), 환경개선(화장실 개선과 인분비료 사용 금지 등), 그리고 보건교육을 통한 개인위생 향상이 가장 중요한 3대 요소였고, 그 외에도 빠른 속도의 경제성장 및 생활수준의 향상, 원활한 구충제 보급, 기생충 예방법 시행 등이 부수적인 요소였던 것으로 평가되고 있다. 한편, 북한의 경우에는 1970년대 초반까지 장내 기생충 관리를 적극적으로 시행했던 것으로 알려져 있으나 그 후 홍수, 가뭄, 기근 등 여러 재난으로 상황이 크게 악화된 것으로 보인다. 특히 1990년대 초반에는 상황이 크게 악화되었던 것으로 추정되고 있으나 구체적인 조사자료는 찾아보기가 어렵다. 그러던 중 2008년에는 한국건강관리협회가 굿네이버스, 한국국제보건의료재단 등과 협력, 방북하여 북한 주민과 학생 약 1,000명에 대한 대변검사를 시행한 일이 있었고, 그 결과 회충, 구충, 편충 등 토양매개성 기생충 양성율이 매우 높음을 확인한 바 있었다. 그 외에도 탈북 주민에 대해 대변검사를 시행한 몇몇 발표된 보고 자료가 있다. 이들 자료를 모두 종합할 때 지역별로 20-90%의 다양한 토양매개성 기생충 감염률을 보이고 있을 것으로 추측된다. 남북관계가 좋아지고 교류가 활발해지면 남한에서 시행했던 3가지 관리 원칙을 북한에도 적용할 수 있을 것으로 기대되며, 이를 위해서는 기생충 관리를 위한 행정조직 및 그 인프라 구축이 기본적으로 필요한 상황이다. 향후 남북한이 성공적인 협력을 이루기 위해서는 상호간에 여러가지 적극적인 노력이 경주되어야 할 것으로 판단된다.

2) 제목 짓기

제목은 두 가지 조건을 충족시켜야 한다. 전체 내용을 요약적으로 제시해야 하며 독자의 흥미를 유발해야 한다. 모든 제목은 이 두 가지 요소를 고려하여 정해져야 한다. 이때 학술적인 글쓰기는 전체 내용을 좀 더 잘 요약하는 방향으로 정해지며 반면에 대중적인 글쓰기는 독자의 흥미를 좀 더 잘 유발하는 방향으로 정해지는 것이 일반적이다.

연습문제

3. 다음 예문의 제목은 일반 대중을 염두에 두고 흥미성을 고려하여 지어진 것이다. 이 제목을 지우고, 예문의 내용을 잘 요약한 제목을 새롭게 지어보자.

예문

배우 윤여정은 왜 '국민 엄마'가 아닐까

배우 윤여정을 떠올릴 때마다 생각나는 말이 있다. 윤여정과 함께 오랫동안 작업했던 드라마 작가 노희경의 촌평이다. 그는 한 예능프로그램에 출연해 "윤여정처럼 등장인물을 모던하고 세련되게 이해하고, 해석하고, 표현하는 사람을 본 적이 없다"고 말했다. 윤여정은 비슷한 나이대의 연기자들이 주로 가족에게 희생적인 '엄마' 역할에 머무르고 있을 때, '여자'를 연기했다. 그는 동시대를 살고 있는 여자들의 현재와 미래, 욕망을 온몸으로 표현한 배우였다.

또한 노희경의 말처럼 윤여정은 지긋한 나이임에도 불구하고 "여전히 멜로를 제일 잘 할 것 같은 배우"이다. 그래서 윤여정에게는 '국민 엄마'라는 칭호가 어울리지 않는다. 한국영화에서 여자들이 등장하면 거의 대부분 남자들에 의해 강간당하거나 죽어나가던 시절에 그는 성녀와 창녀의 이분법적 구도를 허물고, 모성애 신화에 집착하는 충무로를 비웃으며 자신의 욕망을 마음껏 분출하는 삶의 단독자를 연기했다.

그간의 노력이 최근 정이삭의 영화 〈미나리〉를 통해 결실을 맺고 있다. 윤여정은 아카데미의 '바로미터'라 할 수 있는 미국배우조합(SAG) 시상식에서 여우조연상을 수상했다. 한국 배우 개인으로는 첫 수상이다. 그는 〈미나리〉에서 미국 아칸소로 이주한 한국가정에서 어린 손주들을 돌보는 할머니 '순자'를 연기했다. 윤여정은 영화 초반부에 코믹한 할머니 연기를 통해 극의 활력을 더하고, 영화의 변곡점인 '농장 화재 시퀀스'에서는 앞부분과 전혀 다른 모습을 연기하며 강렬한 인상을 남겼다.

윤여정이 대중에게 처음으로 눈도장을 찍었던 영화는 아마 김기영의 〈화녀〉(1971)일 것이다. 영화에서 윤여정은 위선적인 가부장 사회에 균열을 가하는 하녀 '명자'를 연기했다. 이후 그는 오랜 공백을 깨고 1985년에 개봉한 박철수의 영화 〈에미〉에 출연, 인신매매단에 납치된 딸을 구하기 위해 고군분투하는 어머니 '홍여사' 역을 맡았다. 이 영화에서도 윤여정은 딸을 납치한 남자들을 상대로 기괴한 복수극을 펼치며 뒤틀린 모성을 연기해 큰 주목을 받았다.

2000년대 들어서 윤여정은 본격적으로 동년배의 배우들과는 확연히 다른 길을 걷게 된다. 그 징표와도 같은 영화가 바로 임상수의 〈바람난 가족〉(2003)이다. 영화에서 윤여정은 한국전쟁 후유증으로 성불구자가 된 남편을 두고 바람을 피우는 여자 '홍병한'을 연기했다. 남편이 죽고 난 뒤에는 자신만의 인생을 살겠다며 가족 앞에서 남자친구와의 결혼을 선언한다. 이어 윤여정은 2012년에 〈돈의 맛〉이라는 영화로 다시 한번 임상수와 호흡을 맞춘다. 재벌가의 최고 실세 '백금옥' 역을 맡은 그가 젊은 남자 비서를 유혹하는 장면은 오직 윤여정만이 할 수 있는 연기로 회자된다.

이 외에도 윤여정은 홍상수의 〈자유의 언덕〉(2014)에서 유창한 영어를 구사하는 게스트 하우스 사장 '구옥' 역을, 이재용의 〈죽여주는 여자〉(2016)에서는 삶을 포기하고 싶은 사람들을 실제로 죽여주는 박카스 할머니 '소영'으로 분해 다채로운 모습을 선보였다. 이처럼 윤여정은 자식에게 헌신적인 사랑을 쏟는 엄마 역할에만 국한하지 않고, 끊임없이 연기 변신을 시도하는 등 넓은 스펙트럼을 가진 배우로 평가받는다. (송석주, 「배우 윤여정은 왜 '국민 엄마'가 아닐까」)

제목
배우 윤여정은 왜 '국민 엄마'가 아닐까 →
_____
_____

3) 주제문으로 요약하기

모든 글은 한두 문장으로 요약할 수 있다. '주제문으로 요약하기'란 글이 말하는 바를 한두 문장의 주제문으로 표현하는 것을 말한다. 핵심내용이 포함되어 있는 주지문단의 중심문장들을 포착하고 이 중심문장들을 통합하여 아우를 수 있는 최종 주제문을 추출하면 된다.

연습문제

4. 다음 예문을 한두 문장의 주제문으로 요약해보자.

폭력은 무엇을 먹고 자라나는가? – 스포츠와 폭력

겨울 스포츠의 꽃인 배구계가 된서리를 맞고 있다. 쌍둥이 배구 선수로 유명한 이재영과 이다영 자매가 학창 시절 배구부 동료 선수들에게 잔인한 폭력을 오랫동안 행사했다는 내용의 폭로가 이어졌기 때문이다. 과거에 행해졌던 학교폭력에 대한 폭로는 남자 배구를 거쳐 스포츠계 다른 종목으로 이어지면서 연예계로 퍼져나갔고, 이제는 사회 일반으로까지 일파만파 확산 중인 추세다. 얼마 전 자신이 당한 성범죄를 고발하는 '미투 운동'이 일어났던 것처럼 자신이 예전에 겪은 학교폭력 사실을 폭로하는 '학폭 미투'로 번져 가는 양상이다.

여론이 악화하자 두 선수가 소속된 구단과 배구협회는 진화에 나섰다. 남은 연봉의 지급을 중지하고, 무기한 출전을 정지하며, 국가대표 자격을 박탈하는 등의 조치를 한 것이다. 방송에 출연했던 영상도 삭제되고, 집행 중이던 광고도 비공개로 전환되었다. 하루아침에 부와 명예를 잃고 선수 생명마저 상실할 절체절명의 위기에 처한 셈이다. 그럼에도 불구하고 온라인상에서는 아예 선수 자격을 박탈하고 영구 퇴출해야 한다는 목소리가 거세지고 있다. 너무 가혹한 것 아니냐는 일부 체육계의 우려는 여론에 떠밀려 설 자리를 잃고 있다.

여기서 우리는 두 가지 측면에서 냉정하게 짚어 봐야 할 것이 있다. 하나는 일벌백계만이 이 같은 사건의 유일한 해결책이며 향후 이런 일의 재발을 막는 가장 효과적인 방법인가 하는 것이다. 또 하나는 학교폭력이나 스포츠계의 폭력이 개인의 일탈 차원에서 발생한 것인지 아니면 구조적이고 뿌리 깊은 악습에 기인한 것인지를 면밀히 살펴야 한다는 것이다.

일반적으로 사람들은 폭력과 분노와 공격성을 구분하지 않고 뭉뚱그려 생각하는 경향이 있다. 폭력은 분노가 일었을 때 발생하며, 공격성을 참지 못해 벌어진다고 여기기에 딱히 구분할 필요를 못 느끼는 것이다. 그러나 엄밀한 의미에서 이 세 개념은 구분되어야 한다. 폭력(violence)은 신체에 해를 가하는 등 정당하지 않은 방법으로 물리적 강제력을 행사하는 것을 말하고, 분노(anger)는 자신의 요구가 실현되지 않거나 부정 또는 저지당한 데 대한 저항의 결과로 생기는 정서를 가리키며, 공격성(aggression)은 상대방을 해치려는 의도와 동기와 목적을 가지고 시도하는 모든 행동을 의미한다. 신체적인 위해는 물론 정신적으로 상처와 고통을 주는 행위도 포함된다. 이렇게 구분한다면 폭력도 단순하게 일시적으로 발생한 폭력이냐 아니면 폭력성을 가지고 계속해서 자행된 폭력이냐로 나누어 볼 수 있다.

좀 더 이해하기 쉽게 말하자면 폭력이 발생했을 때 의도된 폭력인가 감정적으로 행해진 폭력인가를 들여다봐야 한다는 것이다. 어떤 목적을 가지고 자행된 폭력인지 순간적인 감정을 참지 못해 벌어진 폭력인지를 구분해야 한다는 말이다. 이것이 왜 중요하냐면 목적을 가지고 의도된 폭력이라면 폭력이 도구로 사용된 구조적인 원인을 깊이 분석하고 따져봐야 하지만, 단지 순간의 감정을 조절하지 못해서 벌어진 일시적 폭력이라면 개인의 일탈 차원에서 진단하고 대처할 수 있기 때문이다. 겉으로 드러난 폭력의 결과와 그 폭력이 발생하게 된 보이지 않는 이면을 상세히 따져 본 후 적절한 처벌과 치료가 이루어지는 게 현명하다.

지금 체육계에서 드러나는 폭력의 양상을 보면 오랫동안 내부에서 만들어지고 이어져 오면서 관습처럼 굳어진 게 아닐까 하는 생각이 든다. 초등학교 때부터 프로 스포츠에 이르기까지 운동해서 성공하려면 고된 훈련을 이겨내야 하고, 감독이나 코치의 명령에 절대복종해야 하며, 선배들이 잘돼야 후배들도 잘 될 수 있다는 생각에 상명하복의 문화가 정착되고, 합숙과 전지 훈련 등을 반복하면서 폐쇄적이고 고립된 집단 문화가 형성되다 보니 폭력이 자연스럽게 뿌리내리게 된 것이다. 무섭게 대해야 말을 잘 듣고, 팀을 일사불란하게 움직이려면 최소한의 폭력이 필요하며, 후배 시절에는 약간 힘들어도 선배가 되면 다 보상받는다는 비뚤어진 보상심리가 폭력이 관행이 된 이런 풍토를 가능하게 만들었다고 할 수 있다.

"운동은 맞아가며 배워야 잘할 수 있는 거야."
"군기가 딱 들어 있지 않으면, 팀 스포츠가 제대로 될 수가 없어."

이 같은 전근대적인 사고방식과 군대식 조직 문화가 학교폭력과 스포츠 폭력을 유지해 온 폐단이다. 현재 벌어지고 있는 '학폭 미투'는 곪을 대로 곪은 스포츠계의 어두운 면이 마침내 터져 버린 것이다. 차제에 스포츠계는 구조적이고 뿌리 깊은 폭력의 악습을 끊어내기 위한 뼈를 깎는 제도 개혁과 개혁에 박차를 가해야 한다. 일부 선수들의 철없던 시절 행동으로 치부해서 이 위기만 넘기면 된다고 생각하면 안 된다. 위기가 오히려 기회일 수 있다.

한국 배구연맹에서는 앞으로 학교폭력과 성범죄 등에 깊이 연루된 선수들은 프로 무대에서 뛸 수 없도록 규정을 바꾸겠다고 발표했다. 학교폭력과 관련해 한국 배구연맹에 제출한 서류의 내용이 허위로 드러날 경우, 해당 선수는 영구 제명 등의 중징계를 받게 된다. 국가대표 선발 과정에서도 경력과 실력뿐 아니라 학교폭력에 연루되었는지 등 평소의 평판도 반영하겠다는 의지를 밝혔다. 구단에서도 선수와 계약을 맺을 때 과거의 품행에 문제가 있었다는 사실이 추후라도 드러날 경우, 이를 연봉이나 대우에 어떻게 반영할 것인지를 구체적으로 명문화해서 시행하는 게 바람직할 것이다. 문제가 터졌을 때야 부랴부랴 규정에도 없고 계약서에도 없는 처벌을 본보기식으로 내리는 것은 선수에 대한 이중 처벌일 수 있다.

진정한 해결은 피해자와 가해자의 화해와 치유다. 당연히 가해자의 진정성 있는 사과가 먼저다. 피해자를 찾아가 직접 용서를 구해야 한다. 피해자의 아픔과 고통의 목소리를 온전히 들어야 한다. 이를 통해 피해자와 그 가족이 입은 깊은 상처를 치유할 기회를 만들어야 한다. 미봉책이어선 안 된다. 가해자의 부모가 나서서 가해자에게 용기를 줘야 한다. 그런 다음 가해자 역시 죄의식에서 벗어날 수 있는 과정을 거쳐야 한다. 법적 제도적 대가를 치른 후 소속 구단이나 협회와 의논하여 자숙과 치유의 기간을 갖는 게 좋다. 피해자와 가해자 모두 정상적인 일상생활과 선수 활동을 할 수 있는 인간성 회복이 이루어져야만 한다.

   아직도 우리나라 학교 체육은 엘리트를 발굴하고 육성하는 데 초점이 맞춰져 있다. 그렇다 보니 폐쇄성과 강압성에서 벗어나지 못한다. 내 자녀가 소속된 학교 운동부에서 폭력이 자행되고 있을 때, 부모가 선뜻 나서지 못하는 이유 중 하나가 여기에 있다. 하급생일 때는 피해자였지만, 상급생이 되면 가해자가 된다. 조금만 참고 견디면 졸업이다. 선수 생활을 하는 동안에는 어차피 한솥밥을 먹어야 할 사람들이다. "얘는 조금 맞았다고 코치나 선배를 신고하는 못된 아이야." 이런 낙인이 찍혀 따돌림을 당할까 봐 내 자녀가 폭력을 당했는데도, 부모가 나서서 아무 일 없었던 것처럼 쉬쉬하는 경우가 있다. 이런 잘못된 문화와 관행을 과감히 끊어내려는 용기와 결단이 필요하다. 폭력은 무관심과 비밀을 먹고 자란다. 나만 괜찮으면 된다고 못 본 체하고, 입을 다문 채 고개를 돌린다면 폭력은 계속 자라날 것이다. (정정엽,「폭력은 무엇을 먹고 자라나는가? - 스포츠와 폭력」)

주제문
_____
_____
_____

연습문제

5. '나의 대학 생활' 혹은 '나의 인생'을 한 문장으로 요약해보자.

요약문
_____
_____
_____

4) 한 단락으로 요약하기

각각의 문단을 아우를 수 있는 중심문장을 만들고 이 중심문장들을 연결하면 요약문이 된다. 이때, 문장들을 자연스럽게 연결할 수 있는 지시어와 연결어를 적절하게 사용하는 것이 중요하다.

 연습문제

6. 다음 예문을 한 단락으로 요약해보자.

인공지능이 의료를 바꾼다? '디지털 헬스' 장밋빛 환상 뒤 낡은 규제 완화

챗 GPT 같은 대규모 언어모델(LLM)의 등장 이후 인공지능(AI)에 대한 낙관이 범람하고 있다. 보건의료 분야도 예외가 아니다. 일부 영역에서 AI가 의사보다 더 정확한 판단을 보인다며 기대를 부풀린다. 인공지능은 '디지털 헬스(digital health)'가 약속하는 장밋빛 미래 중 하나일 뿐이다. 각국 정부와 기업들은 빅데이터, 개인 웨어러블 기기, 비대면 기술 등 IT와 보건의료의 융합이 개인의 건강을 증진하며 질병을 해결할 수 있는 새로운 수단을 제공할 수 있다고 약속을 내놓기에 여념이 없다.

하지만 기술의 향상이 대다수 평범한 사람들에게 긍정적 영향을 주리라는 보장은 없다. 자본주의 사회에서 어떤 기술을 어떻게 발전시킬지 결정하고, 그 성과를 소유·통제하며, 활용의 여부와 방식을 결정하는 이들은 소수이기 때문이다. '디지털 헬스'도 마찬가지다.

디지털 기술 도입은 단순히 보건의료 영역에서 활용할 수 있는 도구 하나가 늘어난다는 데 그치지 않는다. 디지털 헬스는 공중보건의 외주화와 민영화를 낳는 경로다. 관련 플랫폼을 대체로 민간기업이 소유·운영하기 때문이다. 비대면 진료가 대표적이다. 또 디지털 헬스의 생활 습관 교정이라는 건강관리 해법은 사회경제적 지위가 낮은 이들에게 효과를 발휘하기가 어렵다. 사람들이 금연이나 체중조절에 실패하는 것은 사회경제적 제약 때문이지 지식이나 자극이 부족해서가 아니기 때문이다. 유전자 단위로부터 분석하는 개인적 접근을 강조하는 의료개입도 한계가 크다. 정작 효과가 입증된 해결책은 사회적 개입이지만, 디지털 헬스는 이런 관심과 자원을 돌려 개인에게 책임과 의무를 떠넘기며 시장을 촉진한다. 한편 디지털 헬스 기술은 광범한 개인정보를 기업에 축적한다. 기업과 정부는 이런 데이터는 '건강'이라는 명분에 따라 개인을 범주화·계층화해 차별과 배제, 불평등을 악화시키는 감시와 통제의 수단으로 삼기도 한다. 그들이 약속하는 미래를 낙관하기가 어려운 이유다.

또 하나의 문제는 자본이 기술낙관주의를 등에 업고 검증되지 않은 기술을 의료현장에 진입시키려 한다는 것이다. 엄격한 검증을 피해 손쉽게 디지털 헬스 기술로 이윤을 창출하기 위해서다.

인공지능을 비롯한 새로운 디지털 헬스 기술들은 대체로 아직 연구가 충분치 않은 단계로 전통적인 규제 장벽을 통과하지 못하고 있다. 해결책은 간단하다. 기업들이 더 연구해서 기술이 안전하고 효용이 있다는 근거를 제시하면 되는 것이다. 하지만 그들은 다른 해법을 요구한다. 디지털 헬스의 특수성을 거론하며 '기술의 발전 속도가 빠르고 복잡성과 잠재성이 높아서 기존의 규제는 효과가 없거나 심지어 불필요하다'라고 주장한다.

영국 의학 학술지 랜싯(The Lancet)은 논설에서 이런 현상을 '디지털 예외주의(digital exceptionalism)'라고 지적했다. 디지털 의료기술들은 상대적으로 시장 진입장벽이 낮으며, 대체로 출시 전 적절한 평가를 받지 못한다는 것이다. AI 같은 고위험 디지털 기술을 의료에 적용하는 것은 신중해야 하는데, 오히려 기존 기술들과 다르다며 엄격하게 평가하지 않는 것은 환자와 의료 체계에 가장 큰 위험을 초래할 수 있다는 경고다.(전진한, 「인공지능이 의료를 바꾼다? '디지털 헬스' 장밋빛 환상 뒤 낡은 규제 완화」 중에서)

요약문
_____
_____
_____
_____
_____
_____
_____
_____
_____
_____

5) 결론 쓰기

결론의 기능은 두 가지다. 하나는 본론의 내용을 요약하는 것이며 다른 하나는 앞으로의 전망을 보여주는 것이다. 따라서 결론을 잘 쓰기 위해서는 요약하는 능력이 필요하다.

 연습문제

> 7. 다음 예문은 결론이 삭제된 글이다. 전체 내용을 포괄할 수 있는 결론을 써 보자.

나무꾼이 아닌, 선녀의 서사로

"지금쯤이면 옷이 없어진 걸 알고 큰일 났다며 울고 있겠지? 얼른 가서 내가 데려와야지." 동화 '선녀와 나무꾼' 속 나무꾼의 대사다. 목욕하는 선녀의 날개옷을 숨긴 뒤 결혼을 요구한 나무꾼은 성폭력범죄의 처벌 등에 관한 특례법 제12조, 재물손괴죄, 감금죄, 결혼 목적 약취·유인죄로 처벌받을 수 있다. 하지만 선녀와 나무꾼은 사람들에게 홀로 남은 나무꾼의 안타까운 이야기로 기억된다. 왜냐하면, 이 동화의 서사가 철저하게 가해자인 나무꾼의 관점에서 진행되기 때문이다.

이러한 가해자 관점의 서사는 동화에만 적용되는 것이 아니다. 사회적 영향력을 행사하는 언론의 범죄 기사에서도 이를 쉽게 찾아볼 수 있다. 예를 들어 '검찰 직원 맞아? 20대녀 가슴 주물럭'이라는 기사의 표제는 피해자의 신상정보와 신체 부위를 강조하며 피해자를 자극적인 요소로 활용한다. 이처럼 범죄 기사의 상당수는 정보 전달에 필수적이지 않은 범죄 행위나 피해를 직접적이고 자세하게 표현함으로써 선정성을 보인다. 이러한 기사에서 주인공은 범죄자와 검찰이고, 피해자는 주체성을 잃고 2차 가해의 피해자로 전락한다.

언론의 범죄 사건이 가해자의 서사에서 보도되는 표면적인 원인은 언론의 경쟁방식에 있다. 현재 언론은 몰아치는 정보의 홍수 속에서 사람들의 이목을 끌기 위해서 보다 자극적이고 선정적인 기사를 앞다퉈 보도한다. 범죄 사건은 주제부터 공공적인 동시에 수용자의 흥미를 불러일으킬 정도로 자극적이기 때문에 언론에서 좋은 소재로 활용된다.

하지만 범죄 사건이 가해자의 서사로 구성되는 본질적인 원인은 피해자를 소외시키는 사법제도에 있다. 현재 우리나라의 형사법 및 재판은 가해자(피고인)와 심판하는 국가라는 이원적인 구조로 구성되어 있다. 가해자를 공익의 이름으로 응징하는 재판에서 피해자는 가해자의 죄상을 밝혀내기 위한 증거라는 가치만을 지닌다. 이러한 사법제도의 서사는 언론의 기사에 중점적으로 보도되며 언론의 서사에서도 피해자를 소외시킨다.

보도기사 속 가해자 중심의 서사를 피해자 중심으로 바꾸기 위해선 먼저 언론의 변화가 필요하다. 범죄 사건을 보도하는 이유는 단순히 이목을 끌기 위해서가 아니라 피해자 정의를 실현하기 위해서다. 따라서 피해를 부각하는 자극적인 어휘를 사용하지 않고, 정보 전달을 위해 필수적이지 않은 내용은 과감하게 삭제하는 보도 방침을 통해 범죄를 피해자의 관점에서 정확하게 보도해야 한다. 또한, '동일 범죄 사건에 대해선 진전된 팩트가 없을 땐 가급적 재보도를 자제한다'는 영국 공영방송 BBC의 내규와 같은 누적 보도의 원칙이 방침에 적용된다면 뉴스의 가치가 과장되는 것을 방지할 수 있다.

그리고 사법제도가 피해자의 권리를 보호하는 방향으로 변화해야 한다. 이를 위해 피해자가 자신의 의견을 진술할 권리를 제도적으로 보장하여 범죄에 대한 법적 책임이 다뤄지는 사법 현장에 당사자로서 참여할 수 있도록 해야 한다. 또한, 국가는 형법의 이원적 구조를 조정하여 피해자가 정의를 위한 '도구'가 아닌 '주체적 존재'로 인식되는 분위기를 조성해야 한다.(학생글)

결론

6) 요약하기와 비판적 읽기

읽기는 새로운 의미를 창출하기 위한 전제다. 비판적 읽기에 의해 마주치게 되는 텍스트의 여백, 텍스트의 오류 등은 곧 새로운 의미로 향하는 통로라고 할 수 있다. 비판적 읽기를 수행하기 위해서는 다음과 같은 질문을 염두에 두고 텍스트에 접근할 필요가 있다.

1. 글쓴이의 주장은 무엇인가?
2. 글쓴이의 주장은 적절한가?
3. 주장을 뒷받침하는 근거는 무엇인가?
4. 주장을 뒷받침하는 근거는 타당한가?
5. 글의 전개 과정에서 모순은 없는가?
6. 인용하는 자료들에서 오류(과장 및 왜곡)는 없는가?

연습문제

8. '5장 과학기술 문명과 창의 융합적 사고'에 제시된 읽기 자료에서 하나의 글을 선택하여 요약문을 작성하고 이에 대한 자신의 의견을 말해보자.

요약문

의견

___

참고문헌

김영하, 『읽다』, 문학동네, 2015.

송석주, "배우 윤여정은 왜 '국민 엄마'가 아닐까", 독서신문(2021.4.8.), https://www.readersnews.com/news/articleView.html?idxno=102766

정정엽, "폭력은 무엇을 먹고 자라나는가? - 스포츠와 폭력", 정신의학신문(2021.3.6.), https://www.psychiatricnews.net/news/articleView.html?idxno=30549

전진한, 「인공지능이 의료를 바꾼다? '디지털 헬스' 장밋빛 환상 뒤 낡은 규제 완화」, 『의료와 사회』 13호, 연구공동체 건강과대안, 2023.

2

문단쓰기

학습목표
- 문단의 개념과 구조를 이해하고 체계적이고 논리적인 문단을 쓸 수 있다.
- 문단의 전개와 구성을 이해하고 풍부하고 창의적인 글을 쓸 수 있다.

1 문단이란 무엇인가?

    한 편의 글은 여러 개의 세부 문단으로 구성된다. 건축물에서 바닥, 기둥, 벽, 보, 지붕이 제각각 독립된 기능을 담당하면서도 이것들이 이어져 건축물을 이루듯 한 편의 글에서 문단도 형식적, 내용적으로 각각의 기능을 하면서도 한 편의 글로 수렴된다. 좋은 글은 창의성과 논리성이 갖추어진 글이고 전체 글의 창의성과 논리성은 글의 구성 요소인 세부 문단이 잘 구성될 때 드러난다. 창의적이고 논리적인 글을 쓰기 위해서는 글의 세부 구성 요소인 문단의 개념과 구조를 이해하고 문단 수준에서부터 체계적으로 문단 쓰기를 연습하는 노력이 필요하다.

1) 문단이란?

    문단(文段)은 어떤 특정한 '화제(話題)'에 대한 하나의 중심 생각을 표현하는 문장들의 모임이다. 여기서 '화제'는 주제나 이슈나 문제를 가리키며, '중심 생각'은 해당 화제에 대하여 글쓴이가 나타내고자 하는 가장 중요한 요점 또는 요지를 말한다.

    한 편의 글은 몇 개의 문단으로 구성된다. 글이 하나의 생각을 담은 커다란 덩어리라면 문단은 그 덩어리를 이루는 작은 단위의 생각이다. 문단은 한 개의 중심 문장과 여러 개의 뒷받침 문장으로 이루어지며, 한 문단은 전체 글의 일부분을 이룬다. 한 문단에는 하나의 중심 내용을 담는 것이 좋고 다른 내용을 담는다면 문단을 나누어 구성해야 한다. 새로운 문단을 시작할 때는 첫 문장은 한두 칸 들여 쓴다.

문단 구분을 해야하는 경우

① 새로운 아이디어나 주제가 등장할 때
② 논리적인 전환점이 있을 때
③ 글의 흐름을 바꾸고자 할 때

---

④ 시간, 장소, 인물 등이 변경될 때
⑤ 길이가 긴 인용문을 넣을 때

　문단 구분이 없는 글을 읽는다면 어떠할까? 이는 여행할 때 이정표 없는 길을 하염없이 쉬지 않고 가는 것 같이 힘들고 지루할 것이다. 이와 마찬가지로 글에서 문단의 구분이 없다면 글쓴이는 자신의 생각을 조리 있게 구성하기가 힘들며 독자는 글의 내용을 파악하는 데 더 많은 시간과 수고를 들이게 되는 것이다. 문단은 기본적으로 다른 문단과의 내용적 구분을 나타내며 한 편의 글에서 일정한 휴지의 효과를 나타낸다. 문단을 구분하여 글을 적음으로써 글쓴이는 자신의 생각을 더 분명하고 질서정연하게 제시할 수 있고, 독자는 명료하게 글쓴이가 전달하고자 하는 바를 제대로 이해할 수 있게 되는 것이다.

① 문단은 특정한 화제에 대한 하나의 중심 생각을 표현하는 문장들의 모임이다.
② 문단은 한 개의 중심 문장과 여러 개의 뒷받침 문장으로 구성되며, 한 편의 글은 여러 개의 문단으로 구성된다.
③ 문단이 바뀌면 줄을 바꾸고 한두 칸을 들여 쓰며 영문에서는 3~4칸 정도를 들여 쓴다.

2) 문단의 기본 구조

　문단은 문장들의 단순한 나열이나 집합이 아니다. 그것은 일정한 '구조'를 갖는다. 하나의 문단은 중심 문장과 뒷받침 문장의 결합이라는 기본 구조를 가지는 것이다.

　중심 문장은 문단에서 글쓴이의 핵심적 생각을 드러내는 부분이므로 문단에서 가장 중요하다. 한 문단의 중심 문장은 소주제문이라고도 하는데, 문단의 처음과 끝 부분에서 쓸 수도 있고, 문단의 중간에 위치할 수도 있다. 한 문단의 중심 문장은 뒷받침 문장을 의미적으로 포괄하도록 해야 한다.

뒷받침 문장은 중심 문장을 구체적으로 설명해 주고 해명하는 문장이다. 중심 문장과 뒷받침 문장은 잘 어울려야 하는데, 그러기 위해서는 뒷받침 문장은 중심 문장의 예를 들거나, 자세한 설명을 하면서 중심 문장과 결합될 수 있다. 또한 구체적인 사실이나 통계를 들거나 이유나 원인으로 중심 문장을 뒷받침할 수 있다.

한 문단 내의 중심 문장은 뒷받침 문장을 대표하고 제어하는 대표성을 지녀야 하고 뒷받침 문장은 중심 문장을 설명하고 지원하는 역할을 제대로 수행할 수 있도록 해야 한다. 중심 문장과 뒷받침 문장을 결합하여 글을 쓸 때는 문단 전체의 통일성, 완결성, 긴밀성을 고려하면서 짜임새 있는 문단을 구성해야 한다.

사례1

공공장소에서 음주는 금지해야 한다.(중심 문장) 왜냐하면 공공장소에서 하는 과도한 음주는 다른 사람에게 피해를 주고 각종 사건, 사고를 불러일으키기 때문이다.(뒷받침 문장 ①) 보건복지부가 낸 '음주문화 특성분석 및 주류접근성 개선 보고서'에 따르면 응답자의 98.3%는 "공공장소에서 타인의 음주로 인해 한 가지 이상 피해를 입었다"고 답했다. 특히 "소란과 고성방가로 피해를 입었다"는 사람이 83.1%로 가장 많았다고 한다.(뒷받침 문장 ②) 또한 공공장소에서 술에 취한 사람에게 욕설을 듣거나 시비가 붙은 사람도 46.2%에 달했다.[1](뒷받침 문장 ③) 몇 년전에 일어났던 한강공원에서 음주하던 대학생의 사망 사건은 안전장치가 없는 야외 공공장소에서의 음주의 위험성을 잘 보여준다.(뒷받침 문장 ④)

---

1) 양길성, "공공장소·길거리 음주, 이대로 둘건가", 한국경제(2021.5.9.), https://www.hankyung.com/article/2021050929711.

위의 문단에서 뒷받침 문장 ①은 공공장소에서 음주를 금지해야 하는 이유를 나타내는 문장이다. 그러나 뒷받침 문장 ①만으로는 중심 문장의 내용을 충분히 뒷받침하기에 부족하다. 뒷받침 문장 ①은 아직까지 자신의 주관적인 이유를 나타내는 문장이기 때문이다. 그래서 중심 문장을 보다 구체적이고 사실적으로 뒷받침해주는 다른 뒷받침 문장 ②, ③과 ④를 제시하고 있다. 뒷받침 문장 ②와 ③은 객관적인 자료나 정보, 증거이고 ④는 실제로 일어났던 사실이다. 뒷받침 문장 ①에서 자신이 직접 생각해낸 근거를 제시했다면 뒷받침 문장 ②, ③, ④에서는 우리가 보고, 듣고, 경험한 것들, 즉 사실들에 기초한 것을 제시하여 주장을 효과적으로 뒷받침하고 있다. 하나의 근거보다 사실들에 기초한 여러 개의 논리적 근거로 뒷받침하는 문단이 훨씬 더 객관적이며 설득력이 높은 것은 당연하다.

문단의 구조: 중심 문장 + 뒷받침 문장들
① 중심 문장은 문단 전체 내용을 대표하는 문장이다.
② 뒷받침 문장은 중심 문장을 구체적으로 설명하고 해명하는 문장이다.
③ 중심 문장은 문단의 첫머리에 있는 경우도 있고, 가운데, 마지막 등 다양하게 위치할 수 있다.
④ 중심 문장을 뒷받침하는 문장은 경험, 사실, 통계, 이유, 원인 등으로 풍부하게 구성하는 것이 좋다.

연습문제

1. 다음 글을 읽고 몇 개의 문단으로 나누고 각 문단의 중심 문장과 뒷받침 문장을 적어보자.

지난달 20일, 2023 FIFA 여자 월드컵이 막을 내렸다. 대한민국 여자축구 대표팀은 비록 토너먼트 단계에 진출하지 못했지만 2003년, 2015년, 2019년 그리고 올해에 이르기까지 약 4번에 걸쳐 본선 진출에 성공했고 지난 2015년에는 16강까지 오르며 유종의 미를 거뒀다. 하지만 한국의 여자축구는 여러 차례 유의미한 성적을 갱신했음에도 불구하고 크게 조명받지 못하는 상황이다. 월드컵 직전인 지난 7월 8일, 서울 월드컵 경기장에서 열린 평가전의 관중 수는 만 명을 넘기지 못했고 이번 월드컵의 첫 경기였던 콜롬비아전은 방송국 3사 중 가장 높은 시청률이 1.7%로 나타나며 대중들의 관심도가 저조한 것으로 드러났다. 한국 여자축구가 대중들의 관심을 받지 못하는 원인은 3가지 정도에서 생각해볼 수 있다. 우선 한국의 공교육 과정에서 축구를 접하기 어렵다는 것을 지적해볼 수 있다. 잉글랜드, 호주, 독일 등의 국가는 공교육 과정에 축구를 편성해 축구에 관심이 있거나 재능을 드러내는 학생들이 학교 축구팀, 지역센터 등으로 연계돼 쉽게 축구를 이어갈 수 있도록 돕는 시스템이 구축돼 있다. 반면 대한축구협회에 따르면 한국의 경우, 남자 축구부가 개설된 초등학교는 357개에 달하지만 여자 축구부가 개설된 곳은 총 17개뿐으로 여학생들이 축구에 관심을 가진다고 해도 쉽게 시작할 수 없는 실정이다. 두 번째로 선수 육성 체계의 문제를 들 수 있다. 좋은 인재들이 성장하기 위해서는 많은 유소녀들이 경쟁하고 그 중 더 뛰어난 선수가 위 레벨로 올라가는 피라미드 형태의 구조가 필요하다. 대한민국 여자 축구팀 콜린 벨 감독은 이런 문제에 대해 "12세, 13세 등 선수들이 서로 경기하도록 해야 하는데 그러지 못하고 있다"며 목소리를 냈다. 독일의 경우는 1부 리그에 속한 여자축구팀은 유소녀 팀과 2군 팀을 의무적으로 보유하도록 하며 유소녀 체계를 유지하고 있다. 그러나 한국의 여자 축구는 유소녀 팀과 관련된 어떤 조항도 없는 상황이다. 끝으로 리그 시스템 역시 개선돼야 할 점이 많다. 축구는 상위 리그와 하위 리그로 나뉘는데 직전 시즌 성적에 따라 최상위 몇 팀이 상위 리그로 올라가고 최하위 몇 팀이 하위 리그로 내려가는 승격과 강등 시스템을 가지고 있다. 여자 성인 레벨 리그의 경우 잉글랜드는 최상위 1부에서 7부, 독일은 8부 리그까지 운영 중이지만 국내에서는 1부 리그만 운영되고 있다. 즉, 강등과 승격이 존재하지 않아 매년 같은 8개 팀이 경쟁하고 순위도 큰 변화가 없는 것이다. 이런 리그 시스템에 대해 전 축구 국가대표 이상윤 선수는 "강등과 승격은 선수들의 열정과 사기 증진을 위해서도 꼭 필요한 제도다. 1부 리그 체제 속에서 선수들의 전력은 불가피하게 하락할 수 밖에 없다"며 변화의 움직임을 촉구했다.

(김민제, "더 많은 여성이 필드 위를 달릴 수 있도록", 경기대신문1091호 (2023, 9.11.))

문단	중심 문장	뒷받침 문장
1		
2		
3		
4		

2 문단, 어떻게 쓸 것인가?

1) 중심 문장 쓰기

　중심 문장은 하나의 문단에서 중심 생각이 담겨 있는 부분이다. 각 문단에는 중심 문장과 뒷받침 문장이 유기적이고 긴밀하게 구성되어 있어야 한다. 문단에서 중심 문장은 한 집단의 리더와 비슷한 역할을 한다고 말할 수 있다. 좋은 리더가 집단을 잘 이끌어나가듯이 좋은 중심 문장은 논리적이고 창의적인 글을 만드는 기반이 된다. 좋은 중심 문장은 문단 내의 뒷받침 문장을 잘 포괄하고 제어하면서 글 전체에서 말하고자 하는 바를 정확하게 전달하는 것이다. 무엇보다 문단에서 중심 문장을 잘 쓰기 위해서는 다음과 같은 요건을 고려해야 한다.

(1) 중심 문장의 내용은 글의 주제와 관련된 것이어야 한다.

하나의 문단은 한 편의 글을 이루는 일부분이다. 문단은 한 편의 글을 이루는 단위로서 존재하는 것이므로, 문단의 중심 문장은 글 전체의 주제를 표현하는 데 기여하는 것이어야 한다. 중심 문장이 전체 글의 주제와 관련이 없다면 그 자체로서 아무리 훌륭한 것이라 할지라도 좋은 글이 될 수 없다. 문단의 중심 문장은 전체 글의 주제를 효과적으로 드러내는 내용으로 구성해야 한다는 사실을 명심해야 한다.

(2) 중심 문장은 적절한 범위의 내용을 담은 문장으로 써야 한다.

문단의 중심 문장은 적절한 범위의 내용을 담은 문장으로 설정하는 것이 좋다. 너무 범위가 넓거나 추상적인 범주로 중심 문장을 쓰면 하나의 문단 안에서 그 내용을 서술하기 어려울 수 있다. 또 너무 좁은 범위의 내용을 중심 문장으로 쓰면 그것을 뒷받침할 내용이 없어 하나의 문단을 구성하기 어렵게 된다. 글 전체의 주제 문장은 각 문단의 내용을 포괄하는 것이기 때문에 범위가 넓거나 추상적일 수 있지만 문단의 중심 문장은 한 문단 안에서 다룰 수 있는 적절한 범위의 내용으로 써야 하는 것이다.

(3) 중심 문장은 단일한 내용을 다루어야 한다.

중심 문장은 하나의 개념으로 이루어져야 한다. 그래야만 그 문단의 모든 문장들이 하나의 구심점을 가지게 되어 내용 전달이 분명해진다. 중심 문장은 한 가지 중심 생각을 잘 나타내면서 문단의 나머지 문장들의 내용을 잘 지배하는 역할을 해야 한다. 만약 중심 문장이 두 개 이상의 개념으로 이루어진다면, 분명한 내용 전달이 어렵게 된다. 두 개 이상의 개념을 중심 문장으로 쓴다면 또 하나의 새로운 문단을 만드는 것이 좋다.

(4) 중심 문장은 간결하고 명확하게 표현해야 한다.

중심 문장이 장황하고 복잡하면 혼란스러워져 내용을 제대로 전달하기 어렵다. 또한 중심 문장은 주어와 서술어가 잘 갖추어진 온전한 평서형 문장으로 표현하는 것이 좋다. 애매모호하거나 막연한 추정이나 불확실한 생각을 나타내는 표현은 독자에게 신뢰감을 줄 수 없다. 의문문, 기원문, 감탄문보다는 정확한 평서문으로 쓰는 것이 좋다.

〈중심 문장〉	〈좋은 중심 문장의 요건〉
문단(또는 글)을 대표하는 핵심 내용이 들어 있는 문장	① 중심 문장의 내용은 글의 주제와 관련된 것이어야 한다. ② 중심 문장은 적절한 범위의 내용을 담은 문장으로 써야 한다. ③ 중심 문장은 단일한 내용을 다루어야 한다. ④ 중심 문장은 간결하고 명확하게 표현해야 한다.

한편의 글에서 중심 문장의 의미와 역할을 이해했다 해도, 실제 글쓰기에서 중심 문장과 여러 개의 뒷받침 문장을 전략적으로 구성하여 한 편의 글로 짜올리는 것은 생각보다 쉽지 않다. 그래서 좋은 문단, 좋은 글을 쓰기 위해서는 꾸준한 연습이 필요하게 되는 것이다. 마라톤을 완주하기 위해서는 조금씩 조금씩 달리는 연습이 필요한 것처럼 문단쓰기는 한 편의 좋은 글을 완성하기 위한 빌드업의 과정이므로 단계적인 연습이 필요한 것이다.

연습문제

2. 중심 문장의 요건을 고려하여 다음 문장을 적절한 중심 문장으로 고쳐보자.

1) 옛날과 달리 오늘날은 민주주의 사회가 되었고, 민주주의 사회에서 국민의 선거감시는 의미 있는 행위이다.
   →

2) 아르바이트는 매우 어렵다.
   →

3) 인공지능은 인간의 삶에 나쁜 영향을 끼칠지도 모른다.
 →

4) 경기대학교 도서관은 분위기가 좋다.
 →

5) 비대면 교육은 유연성과 편의성의 장점도 있지만 흥미유발의 어려움, 기술적 문제의 단점도 있다.
 →

연습문제

3. 다음 글을 읽고 뒷받침 문장을 포괄할 수 있는 적절한 중심문장을 써보자.

① 지속가능한 발전은 지구의 환경을 존중하고 인류의 복지를 향상시키기 위한 다양한 노력과 정책을 수반한다. 우리가 실천할 수 있는 노력은 에너지를 절약할 수 있도록 에너지 효율 가전제품을 사용하거나 전자기기를 사용하지 않을 때는 전원을 끄는 것이다. 또한 재활용 가능한 자원은 분리수거하여 다시 활용하고, 일회용품 사용을 줄여야 한다. 대기 오염과 온실가스 배출을 줄이기 위해서는 대중교통을 이용하는 것이 좋다.
이처럼 (   )

② 언어는 우리 삶에 정말 중요한 부분을 차지하고 있다. 말이 너무 많아도 문제, 너무 적어도 문제가 될 수 있다. 말 한마디로 천 냥 빚을 갚는다는 속담도 있지 않은가. 한마디 말로 문제가 생기기도 하고 문제를 해결할 수도 있다. 사람의 언어에는 그 사람이 그대로 드러난다. 언어에 따라 그 사람의 많은 부분을 알 수 있는데, 어떤 위치에 있고 어떤 생활을 하며 무슨 생각을 하고 있는지 알 수 있다. 그러니 (
)

(추진기, "디자인, 어디까지 가능할까?", 경기대신문1093호(2023,10.16.))

2) 뒷받침 문장 쓰기

문단은 중심 문장만으로 이루어지지 않는다. 중심 문장을 뒷받침하는 풍부한 뒷받침 문장이 결합될 때 하나의 문단이 완성된다. '뒷받침 문장'이라는 말에서 '뒤'는 문장의 위치를 나타내는 것이 아니라 논리나 정보의 위계에서 중심 문장의 내용을 자세하게 풀어내고 전개하는 것을 일컫는다. 뒷받침 문장을 쓸 때도 다음과 같은 요건을 고려해야 한다.

(1) 뒷받침 문장은 중심 문장과 관련된 것이어야 한다.

뒷받침 문장은 중심 문장을 보충하고 뒷받침하기 위한 문장이다. 그러므로 이와 같은 기능에 충실한 뒷받침 문장을 생각하고 구성해야 한다. 뒷받침 문장은 중심 문장과 주제적으로나 의미적으로 긴밀하게 관련되는 내용을 써야 한다.

(2) 뒷받침 문장은 중심 문장을 충분히 발전시키는 것이어야 한다.

중심 문장은 대체로 일반적이고 추상적인 진술로 이루어지는 경우가 많다. 문단의 내용을 독자가 충분히 이해하고 공감하도록 하기 위해서는 구체적이고 특수한 진술로 이루어진 뒷받침 문장을 활용하여 중심 문장을 충분히 발전시켜야 한다.

뒷받침 문장과 중심 문장의 관련성을 높이고 뒷받침 문장이 중심 문장을 발전시키는 기능을 제대로 하기 위해서는 뒷받침 문장의 다양한 유형을 활용하면 좋다. 뒷받침 문장들의 대표적 유형으로는 '사례(examples)', '사실(facts)'과 '통계(statistics)', '상술(details)', '이유/원인(reason)' 등이 있다.

뒷받침 문장	뒷받침 문장들의 유형
중심 문장을 도와주고 자세히 설명해 주는 문장	사례, 사실과 통계, 상술, 이유나 원인

① 사례

중심 문장과 관련된 구체적인 예나 본보기를 제시하는 유형으로, 중심 문장을 뒷받침하는 가장 보편적이고 효과적인 방법이다. 사례를 쓸 때 주의할 점은 중심 문장과 긴밀한 연관성을 갖는 예를 선별해야 한다는 것이다. 극히 일부에만 적용되는 예는 피하는 것이 좋다. 또한 지나치게 특수한 예를 들거나 너무 많은 예를 들지 않는다. 즉 보편적인 예들 가운데 강한 인상을 주는 것을 선별해야 한다. 사례는 설명 문단에서 일반적 관념을 구체화할 때 유익하고, 논증 문단에서는 이유나 근거를 제시할 때 도움이 된다. 일화(逸話)는 짧고 흥미로운 사건의 서술을 말하는데 이것도 사례의 일종으로 볼 수 있으나 특히, 개인적인 경험을 가리키기도 한다. 일화를 사례로 들 때도 중심 문장을 가장 잘 뒷받침하고 독자가 공감할 수 있는 것을 선택해야 한다.

사례2

누구나 한번쯤 들어봤을 "물이 반이나 남았네? 혹은 물이 반밖에 안 남았네"라는 예시가 있다. 이 예는 동일한 상황이라도 질문의 방식이나 문제를 제시하는 방법에 따라 사람들의 판단이나 선택이 달라지는 현상을 말하며, 이를 '구성·틀·프레이밍 효과(framing effect)'라고 한다. 일단 틀(frame)이 만들어지면 사람들의 사고나 행동은 그 틀 안에서 움직인다. 이러한 프레이밍은 할인 광고에서도 유용하게 활용됨으로써 소비자를 틀 안에 가둬버린다. 마케터는 가격할인·쿠폰제공·리베이트 등과 같은 다양한 형태의 틀을 사용하여 판매 촉진 광고에 적용한다. 이때 어떤 판매 촉진 틀을 사용하느냐에 따라 소비자의 가치 지각과 구매 의사결정이 달라진다. 실제 동일한 가격 할인의 경우에도 할인 정보를 어떻게 제시하는지에 따라 그 효과가 달라진다. 이를테면, 가격 할인을 할인 금액(예, 3천 원 할인)으로 제시할 때와 할인 비율(예, 30% 할인)로 제시할 때 소비자의 할인에 대한 평가가 다르게 나타난다. 이처럼 동일한 가격할인을 하더라도, 소비자에게 어떻게 메시지를 프레이밍하느냐에 따라 소비자의 선호가 달라진다.

(김은호, "할인 광고 전략, 틀을 만들어 틀에 가두다", 교수신문(2023.12.6.), https://www.kyosu.net/news/articleView.html?idxno=112999)

위 문단은 할인 광고 전략의 하나인 프레이밍 효과(framing effect)를 설명하고 있다. 서두에서부터 일상생활에서 많이 활용하는 말인 "물이 반이나 남았네? 혹은 물이 반밖에 안 남았네"라는 예를 들어 프레임이 어떻게 주어지느냐에 따라 소비자의 판단과 선택이 달라지는 프레이밍 효과의 개념을 설명하고 있다. 또한 구체적으로 3천 원의 할인 금액과 30퍼센트의 할인 비율의 메시지를 달리 제시할 때 소비자의 할인에 대한 평가와 선호가 달라진다는 사례를 들어 프레이밍 효과의 적용 양상을 설명한다.

② 사실/통계

중심 문장을 뒷받침하기 위해 '사실' 또는 '통계'를 활용할 수 있다. 사실은 일어난 사건이나 현상에 대한 직접적이고 명확한 정보를 나타내는 반면 통계는 그러한 사실 중에서 수치적인 데이터를 말한다. 사실은 구체적이고 확실한 정보를 나타내지만 통계는 대표적인 자료나 샘플을 통해 일반적인 패턴과 추세를 설명하는 데 유용하다. 한편 사실은 사례와 유사하지만 사례 중에서 특히 검증 가능한 객관적 자료를 말한다. 사실과 통계의 활용은 설명 문단에서 설명의 객관성을 높이고, 논증 문단에서 근거의 신뢰성을 높여주는 역할을 한다. 사실과 통계를 활용할 때는 참고한 자료에 대한 출처를 밝혀주는 것이 좋다.

사례3

작년 6월, 인구보건복지협회가 30대 미혼 남녀 1000명을 대상으로 설문조사를 실시한 결과 여성의 30%, 남성 18%가 혼인에 대해 부정적인 의견을 갖고 있음[1]이 밝혀졌다. 지난 2016년까지 통계청에서 진행된 연도별 결혼선호율 조사에 따르면 약 18년간 꾸준히 결혼선호율은 하락세를 보이고, 통계청의 인구 동태건수 및 동태율조사 결과 혼인건수 또한 꾸준히 줄고 있다.[2] 또한 행정안전부에서 제공하는 세대원수별 세대를 살펴보면, 지난 2019년 3월부터 1년간 1인 세대는 약 93만 명 증가했다. 하지만 3인 또는 4인 세대의 경우 약 23만 명이 감소했다.[3] 이처럼 더 이상 한국에서는 부부와 미혼자녀

> 로 이루어진 3인 또는 4인 이상의 가족만이 전형적인 가족이라고 볼 수 없
> 다. 따라서 1인, 동거, 비혼 출산, 입양 등 다양한 방식으로 구성되는 가족의
> 형태도 인정하고 받아들여야 한다.
>
> (김수빈, "오늘날의 올바른 가족관은 무엇인가", 경기대 신문1037호(2021. 4. 12.))
>
> ----
>
> 1) 정봉호, "경제적 여유 있다면…30대男 '결혼' vs 30대女 '비혼' 선호", 동아일보(2020.9.24.), https://www.donga.com/news/article/all/20200924/103093058.
> 2) 통계청, "2016년 혼인·이혼 통계", 통계청홈페이지, https://kostat.go.kr/board.es?mid=a10301020300&bid=204&act=view&list_no=359596.
> 3) 행정안전부, "2019년 지역별 세대원수별 세대수", 행정안전부홈페이지, https://jumin.mois.go.kr/etcStatHouseholds.do.

 위 문단에서는 각종 통계를 뒷받침 문장으로 제시하고 이것을 기반으로 중심 문장을 구성하고 있다. 뒷받침 문장에서는 인구보건복지협회의 혼인에 대한 인식조사와 통계청의 결혼선호율 조사, 행정안전부의 세대원수별 세대수 조사를 인용하여 결혼 인구 수는 줄어들고 1인 세대는 증가하고 있다는 것을 설명하고 있다. 중심 문장과 관련성 높고 신뢰성 있는 통계 자료를 뒷받침 문장으로 썼기 때문에 남녀 혼인에 의한 전형적 가족 형태뿐만 아니라 다양한 방식으로 구성되는 가족의 형태도 인정해야 한다는 주장이 설득력을 얻을 수 있는 것이다.

③ 상술

 중심 문장이 일반적이고 추상적이거나 중심 문장의 개념이 어렵거나 생소할 경우 뒷받침 문장에서 이를 쉽게 풀어 설명하기 위해서 상술을 활용한다. 상술은 상세한 기술로 사물이나 생각을 세부 항목들로 나누고 작고 하찮아 보이는 부분까지 구체적이고 분명하게 서술하는 것을 말한다.

> **사례4**
>
> 　디지털 화폐는 실물화폐가 아닌 디지털 방식으로 사용하는 형태의 화폐로, 금전적 가치를 전자적 형태로 저장해 거래할 수 있는 통화를 가리킨다. 디지털 화폐에는 전자 화폐, 암호 화폐, 중앙은행 디지털 화폐(CBDC: Central Bank Digital Currency) 등이 포함된다. 먼저 전자 화폐는 IC칩이 내장된 카드나 공중정보통신망과 연결된 PC 등의 전자기기에 전자기호 형태로 화폐적 가치를 저장하였다가 상품 등의 구매에 사용할 수 있도록 하는 전자지급 수단을 말한다. 암호 화폐는 지폐나 동전 등의 실물이 없고 온라인에서 거래되는 화폐로, 블록체인 기술을 활용하는 분산형 시스템 방식으로 처리된다. 암호 화폐는 각국 정부나 중앙은행이 발행하는 일반 화폐와 달리 처음 고안한 사람이 정한 규칙에 따라 가치가 매겨진다. 대표적인 암호 화폐는 비트코인을 비롯해 이더리움, 비트코인 골드, 비트코인 캐시, 리플 등이 있다. 중앙은행 디지털 화폐(CBDC)는 실물 명목 화폐를 대체하거나 보완하기 위해 각국 중앙은행이 발행한 디지털 화폐이다. 중앙은행 디지털 화폐(CBDC)는 블록체인이나 분산원장기술 등을 이용해 전자적 형태로 저장한다는 점에서 암호화폐와 유사하지만, 중앙은행이 보증한다는 점에서 비트코인 등의 민간 암호 화폐보다 안정성이 높다.
>
> (pmg 지식엔진연구소, "디지털 화폐", 시사상식사전(2020.7.14.), https://www.pmg.co.kr)

　위 문단에서는 새롭게 등장한 디지털 화폐를 쉽게 설명하기 위해서 디지털 화폐의 개념을 먼저 쓰고 디지털 화폐의 유형인 전자 화폐, 암호 화폐, 중앙은행 디지털 화폐를 구분하여 상술하고 있다. 디지털 화폐라는 생소한 용어를 일반인이 이해할 수 있도록 전자 화폐, 암호 화폐, 중앙은행 디지털 화폐로 나누어 상술하고 암호 화폐와 중앙은행 디지털 화폐의 차이를 비교, 대조의 방법으로 상술하고 있다. 뒷받침 문장인 상술을 통해 중심 문장인 디지털 화폐의 개념을 독자가 쉽게 이해할 수 있도록 만든다.

④ 이유/원인

　중심 문장에서 단정을 내리거나 주장하였다면 이에 대한 구체적인 이유나 원인을 밝히는 뒷받침 문장이 필요하다. '원인'이 결과를 이끌어 낸 근본적인 일이나 사건을 의미하는 반면, '이유'는 결과에 이른 까닭이나 근거를 나타낸다. 즉 이유가 다소 주관적인 것이라면 원인은 객관적인 사실에 가깝다고 할 수 있다. 중심 문장에서 글쓴이의 단언이나 주장, 어떤 현상의 정리나 요약을 제시했다면 뒷받침 문장에서는 이에 대한 이유나 원인을 근거로 덧붙여야 중심 문장의 주장이나 요약이 설득력과 공감을 얻을 수 있는 것이다.

사례5

　북튜버(booktuber)'는 책을 뜻하는 영어 '북(book)'과 '유튜버(youtuber)'가 합쳐진 신조어로 책과 관련된 소재를 영상으로 제작하는 콘텐츠 제작자를 가리킨다. 북튜버는 독서와 관련된 콘텐츠를 제작하여 시청자들과 소통한다. 그런데 북튜버들은 단순히 책을 소개하는 데 그치지 않고 새로운 독서문화와 유행을 창출하기도 한다. 최근 2013년에 출간된 게리 켈러의 『원씽』, 1998년에 출간된 양귀자의 『모순』, 2015년에 출간된 최진영의 『구의 증명』 등 오래전에 출간된 책들이 2023년 10월 현재, 교보문고 종합 베스트셀러에 오르는 현상[1]이 발생했다. 이 책들은 인기 북튜버 채널에서 소개되었다는 공통점이 있는데, 오래전에 나온 책도 베스트셀러로 만들 만큼 출판시장에서 북튜버의 영향력이 커졌다는 것을 알 수 있다. 이런 현상이 나온 데에는 그림, 음악, 영상 등 유튜브의 특성이 작용하여 독자의 호기심을 끌었기 때문이며, 독자가 북튜버를 신뢰할만한 정보를 제공하는 인플루언서로 인식하기 때문이다.

(학생글)

---

[1] 김형주, "25년전 책도 베스트셀러 만드는 '북튜버'의 힘", 매일경제(2023.11.2.), https://www.mk.co.kr/news/culture/10864828.

위 문단은 '북튜버'의 역할이 책 소개에 한정되는 것이 아니라 새로운 독서문화와 유행을 창출한다는 중심 문장을 뒷받침하기 위해서 사례와 이유를 뒷받침 문장으로 구성하고 있다. 북튜버의 소개로 오래 전에 출간된 책들이 베스트셀러가 되는 현상을 사례로 들고 이러한 현상의 이유로 유튜브 매체의 특성과 북튜버를 인플루언서로 인식하는 독자의 인식을 들고 있다. 뒷받침 문장으로 구성된 이유에 의해 북튜버가 책을 소개하고 시청자와 소통하는 역할 이외에 독서문화와 유행을 선도하는 역할도 한다는 중심 문장의 주장이 설득력을 가질 수 있게 된다.

 연습문제

4. 앞에서 배운 뒷받침 문장의 유형을 활용하여 다음 중심 문장을 뒷받침하는 문장을 쓰고 문단을 완성해보자.

중심 문장: 1) 정보통신기술의 발달은 인간의 삶에 급격한 변화를 가져왔다.
2) MBTI는 인간관계에서 유용하게 활용할 수 있다.
3) '아싸'와 '인싸'는 사회적 상황과 개인의 성장에 따라 변화할 수 있는 개념이다.

(1) 사례/일화 :

(2) 사실/통계 :

(3) 상술 :

(4) 이유/원인 :

3 문단 어떻게 구성할 것인가?

1) 중심 문장과 뒷받침 문장의 구성

하나의 문단은 중심 문장과 여러 개의 뒷받침 문장으로 구성할 수 있다. 중심 문장의 위치는 처음, 중간, 끝, 혹은 처음과 끝에 반복적으로 두면서 뒷받침 문장과 결합하여 하나의 문단을 구성할 수 있다. 중심 문장과 뒷받침 문장을 결합하여 중심 문장의 위치를 어디에 두는가에 따라서 다음과 같은 방식으로 문단을 쓸 수 있다.

두괄식 구성	중심 문장 + 뒷받침 문장들
중괄식 구성	뒷받침 문장들 + 중심 문장 + 뒷받침 문장들
미괄식 구성	뒷받침 문장들 + 중심 문장
양괄식 구성	중심 문장 + 뒷받침 문장들 + 중심 문장

첫째, 두괄식 구성은 중심 문장을 서두에 두고 뒷받침 문장이 중심 문장을 보충하거나 상술하는 방식으로 문단을 구성하는 것이다. 두괄식 구성은 가장 대표적이고 일반적인 문단 구성이라고 할 수 있다. 핵심 문장을 가장 먼저 제시

하고 이것을 풀이하거나 합리화하는 보충 문장을 쓰기 때문에 글을 쓰는 사람과 글을 읽는 사람 모두 문단의 핵심을 쉽게 쓰고 파악할 수 있다는 이점이 있다.

두괄식 구성에서 유의해야 할 것은 뒷받침 문장들은 서두의 중심 문장과의 관련성 속에서 서술해야 한다는 점이다. 뒷받침 문장으로 제시되는 사례, 상술, 사실과 통계, 이유나 원인 등은 중심 문장과 밀접한 관련성 속에서 서술되어야 한다.

사례6

세계의 수용자가 한류 콘텐츠를 좋아하는 이유는 무엇보다 한류가 전하는 스토리가 비주류의 성공담이기 때문이다. 한국은 대륙과 해양 세력이 부딪히는 극동의 약소국으로 불행한 로컬 역사의 집단 경험의 흔적을 고스란히 담고 있다. 한국 대중문화가 생산하는 콘텐츠는 그것이 무엇이든 스타일의 화려함 뒤에는 식민 경험, 전쟁, 가난과 배고픔, 빈부 격차, 개발도상국 특유의 폭력적 일상, 군사 독재의 경험과 민주화 투쟁 등이 담겨 있다. 「오징어 게임」과 「기생충」류의 픽션만이 아니라, 화려한 케이팝과 아이돌의 현실도 이러한 흔적을 담고 있다. 케이팝의 새로운 대중문화 생산, 전파, 소비 시스템엔 한국 사회의 지적 재산권, 인권, 창의성, 기술을 대하는 태도와 현실 등이 녹아 있고, 아이돌로 성공하기 위한 과정은 신자유주의 한국 사회의 경쟁에 임하는 개인성과 노력의 일상과 상흔이 담겨 있다. BTS 스토리가 비주류의 성공(작은 기획사, 지방 출신 아이돌)과 어려움을 극복하는 노력과 팀으로서의 성공인 것은 우연이 아니다. 이들의 스토리는 신자유주의 시대 고통받는 사람들에게 위로를 주는 작은 영웅 이야기이고, 이들의 이야기는 개도국 출신 한국의 세계사적 성공 스토리와 상동적이다.

(홍석경, "한류의 특성과 미래", 네이버 열린연단(2023.9.9.),
https://openlectures.naver.com/contents?contentsId=143859&rid=2969.)

위 문단은 수용자가 한류 콘텐츠를 선호하는 이유가 비주류의 성공담이라는 중심 문장을 먼저 제시하고 상술과 사례를 통해 중심 문장의 내용을 보충하고 있다. 뒷받침 문장에서는 한국의 로컬 역사와 경험이 아픔과 상흔으로 이루어져 있다는 것을 상술하고, 오징어게임, 기생충, 케이팝, 아이돌의 현실, BTS 스토리의 사례를 들어 이 콘텐츠들이 비주류의 성공담이라는 내용을 서술하고 있다. 이러한 상술과 사례를 통해 서두에 있는 중심 문장의 주장이 보다 설득력을 얻게 된다.

둘째, 중괄식 구성은 중심 문장을 문단의 중간에 두고 중심 문장 앞뒤로 뒷받침 문장이 부가되는 형태이다. 중괄식 구성은 중심 문장을 전후로 해서 논점의 전환이나 다른 관점을 제시할 때 활용하기에 좋은 문단 구성이다. 중심 문장 앞의 뒷받침 문장에서는 일반적인 상황이나 중심 문장과 다른 견해를 쓸 수 있다. 중심 문장에서는 핵심 내용을 제시하며, 중심 문장 뒤의 뒷받침 문장에서는 중심 문장을 뒷받침하는 내용을 상술하거나 사례를 들거나 이유나 원인 등을 제시하는 방식으로 중괄식 구성을 활용할 수 있다.

사례7

SNS는 다양한 정보 생성과 전달의 도구가 된다는 점에서 현대 사회에서 새로운 언론이라고 말하기도 한다. SNS는 불특정 다수를 대상으로 정보가 빠르게 전달되어 다양한 정보를 얻기 쉽다는 점 때문에 정보 전달의 메신저 역할을 하는 것이다. 그러나 SNS상에서 유통되고 공유되는 정보의 진위 여부는 알 수 없고 정보를 수용하는 사람이 직접 확인하고 판단해야 하는 문제가 있다. <u>SNS가 현대 사회에서 신뢰성 있는 정보 전달의 메신저 역할을 하기 위해서는 무엇보다 소셜네트워크 기업이 거짓 정보나 잘못된 정보를 차단하려는 노력이 필요하다.</u> 최근 구글, 페이스북, 트위터는 신종 코로나 바이러스와 관련된 허위 건강 정보가 담긴 게시글이나 사진, 영상콘텐츠 차단에 적극적으로 나선다는 방침을 밝혔다고 한다. 또한 유튜브는 공신력 있는 출처의 콘텐츠를 먼저 볼 수 있도록 하고, 신뢰성 있는 정보를 먼저 노출하는 방식으로 잘못된 정보의 확산을 방지하는 데 나서고 있다. 이와 같은 노력은 공익을 위한 것이기도 하지만 소셜네크워크 기업이 해야 할 사회적 책임이기도 하다.

(학생글)

사례7의 앞부분에서는 SNS가 빠른 정보 전달을 가능하게 했기 때문에 정보 전달의 메신저 역할을 수행한다는 일반적인 상황이 서술되고 있다. 또한 SNS상에서 유통되고 공유되는 정보의 진위 여부가 문제가 된다는 문제점이 서술되고 있다. 이런 문제점 때문에 소셜네트워크 기업이 거짓 정보나 잘못된 정보를 차단하고 개선하는 노력을 해야 한다는 중심 문장을 중간에 위치시키고 있다. 중심 문장 이후의 뒷받침 문장에서는 구글, 페이스북, 트위터, 유튜브의 노력을 구체적 사례로 들면서 소셜네트워크 기업이 거짓 정보나 잘못된 정보에 대한 대처를 적극적으로 해야 한다는 것을 강조하고 있다.

셋째, 미괄식 구성은 여러 개의 뒷받침 문장을 서술하고 중심 문장을 가장 마지막에 두는 것이다. 미괄식 구성은 문단의 앞부분에서는 구체적인 서술이 이루어지고 문단의 마지막 부분에서 결론을 도출하거나 요지를 압축하는 경우에 많이 활용된다. 미괄식 구성을 쓸 때는 뒷받침 문장을 나열한 후 '그러므로, 이처럼, 이와 같이, 따라서'와 같은 적절한 접속어를 쓰고 중심 문장을 제시하는 것도 좋은 방법이다.

사례8

은둔형 외톨이는 집 안에만 칩거한 채 가족 이외의 사람들과는 인간관계를 맺지 않고 사회적 접촉을 하지 않은 사람들[1]을 이르는 말이다. 코로나로 인한 거리두기 이후 은둔형 외톨이는 더욱 늘어났는데, 이중 청년 은둔형 외톨이가 늘어난 것은 더욱 심각한 문제다. 1월 9일 경기연구원이 발간한 '청년의 고립·은둔, 진단과 대책' 보고서에 따르면 보건복지부의 2023년 전국 고립·은둔 청년 실태조사(전국 은둔형 외톨이 청년 54만 명), 국무조정실의 2022년 청년 삶 실태조사를 바탕으로 경기도내 19~34세 청년 인구 278만 명의 5%인 13만9000명이 은둔형 외톨이로 추산된다[2]고 한다. 보고서에서는 은둔형 외톨이는 사회적 관계를 맺고 소통하기를 원하지만 이것을 실천하지 못한다고 분석했다. 은둔하는 청년들이 불가피하게 은둔을 선택했더라도 이를 벗어나기 위한 도움이 필요하다. 왜냐하면 청년층의 고립은 청년 시기의 문제에만 국한되는 것이 아니라 장년이 되어서도, 중년, 노년이 되어서도 고립적 삶을 살아갈 위험이 높기 때문이다. 따라서 <u>청년 은둔형 외톨이를 지원하기 위한 지역적 유대 강화와 1인 가구, 가족 등의 지원 정책이 시급한 상황이다.</u>

(학생글)

---

1) "은둔형 외톨이", 네이버지식백과, https://terms.naver.com/entry.naver?docId=371212&cid.
2) 오상도, "경기도 청년 5% 은둔형 외톨이", 세계일보(2024.1.9.), https://www.segye.com/news View/20240109517379?OutUrl=naver.

    위 문단은 청년 은둔형 외톨이에 대한 지원 정책을 촉구하는 글이다. 은둔형 외톨이의 뜻과 경기연구원이 발간한 보고서의 통계를 활용한 뒷받침 문장을 구성하고 있다. 특히 경기도내 청년 은둔형 외톨이의 비율이 청년 인구의 5%라는 구체적인 수치를 통해 그 심각성을 강조하며, 청년 은둔형 외톨이가 앞으로도 고립된 삶을 살아갈 수 있다는 가능성을 제시하면서 중심 문장의 주장에 힘을 실어주고 있다. 미괄식 구성에서는 뒷받침 문장들이 제일 마지막에 제시되는 중심 문장을 지지하고 보충하여 의미적으로 수렴될 수 있도록 하는 것이 중요하다.

    넷째, 양괄식 구성은 문단의 처음과 마지막에 각각 중심 문장을 두는 것이다. 양괄식 구성은 문단 앞부분에 중심 생각을 나타내고 중간에 뒷받침 문장을 서술하여 중심 문장을 보충하고 마지막에 강조를 하기 위해 다시 중심 문장을 쓸 때 많이 활용한다.

    양괄식 구성을 할 때 주의할 것은 처음의 중심 문장과 마지막 중심 문장이 의미적으로 일치해야 하지만 똑같은 표현을 하지 않아야 한다는 것이다. 앞뒤 중심 문장이 달라지면 문제가 될 수 있지만 똑같은 반복보다는 단순 반복의 느낌을 주지 않도록 얼마간의 변화를 주는 문장을 서술해주는 것이 좋다.

사례9

    웹소설, 웹툰, 드라마 모두가 대중에게 사랑받았던 『옷소매 붉은 끝동』의 성공은 고전에 대한 새로운 시각과 해석이 중요하다는 사실을 잘 보여준다. 『옷소매 붉은 끝동』은 웹소설을 원천 소스로 하여 웹툰, 드라마로 각색한 대표적인 크로스미디어 스토리텔링의 작품이다. 일반적으로 고전소설을 원천 소스로 스토리텔링할 때는 작품의 내용, 등장 인물, 사건, 모티프 수준에서 활용하여 영화나 드라마 등으로 각색하는 경우가 많다. 그러나 『옷소매 붉은 끝동』의 스토리텔링은 조선시대 소설을 읽어주는 직업인 전기수(傳奇叟)와 궁녀들이 공동으로 소설을 필사하는 방식, 책을 빌려주는 세책점(貰册店)과 같은 고전소설의 향유와 유통 방식을 활용하여 여성 주인공 덕임의 지적인 내면과 주체적 성격을 창조한다. 또한 구체적인 고전소설을 소개하고 평가하거나 고전소설에 대한 인식을 보여주면서 사건 구성적 측면에서 긴장을 만들기도 하고 웃음을 선사하기도 한다. 이런 과정을 통해 고전과 전통문화를 재현하여 현대 독자와 시청자가 자연스럽게 고전과 전통문화에 대한 지식과 교양을 함양할 수 있도록 이끈다. 『옷소매 붉은 끝동』의 이와 같은 시도는 고전소설의 스토리텔링에 있어서 기존의 방식을 답습하지 않고 창의적인 변형과 전략이 필요하다는 시사점을 준다.

(김문희, 「『옷소매 붉은 끝동』 스토리텔링의 고전소설 지식 활용의 효과와 의미」, 『한국고전연구』 58집, 한국고전연구학회, 2022.)

사례9는 『옷소매 붉은 끝동』 스토리텔링의 성공은 고전에 대한 창의적인 시각과 해석에서 기인한다는 중심 문장을 문단의 처음과 마지막에 배치하고 있다. 앞뒤의 중심 문장 사이의 뒷받침 문장에서는 웹소설, 웹툰, 드라마로 각색된 『옷소매 붉은 끝동』의 특이점을 설명하고 있다. 고전소설의 내용을 원천 소스로 삼는 기존의 스토리텔링과는 달리 『옷소매 붉은 끝동』 스토리텔링은 고전소설의 향유와 유통 방식, 고전소설의 소개, 평가, 소설 인식에 기반한 새로운 시도를 하는 구체적 양상을 설명한다. 사례9에서처럼 처음과 끝의 중심 문장에 변화를 주기 위해서는 마지막에 쓰는 중심 문장을 조금 더 구체적이고 상세하게 서술하면서 논지나 결론을 정리해도 좋다.

2) 좋은 문단의 요건

한 편의 글은 여러 개의 문단이 합쳐져 만들어지고 좋은 글은 각각의 문단이 제 기능과 역할을 하면서 충실하게 구성될 때 가능하다. 좋은 문단을 쓰기 위해서는 문단의 통일성, 완결성, 긴밀성을 고려해야 한다.

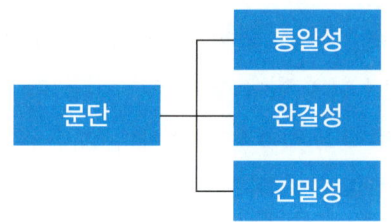

(1) 통일성

좋은 문단의 첫 번째 요건은 통일성인데, 통일성은 문단 내의 문장들이 주제적, 의미적으로 일관되게 구성되어야 한다는 것이다. 문단의 통일성은 문단 내 뒷받침 문장이 중심 문장에 의미적으로 포섭되고 밀접하게 연관될 때 만들어진다. 중심 문장의 내용과 관련이 없거나 상반된 문장이 뒷받침 문장으로 구성된다면 통일성이 없는 글이 된다. 한 문단 내에서 중심 문장과 뒷받침 문장은 의미적으로든 논리적으로든 관련성이 높아야 한다. 문단에서 사용하고 있는 뒷받침 문장이 중심 문장과 무관하거나 상반되거나 관련성이 적다면 문단의 의미가 제대로 전달되지 못하고 글 전체의 내용도 이해하기 어렵게 될 것이다.

사례10

　방송 드라마나 오락 프로그램을 보면 출연자가 특정 회사의 상표가 새겨진 옷을 입거나 특정 제품을 광고하는 사례를 흔하게 볼 수 있다. 이처럼 방송 프로그램 안에서 상품을 소품으로 활용하여 그 상품을 노출시키는 형태의 광고를 '간접광고'[1]라고 한다. 2009년 방송법에서부터 프로그램 속에 광고가 자연스럽게 노출될 경우 간접광고를 허용하고 있어서 인기 있는 드라마와 예능 프로그램에서 간접광고의 빈도는 매우 높은 실정이다. ①그러나 지나친 간접광고는 시청자의 몰입을 방해하고 작품의 완성도와 시청률을 떨어뜨리는 문제가 있다. 일부 제작사에서는 부족한 제작비를 보완하기 위해 간접광고를 넣는 조건으로 광고주의 재정적 지원을 받고 광고를 드라마나 프로그램 속에 삽입한다. ②그 결과 광고주의 전폭적인 지원으로 제작자들은 질 높은 작품을 제작하고 완성도 높은 작품을 만들어 제작자와 광고주가 원원하는 경우도 적지 않다. 최근 SBS에서 방영된 〈더킹: 영원의 군주〉는 과도한 간접광고가 시청자의 몰입을 방해하는 폐해를 잘 보여주는 대표적 드라마이다. 인물들의 서사가 흥미진진하게 진행되어야 하는 순간에 서사의 흐름과 별 관련 없는 커피, 치킨, 화장품, 김치 등 간접광고가 과도하게 등장하여 시청자의 드라마 몰입을 방해하고 작품의 완성도가 떨어져 시청률도 저조한 결과를 드러냈다.

(학생글)

---

[1] "간접광고", 영상콘텐츠 제작사전, https://terms.naver.com/entry.nhn?docId.

　위 문단의 중심 문장은 ①로 "간접광고가 시청자의 몰입을 방해하고 작품의 완성도와 시청률을 떨어뜨린다"는 것이다. 그런데 ②의 뒷받침 문장은 광고주가 제작자에게 재정적 지원을 하여 질 높고 완성도 높은 작품을 만든다는 내용이다. ②와 같은 뒷받침 문장은 간접광고의 부정적 측면을 주장하는 중심 문장 ①과는 상반되는 내용이다. 그러므로 ②는 이 문단의 통일성을 저해할 수 있는 뒷받침 문장이므로 '그 결과 광고주의 요구는 더 강해지고 제작자는 제품의 광고를 드라마나 프로그램 속에 더 많이 넣을 수밖에 없는 것이다.' 정도로 고치는 것이 좋다.

(2) 완결성

좋은 문단의 두 번째 요건은 완결성인데, 완결성은 뒷받침 문장들이 중심 문장의 핵심을 빠트리는 것 없이 충실하게 뒷받침하여 문단을 온전하게 구성하는 것이다. 문단의 완결성은 뒷받침 문장이 충분한 내용과 구체적인 설명으로 중심 문장의 내용과 항목을 해명할 때 만들어진다. 뒷받침 문장에서는 중심 문장에서 언급한 내용을 빠뜨리지 않아야 하고 불필요한 내용을 쓰지 않아야 문단의 완결성이 충족된다.

사례11

가짜뉴스는 정치적 선동의 목적을 위해 악용되어 사회적 혼란과 갈등을 유발하고, 개인의 무비판적 심리를 악용하여 개인의 명예를 훼손하거나 금전적 피해를 야기하기도 한다. ①이러한 가짜뉴스를 근절하기 위해서는 국가적 차원과 기업적 차원 그리고 개인적 차원에서 적극적인 대책을 강구해야 한다. 우선 ②국가적 차원에서는 가짜뉴스 제작자와 배포자에 대한 처벌 강도를 높이고, 가짜뉴스가 만들어지기 전에 국가 차원에서 신속하고 투명한 정보를 제공해야 한다. 또한 ③개인적 차원에서는 인터넷에서 쏟아지는 뉴스를 모두 옳다고 여기지 말고 비판적인 시각을 가져야 한다. 기사가 타당한 논거와 신뢰성 있는 출처와 전문가의 의견을 바탕으로 작성되었는가를 점검하고 뉴스에 대한 가부를 판단하는 미디어 리터러시 능력을 길러야 한다.

(학생글)

위 문단의 중심 문장은 "가짜뉴스를 근절하기 위해서는 국가적 차원과 기업적 차원 그리고 개인적 차원에서 적극적인 대책을 강구해야 한다"는 것이다. 중심 문장 다음에 서술된 뒷받침 문장 중 ②은 국가적 차원의 대책이고 ③은 개인적 차원의 대책을 서술한 것이다. 중심 문장에서 언급한 기업적 차원의 대책을 뒷받침 문장에서 설명하지 못했기 때문에 이 문단은 완결성이 부족하다. 완결성을 갖춘 문단을 구성하기 위해서는 기업적 차원의 대책을 새롭게 서술해야 한다. 예컨대, '인터넷 기업과 SNS 플랫폼 기업 등은 가짜뉴스를 걸러낼 수 있는 필터링 시스템이나 진짜뉴스를 라벨링하는 노력, 가짜뉴스 게시자에 대한 제재 방법 등을 마련해야 한다'는 정도의 내용을 뒷받침 문장으로 써야 한다.

(3) 긴밀성

좋은 문단의 세 번째 요건은 긴밀성인데, 긴밀성은 문단 내의 모든 문장이 서로 긴밀하게 관련성을 맺는 것이다. 문단의 긴밀성은 문단에 사용된 모든 문장들이 매끄럽게 연결되어 논리적, 유기적 관계를 잘 보여주는 것이다. 문단의 긴밀성을 높이기 위해서는 문장 간에 논리적 연결을 보여주는 접속사를 적절히 사용하고, 주요 용어는 중간에 의미를 바꾸지 말고 일관되게 활용하며, 앞의 내용과 긴밀한 연결을 보여주는 적절한 지시어를 사용하는 것이 좋다.

사례12

①대학이 가진 지식 인프라를 사회와 공유하고 대학의 사회적 책무를 수행하는 방법 중 하나가 대학 도서관을 시민에게 개방하는 것이다. 현재 경기대학교 도서관은 경기도민에게 열람실 사용은 허용하지 않고 10일간 도서 5권을 대여해주는 부분적 개방의 형식을 취하고 있다. (②) 학생들에게 피해가 가지 않는 선에서 보다 적극적으로 시민에게 도서관을 개방하려는 노력과 대책이 필요하다. (③) 도서 대여 권수를 점차 늘려나가거나 도서관 열람실 중 일부분은 시민도 사용할 수 있도록 하는 방안도 생각해볼 수 있는 것이다. (④) 현재 경기대 도서관에서 운영하고 있는

다양한 독서 문화 프로그램도 시민이 참여할 수 있도록 저변을 넓힌다면 대학 도서관은 대학의 지식과 문화를 사회에 전파하는 가치 있는 공간으로 거듭날 수 있을 것이다.

(학생글)

①은 위 문단의 중심 문장으로 대학의 사회적 책무를 수행하는 방법으로 대학 도서관을 시민에게 개방하자고 주장하고 있다. 뒷받침 문장들은 대학 도서관을 시민에게 개방하는 구체적인 방안을 제시하고 있는데, 문단의 긴밀성을 높이기 위해서는 적절한 접속사와 어휘를 보충할 필요가 있다. ②에서는 경기대 도서관의 소극적 시민 개방보다 적극적인 도서관 개방의 방안을 서술하기 때문에 '그러나'와 같은 접속어를 보충하면 문장간의 긴밀성을 더 높일 수 있다. ③은 적극적 도서관 개방의 구체적 사례를 제시하는 부분이므로 '예를 들어' 혹은 '예컨대'와 같은 어휘를 삽입하면 좋을 것이다. ④역시 시민에게 대학 도서관을 개방하는 또 하나의 적극적 방안을 서술한 것인데, '더 나아가'와 같은 어휘를 첨부하면 긴밀성이 높은 문단을 구성할 수 있을 것이다.

 연습문제

5. 다음 중심 문장 중 하나를 선택하여 아래 조건에 맞게 문단쓰기를 완성해보자.

중심 문장	1) 인공지능 기술은 기존의 일자리를 대체하고 새로운 일자리를 창출한다. 2) 가짜뉴스를 판별하기 위해서는 개인의 미디어 리터러시가 필요하다. 3) 여행은 자기 정체성과 주도적 삶을 성찰하기 위한 좋은 경험이 된다.
조건	✓ 두괄식, 중괄식, 미괄식, 양괄식 구성 중 선택할 것

조건	✓ 뒷받침 문장은 사례나 일화, 사실과 통계, 상술, 이유나 원인 중 2가지를 활용할 것.
문단 쓰기	

평가	① 문단의 통일성	① ② ③ ④
	② 문단의 완결성	① ② ③ ④
	③ 문단의 긴밀성	① ② ③ ④
	④ 뒷받침 문장의 유형 활용	① ② ③ ④
	⑤ 총평:	

> **참고문헌**

경기대 교재편찬위원회, 『사고와 표현』, 휴먼싸이언스, 2021.

김문희, 「『옷소매 붉은 끝동』 스토리텔링의 고전소설 지식 활용의 효과와 의미」, 『한국고전연구』58집, 한국고전연구학회, 2022.

김민제, "더 많은 여성이 필드 위를 달릴 수 있도록", 경기대신문1091호, 2023, 9.11.

김수빈, "오늘날의 올바른 가족관은 무엇인가", 경기대신문1056호, 2021. 4. 12.

김은호, "할인광고 전략, 틀을 만들어 틀에 가두다", 교수신문(2023.12.6.), https://www.kyosu.net/news/articleView.html?idxno=112999.

추진기, "디자인, 어디까지 가능할까?", 경기대신문1093호, 2023, 10.16.

pmg 지식엔진연구소, "디지털 화폐", 시사상식사전(2020.7.14.), https://www.pmg.co.kr.

홍석경, "한류의 특성과 미래", 네이버 열린연단(2023.9.9.), https://openlectures.naver.com/contents?contentsId=143859&rid=2969.

3

논증하기

학습목표
- 논증의 목적과 구조를 이해한다.
- 자신의 주장을 이유와 근거를 통하여 설득력 있게 제시한다.

1 논증이란?

1) 논증은 자신의 주장을 뒷받침하기 위해 이유나 근거를 제시한다.

우리는 일상생활에서 다양한 종류의 글을 접한다. 글의 종류는 서술의 방식에 따라 묘사, 서사, 설명, 논증 등으로 분류할 수 있으며, 이 중에서 논증은 글쓴이가 어떤 특정한 문제에 대해 논리적 이유나 근거를 바탕으로 자신의 주장을 내세워서 상대방을 설득하는 글쓰기의 방법이다.

2) 논증은 설득을 목표로 하는 의사소통이다.

논증은 자기주장의 정당성을 확보하고자 하는 '사고하는 기술'이며 동시에 자신의 주장을 말과 글을 통해 '표현하는 기술'이고 더 나아가 상대방을 설득시키고자 하는 목적을 가지고 있는 의사소통 행위이다. 의사소통으로서의 논증은 일방적으로 이루어지지 않는다. 특정한 문제에 대해 하나의 논증이 주어지면 그것을 옹호하는 추가적인 논증이 뒤따를 수 있고, 마찬가지로 그에 반박하는 논증이 대두될 수 있다. 이처럼 논증은 단순한 말싸움이나 비난이 아니라 주어진 공동의 문제를 풀기 위해 서로의 관심사를 최대한 반영하면서 최적의 해결책을 모색해보려는 소통의 과정이라고 볼 수 있다.

3) 논증은 비판적 사고를 함양한다.

논증은 생각하는 힘이다. 좋은 논증을 구성하기 위한 핵심은 곧 사고력이다. 논증을 구성하는 능력과 설득력 있는 논증과 그렇지 못한 논증을 구별할 수 있는 능력을 갖춘다는 것은 곧 합리적인 사고 능력과 판단 능력을 소유하고 있음을 의미한다. 왜냐하면 논증은 정당화를 필요로 하는 탐구의 수단이기 때문이다. 정당화의 과정은 제기된 주장을 뒷받침하는 이유나 근거들이 실제로 타당한지, 주장과 이유나 근거들은 서로 밀접하게 관련이 되어 있는지, 또는 이유나 근거가 주장을 뒷받침하기에 충분한지에 대해서 다시 한 번 숙고해보는 비판적 사고의 과정을 포함한다.

4) 논증은 합리적인 수용과 지지를 추구한다.

　논증은 절대적인 진리를 추구하는 것이 아니다. 원칙적으로 반박이 불가능한 논증이란 없다. 그렇다고 모든 논증이 타당하거나 설득력이 있는 것은 아니다. 하나의 논증이 다른 논증보다 타당성이 더 있거나 덜 있을 뿐 절대적으로 타당한 논증은 없다. 논증에서 확고한 자신의 주장을 가지고 있다는 것은 바람직한 자세이다. 반대로 자신의 주장만을 옳다고 생각하고 다른 사람들의 주장을 전혀 고려하지 않는 것이 잘못된 자세이다. 따라서 논증에서는 적절한 이유나 근거들을 가지고서 다른 사람들을 납득시키기 전까지는 비록 나의 주장이 옳다고 여기더라도 그 주장은 단지 하나의 의견에 불과할 뿐이라는 관용적 태도가 필요하다.

5) 논증은 열린 마음을 지향한다.

　열린 마음이란 제시된 주장을 다양한 관점에서 살펴보면서 각자 타인의 주장을 무조건적으로 받아들이지 않을 뿐만 아니라 특히 자신의 주장도 틀릴 수 있음을 인정하는 논리적 사고의 기본 태도이다. 이를 위해서는 무엇보다도 주장을 뒷받침하는 논거들에 대한 신중한 접근이 필요하다. 또한 열린 마음은 다양한 가치가 공존하는 사회에서 합의를 도출해낼 수 있는 합리적인 과정에 필요한 자세이며, 이런 점에서 논증은 상대방을 납득시킬 수 있는 논리적 힘을 제공할 뿐만 아니라 동시에 다른 사람의 관점을 존중하고 이해할 수 있는 기회를 제공하기도 한다. 따라서 이해관계나 의견 충돌이 빈번한 현대사회에서 논증의 중요성을 인식하고 이를 위해 논증의 다양한 형식과 과정을 익히는 것은 교양과 지성을 갖춘 현대인이 겸비해야 할 기본적인 요건 중 하나라고 할 수 있다.

 연습문제

1. 다음 중 논증의 글감으로 적절한 것과 그렇지 않은 것을 구분하고, 그 이유를 설명해 보자.

- 청년 일자리 창출을 위한 정부의 역할
- 지하철역에서 도서관까지 찾아가는 길
- 블록체인 기술의 발전 과정
- 경기대학교를 명품 대학으로 만드는 방법
- 나의 질풍노도 소년 시대

2 논증은 어떻게 구성되는가?

1) 논증의 기본 구조: 주장과 논거

논증의 출발점은 보통 문제제기로 부터 시작한다. 문제제기는 주어진 현상이나 문제에 대한 원인과 그것의 해결방안을 묻거나 또는 특정한 하나의 문제를 제시하면서 이에 대한 찬성이나 반대의 의견을 묻는 경우도 있다.

예를 들어 "해수면 상승의 원인은 무엇인가?"와 같은 과학적 탐구를 요구하는 문제제기도 있으며 "저출산의 원인은 무엇인가?", "청소년들의 흉악한 범죄 증가의 원인은 무엇인가?"와 같은 사회적 현상에 대한 질문도 해볼 수 있다. 그리고 "우리 사회의 사회적 약자를 배려할 수 있는 방안은 무엇인가?"처럼 해결방안에 대한 문제제기도 가능하다. 또는 "수술실 내 범죄행위 방지와 신뢰도 제고를 위한 수술실 내부 CCTV 설치 의무화에 대해서 어떻게 생각하는가?"와 같이 사회 구성원들이 공통으로 관심을 가질 수 있는 문제를 제시하고 이에 대한 개개인의 의견을 물을 수 있다.

이러한 주어진 문제들에 대해 자신이 내세우거나 옹호하는 생각이 논증의 '주장'이며, 이 주장을 뒷받침하는 진술이 '논거'(또는 이유, 근거)가 된다. 이때 논거는 하나일 수도 있고 둘 이상일 수도 있으므로 논증이란 일반적으로 하나의 주장과 하나 이상의 논거들로 구성된 진술들의 집합이라고 할 수 있다. 아래의 (가)와 (나)는 이러한 논증의 기본적인 구조를 보여주는 예시이다.

(가)

문제제기: 공연 티켓 불법 거래(암표) 행위가 근절되지 않는 이유와 해결방안은 무엇인가?
논거: 티켓 수요와 공급의 불일치가 있다. 인기 공연의 경우에는 수요가 공급을 초과한다. 논거: 소비자들의 인식 부족과 법적 규제 미비로 암표상들이 법적 처벌의 위험 없이 활동할 수 있다. 주장: 공연 티켓 불법 거래를 근절하기 위해서는 티켓 판매 및 구매 시스템의 개선, 법적 규제의 강화, 그리고 공공 인식 제고가 필요하다.

(나)

문제제기: 대학 축제와 연예인 공연 여부
주장: 나는 대학 축제에 연예인을 섭외하여 공연하는 것을 반대한다. 논거: 연예인을 섭외할 경우 지불하는 고비용의 대부분은 학생들의 등록금으로부터 충당되기 때문이다. 논거: 연예인 중심의 콘서트 문화에서 벗어나 학생 공연 중심의 문화를 만들어가야 하기 때문이다.

문제제기: 대학 축제와 연예인 공연 여부
주장: 나는 대학 축제에 연예인을 섭외하여 공연하는 것을 찬성한다. 논거: 연예인 공연은 대학 축제의 꽃으로 학업으로 인한 스트레스 해소에 도움이 된다. 논거: 연예인 공연은 대외적으로 학교를 홍보할 수 있는 좋은 기회를 제공한다.

 연습문제

2. 우리나라는 올림픽이나 아시안게임 등과 같은 스포츠 경기나 세계적인 예술 경연대회에서 좋은 성적을 거둔 문화·체육인에게 군 면제 혜택을 주고 있다. 그런데 대중문화계에서 세계적으로 큰 업적을 세운 이들을 병역 특례 대상에서 배제하면서 이 제도에 대한 형평성 논란이 일고 있다. 문화·체육인들에 대한 병역 특례 제도 시행에 대한 자신의 의견을 찬성과 반대의 관점 중 하나를 선택하여 논증으로 구성해 보자.

주장	
논거	

2) 좋은 논증의 구성과 논거의 역할

　사고와 표현의 능력을 갖춘 사람이라면 누구나 주장을 할 수 있다. 그러나 주장하는 문장이라고 모두 논증은 아니다. 주장에 대한 논거가 반드시 뒤따라야만 논증이라고 할 수 있다. 우리가 논증행위나 토론 등을 꺼려하는 것은 주장의 어려움 때문이 아니라 그 주장을 뒷받침하는 확실한 논거의 부재(不在) 때문이다. 논증은 자신이나 상대방의 주장에 대한 좋거나 싫은 감정 판단의 문제가 아니라 그것을 받아들이거나 또는 거부할 수 있는 이성적, 합리적 판단의 행위이다. 논증은 개인적 믿음을 넘어서는 합리적인 설득력의 영역을 다룬다. 따라서 논증은 정답을 주장하는 행위라기보다는 정답을 만들어가는 과정이 중요한 행위라고 할 수 있다. 그러면 논증의 핵심적 구성 요소인 설득력 있는 논거를 제시할 수 있는 좋은 방법은 무엇일까?

> **좋은 논증의 조건**
> (1) 논거의 수용성 : 논거가 참임을 받아들일 만하다.
> (2) 논거의 관련성 : 논거와 주장이 밀접하게 관련되어 있다.
> (3) 논거의 충분성 : 논거가 주장을 뒷받침하기에 충분하다.

(1) 가장 확실하다고 생각하는 논거에서부터 출발한다. (논거의 수용성)

논거의 수용성은 논증이 제시하는 논거가 청중에게 설득력 있고, 믿을 만하며, 객관적이고 합리적으로 받아들여질 수 있는지를 나타낸다. 다음의 (가)의 예시논증에서와 같이 논거의 수용성이 높은 논증은 강한 설득력을 지닌다.

(가)

> ▶ 운동은 스트레스를 줄이고, 집중력을 향상시키며, 전반적인 건강을 개선한다.(논거)
> 따라서 일주일에 최소 세 번 이상의 운동은 청소년기 건강 유지에 중요하다.(주장)

그러나 다음의 (나)의 예시논증처럼 의미가 애매하거나 지시대상이 모호한 표현들로 논거를 구성할 경우에는 그것을 수용할 지의 여부가 의심되기에 좋은 논증이라고 할 수 없다.

(나)

> ▶ 현대 사회에서 사람들은 더 나은 생활을 위해 노력해야 한다.(논거)
> 그러므로 모든 사람들은 이를 위해 공통된 목표를 추구해야 한다.(주장)

위의 예시논증에서 '더 나은 생활'이라는 표현은 무엇을 의미하는지 명확하지 않고 애매하다. '더 나은 생활'이 개인의 건강, 경제적 안정, 교육, 사회적 관계 등을 포함할 수 있지만, 이 개념에 대한 구체적인 정의나 설명이 부족하다. 또한 '공통된 목표'라는 표현 역시 그것이 지시하는 대상이 무엇인지 모호하며, 다양한 사회적, 경제적, 문화적 배경을 가진 사람들이 공통의 목표를 가질 것이라고 가정하는 것 또한 현실적이지 않다. 이러한 애매모호한 표현과 가정은 논거의 수용가능성을 약화시킨다.

(2) 주장과 논거 사이의 상관관계를 고려한다. (논거의 관련성)

좋은 논증이란 제시된 논거들이 주장을 참이라고 뒷받침할 수 있을 만큼 밀접한 관련성을 가지고 있어야 한다. 다음의 (가)의 예시논증은 주장과 밀접하게 관련된 논거를 사용하여 논증의 신뢰성과 설득력을 강화한 좋은 논증이다.

(가)

> ▶ 국토교통부의 도시 연구 보고서에 따르면, 자전거 이용률이 높은 도시에서는 대기질이 개선되고, 교통사고 발생률이 낮아진다.(논거)
> 그러므로 자전거 이용은 건강 증진과 교통 혼잡 감소에 도움이 된다.(주장)

그러면 다음의 (나)의 예시논증은 어떻게 평가할 수 있을까?

(나)

> ▶ 교수님, 제가 비록 이번 기말고사를 잘못 보았다고 하더라도 학점을 조금만 올려주시기를 간절히 요청 드립니다.(주장)
> 저는 어려운 가정환경으로 인해 반드시 취업에 성공해야 하는데 이번에 S사 입사 필기시험에 이미 합격했습니다. 그런데 학점이 나쁘면 입사를 할 수 없습니다.(논거)

위의 (나)의 경우에 학점을 올려주는 것과 집안 사정과 입사 시험 합격이 밀접하게 관련이 있다고 볼 수 있을까? 학점은 학업 성과와만 관련이 있고 학점과 집안 사정은 사실 아무런 상관이 없다. 입사 시험에 합격했다는 사실이 학점 상향 조정의 이유가 될 수 없다. 따라서 위의 논거들은 학점을 올려 달라고 하는 학생의 주장과 관련이 없으므로 주장을 참으로 뒷받침 할 수 없기에 좋은 논증이 아니다.

(3) 논거가 주장을 충분히 지지하고 있는지를 고려한다. (논거의 충분성)

논거의 충분성은 좋은 논증을 구성하기 위한 중요한 조건으로, 제시된 주장이 충분한 근거나 이유에 의해 뒷받침되어야 한다는 원칙이다. 충분성은 주장을 지지하는 논거의 양과 질 모두를 고려한다. 다음의 (가)의 예시논증에서 제시한 논거들은 환경 보호 정책이 단순히 생태계 보호에만 중요한 것이 아니라, 경제적으로도 이득이 될 수 있음을 충분하게 뒷받침하면서 주장의 설득력을 높인다.

(가)

> ▶ 재생 가능 에너지와 같은 지속 가능한 기술에 대한 투자는 새로운 일자리 창출과 경제 성장을 촉진한다.(논거) 이러한 투자는 장기적으로 에너지 비용을 절감하고, 기업과 가계의 경제적 효율성을 높인다.(논거)
> 따라서 환경 보호 정책은 경제 성장을 촉진한다.(주장)

그런데 비록 논거와 주장 사이에 관련성이 있다고 하더라도 주어진 논거가 성급한 일반화나 잘못된 유비(비교)를 사용하였을 경우에는 논거가 주장을 참으로 받아들일 수 있을 만큼 충분하게 지지하고 있지 않기에 좋은 논증이라고 볼 수 없다.

(나)

> ▶ 1997년 2월 24일 영국에서 최초로 동물을 복제하는 데 성공했다고 발표했다.(논거) 따라서 당장 인간을 복제하는 생명공학 기술도 머지않아 가능하게 될 것이다.(주장 1) 그렇게 되면 인간은 엄청난 비용을 지불하고서라도 자기 자신조차 복제하고자 할 것이다.(논거) 더 나아가서 특별한 임무를 수행할 수 있는 맞춤형 인간을 복제하여 그들을 노예로 삼을지도 모른다.(논거) 이렇게 될 경우 인간의 자유와 인간성의 상실은 필연적이다.(주장 2)

위의 (나)의 예시논증에서 동물 복제 성공과 인간 복제의 가능성이 어느 정도 관련성이 있다고 하더라도 그러한 논거만으로 인간 복제가 실제 이어질 것이고 그에 따라 인간의 자유와 인간성 상실이 필연적으로 도래할 것이라는 주장을 이끌어 내기에 충분하다고 할 수 없다. 즉, 동물 복제 성공과 인간 복제 사이의 상관관계를 유추해낼 수는 있지만 이 둘의 관계를 필연적 법칙관계로 받아들일만한 충분한 근거는 부족하다.

연습문제

3. 다음의 예시글을 논증의 형식으로 재구성하고, 위에 제시한 좋은 논증의 조건을 활용하여 논증을 평가해보자.

▶ 네덜란드의 로테르담시(市)에서는 청년이 마음 놓고 비싼 옷이나 장신구를 착용하고 다니지 못하게 됐다. 로테르담 경찰은 비싼 의상이나 장신구를 착용한 젊은이가 이를 어떻게 장만했는지 입증하지 못할 경우 현장에서 모두 압수하는 단속 프로그램을 시범적으로 운영한다. 로테르담 시경이 이런 프로그램을 도입하는 배경은 범죄 행위로 고가의 물건을 습득하더라도 이를 계속 소유할 수 없을 것이라는 메시지를 전하기 위함이라고 한다. 로테르담 경찰은 "의상은 청년들에게 사회적 지위의 상징으로 인식된다. 어떤 청년은 1천800유로(약 236만원)짜리 외투를 걸치고 다닌다"면서 "소득이 없는데 그렇게 한다면 문제는 어떻게 장만했느냐는 것"이라고 말했다. 소득이 없으며 과거 범죄로 부과된 벌금이 밀려있음에도 비싼 옷을 입고 다니는 청년들이 단속 대상이라며 "이런 상황을 방치하면 법치주의를 무너뜨리고 지역 주민에게 잘못된 신호를 보낸다"고 설명했다. 앞서 로테르담 경찰 당국은 일정한 소득이 없으면서 고급 승용차를 몰고 다니는 이들의 범죄 여부를 조사하는 프로그램을 시범 운영한 바 있다.

박인영, "로테르담에선 가난한 청년이 비싼 옷 입으면 경찰이 벗긴다", 연합뉴스(2018.1.21.), https://www.yna.co.kr/view/AKR20180121018600009(2024.1.1.)

주장	
논거	
평가	

 **연습문제**

4. 다음의 예시)를 참고하여 우리 사회에서도 편견이나 혐오, 선입견 등으로 인해 벌어지는 위와 같은 종류의 사회현상(제도, 경험 등)의 사례를 찾아 기술하고, 그에 대해 비판적인 관점에서 논의해보자.

예시)

주장	컴퓨터 게임을 즐기는 것은 학생들의 학업 성적에 부정적인 영향을 미친다.
논거	나의 경험에 의하면 컴퓨터 게임에 몰입할 때는 항상 시험 성적이 낮았다.
평가	이 논증은 주관적 경험에만 근거하여 일반화된 결론을 도출하고 있어, 충분성의 오류를 범하고 있다. 학생들의 학업 성적에 미치는 영향을 평가하기 위해서는 대규모의 통계적 데이터, 광범위한 학술 연구 결과, 다양한 학습 환경에서의 비교 연구 등이 필요하다. 단순히 한 개인의 관찰과 경험만으로는 이러한 복잡한 문제에 대한 신뢰할 수 있는 결론을 내릴 수 없다. 따라서 이 논증은 충분한 증거와 학술적 연구를 제공하지 않음으로써 설득력이 부족하다.

연습)

주장	
논거	
평가	

이 외에도 좋은 논증을 구성하기 위해서 만약 다수의 논거들이 복잡하게 얽혀 있다면 그중에서 자신의 가치관이나 태도를 가장 잘 표현할 수 있는 논거를 먼저 선택한다. 이때는 일반적으로 자신뿐만 아니라 다른 사람들이 어떤 가치를 중요시하는가를 고려하여 논거를 배열하는 것이 좋다. 이는 자신의 주장에 대한 설득력을 높일 수 있는 공감의 형성에 도움이 된다.

3 논증의 확장과 논증적 글쓰기

1) 논증의 확장

다른 사람을 설득하는 것은 쉬운 일이 아니다. 더구나 감정이나 상황에 호소하지 않고 논리에 호소해서 설득해야 한다면 더더욱 어렵게 느껴진다. 때로는 수많은 말과 글보다 단 하나의 영상이 우리를 강력하게 설득하기도 한다. TV 광고를 통해 기아와 질병으로 죽어가고 있는 아프리카 어린이의 참담한 모습은 그 자체만으로도 왜 우리가 해외 원조나 기부를 해야만 하는지에 대한 강력한 이유가 되기 때문이다.

그러나 우리가 해외 원조나 기부를 해야 하는 이유에 대해서 스스로 문제제기를 하거나 누군가에게 글로써 호소하고자 하는 설득적 글쓰기를 하고자 한다면 더욱 체계적이고 이론적인 과정이 필요하다. 이를 위해 앞에서 학습한 기본적인 논증 구조를 좀 더 확장하여 치밀하게 자신의 생각을 전개해나가야 한다. 주장과 논거로 구성된 기본 논증의 확장을 위해서 제시한 논거들의 구분이 필요하다.

논거는 크게 '소견(정당화) 논거'와 '사실 논거'로 구분할 수 있다. 먼저 '소견(정당화) 논거'는 주장의 타당성을 입증하기 위해 도덕적 법칙이나 양심에의 호소 또는 권위 있는 전문가의 의견, 쟁점에 관련된 사람들의 증언, 일반적인 상식(여론) 등을 제시할 경우에 해당된다. 여기에 반해 '사실 논거'는 주장을 뒷받침할 수 있는 데이터(통계)나 정보, 또는 직접 관찰한 내용(경험)등을 제시하여 주장의 정확성과 신뢰성을 높이는 방법이다. '사실 논거'는 주장의 설득력을 높이는데 결정적 역할을 하기에 자료의 출처 등을 밝혀 논거의 객관성을 확보하는 것이 가장 중요하다. 여기에는 역사를 포함한 문헌자료, 공식 기관의 통계자료, 검증된 신문기사, 인터넷자료 등이 포함된다.

이들의 관계를 간단하게 정리하면 다음과 같다.

> ▶ 주장: 주제에 관해 자신이 내세우거나 옹호하려는 생각은 무엇인가?
> ▶ 논거 1: 주장을 뒷받침하는 판단이나 의견은 무엇인가? – '소견(정당화) 논거'
> ▶ 논거 2: 주장을 뒷받침해주는 사실이나 데이터는 무엇인가? – '사실 논거'

위의 학습 내용을 바탕으로 다음의 (가) 예시논증처럼 논거의 종류를 구분하면서 기본 논증을 확장된 논증으로 구성해보자. 그리고 논증의 설득력을 높이기 위해 추가적으로 자신의 주장에 대한 반론의 가능성까지 고려해서 논거를 구성해보자.

(가)

> ▶ 정부는 청년들의 고립과 외로움을 개인의 심리적 차원에서의 문제가 아닌 국가의 미래를 위협하는 새로운 사회적 질병의 관점에서 심각하게 접근해야 한다.(주장)

> ▶ 최근 청년 1인 가구가 증가하면서 타인과의 교류가 단절된 청년들이 겪는 사회적 위기도 증가하고 있다.(배경)
> 1. 혼밥, 혼술 문화가 일상화되면서 타인에게 무관심하거나 온라인 중심의 인간관계를 맺는 사회적 분위기가 점차 확산되고 있다.(논거 1 – '소견(정당화) 논거')
> 2. 20대 1인 가구를 대상으로 한 국가보건연구원의 설문조사에 의하면 전체 조사 대상자의 60.5%가 고립과 외로움으로 인한 신체적, 정신적, 사회적, 경제적 고통을 호소하고 있다. 또한 고통을 호소하는 응답자 중 45%는 위급할 때 도움을 요청할 곳이 없다고 대답한다.(논거 2 – '사실 논거')
> 3. 물론 혼자 사는 삶은 일상생활에서의 편의와 개인들의 취향에 따른 선택이며 멀지 않아 우리 사회의 보편적인 삶의 형태가 될 것이기에 외로움은 자연스런 사회현상으로 받아들여질 것이라고 주장할 수도 있다. (예상된 반론) 그러나 청년층의 사회적 연결망 부족은 고립과 외로움이라는 사회적 전염병을 야기한다. 외로움은 건강을 위협하는 치명적인 위해 요인이며 이로

> 인한 사회적 비용과 공동체의 위협을 방지하기 위해서 정부와 지방자치 단체들은 청년 1인 가구의 사회적 연결망을 구축하기 위한 다양한 프로그램을 적극적으로 지원, 운영해야 한다.(논거 3 – 예상된 반론을 고려한 '소견(정당화) 논거')

2) 논증적 글쓰기

모든 논증에는 주장과 논거가 포함된다. 그런데 논증을 활용한 글, 즉 논증적 글쓰기(설득적 글쓰기)를 할 경우에는 이런 주장과 논거만이 있는 것은 아니다. 보통 논증적 글쓰기의 도입부분에서는 논증의 문제제기에 해당하는 배경에 대한 기술이 필요하고, 주장과 논거 사이의 논리적 인과관계를 형성하기 위한 설명이 필요할 수도 있다. 때로는 제시한 논거를 다시 뒷받침하기 위한 부연 설명이 요구되기도 한다. 하지만 논증적 글쓰기의 핵심은 주장과 논거임을 명심하고 논증하는 글을 쓰거나 읽을 때에 항상 주장과 논거, 그리고 그 외 글의 구성요소들을 명확히 가려내고, 구분하여 정리하는 것이 효과적이다.

다음의 예시글을 읽고 글의 내용을 분석해보자.

(가)

> [1] 21세기의 현대사회는 기술과 정보의 급격한 발전, 사회적 변화, 그리고 다양한 경제적 도전에 직면하고 있다. 이러한 환경에서 정신 건강은 우리 모두에게 중요한 고려사항 중 하나로 부각되고 있다. 이러한 변화의 속도와 복잡성은 우리의 일상생활에 다양한 스트레스 요인을 가져왔다. 경기침체, 기후변화로 인한 폭염, 취업난, 경제적 어려움 등은 현대인들의 정신건강에 부정적인 영향을 미치고 있다. 이런 상황을 고려하여 정신건강 관리가 우리 사회에서 더욱 중요한 주제로 떠오르고 있다.
> [2] 우선, 정신건강의 중요성을 이해하기 위해서는 그 현황을 파악할 필요가 있다. 보건복지부의 조사에 따르면 성인 4명 중 1명은 평생 한 번 이상 정신건강 문제를 경험한다고 한다. 이는 정신건강 문제가 우리 사회의 보편적인 현상임을 시사한다. 주요 정신질환으로는 우울증, 불안장애, 조현병 스펙트럼 장애, 알코올 사용 장애 등이 많이 나타나고 있으며, 특히 우울증은 그 비율이 증가하고 있다.

2020년에는 70만 명 이상이 우울증으로 진단을 받았으며, 기분장애로 진단받은 사람은 100만 명을 넘어섰다. 이러한 현상은 정신건강 문제가 증가하고 있다는 현실을 명백히 보여준다.

[3] 그럼에도 불구하고 정신건강 서비스를 이용하지 않는 이유가 있다. 이는 사람들이 정신건강 서비스를 받는 것에 대한 인식과 진입장벽 때문이다. 많은 사람들이 "정신적으로 문제가 있어야만 한다"는 인식을 가지고 있어서 오히려 정신건강 서비스를 이용하지 않는 경향이 있다. 보건복지부의 조사에 따르면 75.9%의 사람들이 "그 정도 문제는 스스로 해결할 수 있다고 생각"하며, 30.5%는 "치료받는 걸 다른 사람이 알면 어떻게 생각할까 걱정"한다고 응답했다. 이러한 인식은 정신건강 서비스를 받는데 큰 장벽이 된다.

[4] 또한 정신건강 서비스를 이용할 때의 문제는 전문인력과 서비스의 부족이다. 전문적으로 정신건강 서비스를 제공하는 인력의 부족은 큰 문제로 작용하고 있다. 한국 내에서는 인구 10만 명 당 전문인력 수가 OECD 평균보다 현저하게 낮다. 이로 인해 전문인력은 업무 부담이 크며, 서비스의 질과 다양성을 제공하기 어렵다. 더욱이, 정부의 정책적, 재정적 지원이 부족하다는 점도 강조된다. 정신건강 분야에 대한 정부 예산 지원은 다른 질병군에 비해 매우 적고, OECD 국가 중에서도 현저하게 낮은 수준이다. 이러한 상황에서 정신건강 서비스의 품질과 접근성을 개선하기 위한 추가적인 지원이 필요하다. [...]

[5] 정신건강은 우리의 일상생활에서 떼놓을 수 없는 중요한 부분이다. 현대사회의 스트레스와 압박으로부터 자신을 지키고 존중하기 위해서는 정신건강을 케어하는 것이 중요하다. 우리는 마음의 건강을 몸의 건강과 마찬가지로 관리하여야 한다. 정신건강에 대한 인식을 바르게 가지고, 필요하다면 전문적인 도움을 받는 것이 우리의 삶을 더 건강하고 행복하게 만들 수 있는 길이다. 지금까지는 많은 사람들이 정신건강 문제를 무시하거나 숨겼지만, 이제는 그 시대가 끝나고, 정신건강을 개선하고 관리하는 것이 우리의 미래이다.

"현대사회와 정신건강", 경기대뉴스(2023. 10. 3.),
http://kgunews.com/news/view.php?idx=4508&mcode=m71npmf(2024. 1. 1.)

위의 예시글을 간략하게 분석해보면 다음과 같다.

(나)

[1]	현대사회에서의 정신 건강 문제의 중요성 제기
[2]	성인 정신 건강 문제 증가의 현황 설명

[3]	정신 건강 서비스 이용에 대한 인식과 진입장벽의 문제점
[4]	정신 건강 서비스의 질과 접근성 제한의 문제점
[5]	정신 건강 문제에 대한 인식 개선과 전문적 관리 필요성 촉구

　[1]과 [2]의 내용은 논증적 글쓰기의 주장에 대한 명확한 이해를 위한 배경과 현황에 대한 설명 부분이 되고, 본격적인 주장과 논거는 [3], [4], [5]에서 이루어지고 있다. 이 글의 목적이 단순히 정신 건강 문제에 대한 접근과 관리 차원에서의 개선을 촉구하는 데 있다면 위의 글의 내용으로도 어느 정도 설득력이 있다고 본다. 그러나 글의 목적이 정신 건강관리의 문제점과 해결방안에 맞춰져 있다면 논거 [3], [4]만으로는 부족하고 구체적인 개선 방안에 대한 논거와 주장이 추가되어야 한다.

 연습문제

5. 위의 (가)글과 (나)의 도식표를 참고하여 "정신 건강의 문제점과 해결방안"에 주안점을 두고 좀 더 확장된 논증적 글쓰기를 위해서 다음의 (다)의 대략적인 개요를 완성해보자. 정신 건강의 문제점 분석인 논거 [3-1]과 [3-2]에 대한 보다 구체적인 해결방안 제안은 [4-1], [4-2], [4-3]에 작성하도록 한다. 아울러 논증적 글쓰기의 마무리인 [5-1]의 주장도 요약과 강조[5-2]를 추가하여 확대 작성해보자.

(다)

[1] [2]	현대 사회에서의 정신건강 문제의 중요성 제기
	성인 정신건강 문제의 증가의 현황 설명
[3] 문제점 분석	[3-1] 정신건강 서비스 이용에 대한 인식과 진입장벽의 문제점
	[3-2] 정신건강 서비스의 질과 접근성 제한의 문제점
[4] 해결방안 제안	[4-1]

	[4-2]
	[4-3]
[5]	[5-1] 정신건강 문제에 대한 인식 개선과 전문적 관리 필요성 촉구
	[5-2]

연습문제

6. 다음의 예시글은 하나의 주제를 두고 서로 다른 두 견해가 팽팽하게 대립하고 있다. 먼저 각각의 주장에서 제시하는 논거들이 설득력이 있는지 살펴보자. 이중 자신의 입장을 결정하여 이 주제에 관한 4~5문단 이내의 논증적 글쓰기를 완성해보자.

"한 인간의 존엄성이란 주체로서의 자립성과 자신의 삶을 스스로 결정할 수 있는 능력을 뜻합니다. 자신의 존엄성을 존중한다는 것은 이러한 능력을 존중하는 것입니다. 죽는다는 것은 그것을 통해 한 인간의 독립성이 상실된다는 것을 뜻하지요. 그럼에도 불구하고 우리는 어떤 의미에서 이 사건을 스스로 결정한다는 말입니까? 자립성을 자립적으로 잃어버린다는 것, 자기 결정권이 상실되는 과정에서 그것에 대해 여전히 스스로 결정하려고 하는 것은 결국 모순 아닐까요? 그게 아니라면, 어떤 경험을 느낄 수 있는 완전한 능력을 지금 이 순간 상실하고 있으면서 그 상실의 매 순간을 느낀다고 할 때만이 모순이 성립되는 것은 아닐까요? 즉, 최후의 순간까지 포함한 상실의 매 순간을 느낄 때마다 나의 완전한 독립성이 수행된다고 주장하는 것은 논리적으로 불가능하며 한마디로 모순입니다. 이렇게 해서는 죽음과 관련된 존엄성을 영영 이해할 수 없습니다.[…] 당신이 생명을 유지하도록 하는 것이 내 의무입니다. 그것은 생명의 보호를 최고의 가치로 삼는 의사의 윤리에 속하는 일입니다. 당신의 생명이 달려 있지 않습니까?"

"네, 바로 그 이유 때문입니다. 내 생명이고, 내 죽임이죠. 어떻게 죽을 지는 나 혼자 결정할 일입니다. 생명 연장의 윤리를 환자의 안녕보다 우위에 놓아서는 안 됩니다. 의사의 윤리는 환자의 자유 결정권 앞에서 그 한계에 다다르기 때문이죠. […] 다시는 의식이 돌아오거나 사물을 인식하지 못할 것이 분명한데도 기계에 의존해 호흡 활동을 연장하고 영양공급을 받는 다는 건 인공적 생명 연장이며 텅빈 육체적, 기계적 활동입니다. 그렇게 연장된 생명에는 주인이 없고 주체도 없습니다. 다만 홀로 동떨어져 소외된 생명에 불과할 뿐이지요. 인간이 가진 생물적 기능은 경험의 중심체인 한 주체로 현존하기 위해서는 아주 중요한 역할과 의미를 갖고 있고 이것이 식물과 다른 점입니다. 그런데 지금 우리가 말하는 경우에는 이러한 중요성이 빠져 있습니다. 그럼에도 불구하고 생명을 연장시킨다는 것은 내면의 시각이 결여된, 단지 기능만의 생명, 말하자면 바퀴가 헛돌아가는 것과 마찬가지입니다. 이런 상상을 해보세요.

먼 훗날 몸의 기력이 사라지고 인지능력도 완전히 소멸되어 의식이 사라진다 해도 계속해서 기계에 힘을 빌려 숨을 쉬고 영양분을 공급받는 세월을 보내게 된다면 그건 한 때 한 인간이었던 나랑은 아무 상관도 관계도 없는 단계입니다. 그렇게 되면 내 몸은 더 이상 내 몸도 아니고 그렇다고 그 누구의 것도 아닌 단지 하나의 생물학적 순환 체계에 지나지 않을 것입니다. 예전에 내면의 인식과 경험이 깃들어 있던 신체가 있었던 자리에 남은 것은 껍데기요, 껍데기는 시간이 지난다고 해서 껍데기가 아닌 다른 것이 될 리가 없습니다. 그러나 그 껍데기는 과거에 여느 주체였던 나를 담았다는 의미에서 그냥 여느 껍데기가 아닌 바로 내 것이기도 하지요. 그렇기 때문에 그 껍데기를 텅빈 유령의 집처럼 목숨을 이어가게 할 것이냐의 여부에 아직 스스로 태도를 결정할 수 있는 지금 이 시점의 나는 관심을 기울일 수 밖에 없습니다. 나는 껍데기가 소멸하기를 바랍니다. 내가 떠난 자리에 그것이 남아 있는 것이 싫습니다. 이 소망은 꼭 존중되어야만 하는 것이고, 육체 기능과 사물의 인식 사이의 상호작용을 통해 온전한 한 인간으로 살아왔던 사람을 존중하려면 꼭 그렇게 해야 합니다. 이건 존엄성의 문제입니다."

페테 비에리, 『삶의 격– 존엄을 지키며 살아가는 방법』(문향심 역), 은행나무, 2014, 423~426쪽.

주장 1		주장 2	
논거 1		논거 2	
글감(주제): 주장문:			
논증적 글쓰기			

일반적으로 대학에서의 학습활동은 앞에서 살펴본 논증의 확장된 형식을 구성하는 것에 머물지 않는다. 더 나아가서 이를 활용하여 학생들은 자신이 스스로 선택했거나 과제로 부여된 이슈나 문제들에 대한 자신의 생각을 더욱 자세하게 전개하여 하나의 글로써 완성해야 한다. 이러한 논증적인 글을 쓸 때에는 다음의 질문에 대한 답을 먼저 점검한 후에 글을 작성하는 습관을 기르도록 하자.

주장	▶ 주장의 성격이 설득을 목적으로 하는가? ▶ 주어진 현상(문제제기)으로부터 합리적으로 주장을 이끌어내는가? ▶ 가능한 반론에 대해서도 미리 고려하고 있는가?
논거	▶ 논거는 수용가능한가?(반례가 가능하진 않은가?) ▶ 주장과 논거는 밀접하게 관련되어 있는가? ▶ 주장을 충분하게 뒷받침하고 있는가? (다른 이유들이 있는가?) ▶ 주장에 대한 반박의 가능성도 고려했는가? ▶ 사실 논거와 소견(정당화)논거를 충분히 활용하였는가? ▶ 논거의 출처는 명확한가? 신뢰할 수 있는가? 대표적인가?

 **연습문제**

7. 다음의 예시글은 '대학의 의미와 역할'에 관한 각기 다른 관점에서 작성한 글의 일부이다. (가)와 (나)의 글을 읽고 각각의 질문에 답해보자.

(가)의 글을 읽고 글쓴이가 제시한 '대학교육의 시장화'가 야기한 문제들 중 하나를 지적하고 그것이 왜 '문제'라고 생각하는지를 서너 개의 간단명료한 문장으로 표현해보자.

(가)

시장 원칙을 고등교육의 모든 면에 갑자기 강제하는 것은 평등과 모든 사람을 위한 공공 교육의 가치에 대한 직접적인 공격이다. 이것은 기회의 평등에 등을 돌리고, 학생을 수입원으로 간주하고, 학과를 이익 중심점(profit centre)으로 만드는 행동이다. 대학은 대학에 소속된 사람들이나 대학이 봉사해야 할 사람들에 의해서가 아니라 구매력에 의해서 좌우될 것이다. 이것은 풍부하고 비판적인 교육 시스템을 위협할 것이다. 이미 여러 면에서 기업화되긴 했지만, 대학은 아직도 공공 기관이며, 인문학과 예술, 사회과학 학과들은 우리의 삶이 경제적 유용성에 따라 규정되어야 한다는 원칙에 도전할 수 있는 마지막 장소이다. 이런 비판을 할 수 있는 곳이 바로 이런 학과들이다.

우리는 이런 학과에서 이 원칙의 역사를 추적하고, 그 힘을 이론화하고, 그 파괴력을 계산하고, 예술과 영화와 시에 대한 관심을 표현할 수 있다. 이 분야들이 가장 많이 공격받고 있다는 사실이 놀랍지는 않다. 하지만 공공의 선과 공익을 위해 고등교육이 중요하다고 생각한다면, 사회정의로 가는 길에 고등교육이 반드시 필요하다고 생각한다면, 고등교육이 이해를 증진시키는 소중한 수단이라고 생각한다면, 우리는 고등교육의 공공 유산과 사고할 권리를 끝까지 지켜야 한다.

나탈리 펜튼 외, 『대학에 저항하라』(민영진 역), 시드페이퍼, 2012, 144쪽.

문제제기	
왜 문제가 되는가?	

(나)의 글을 읽고 글쓴이가 강조하는 '대학의 위기'의 논거를 제시하고 이 논거들이 타당한지에 대한 자신의 생각을 문장으로 작성해보자.

(나)

다가올 미래의 '대학의 종말'을 예고하며, 현재의 '대학의 위기'를 진단하는 사람들은 대학이 살아남기 위한 강도 높은 구조조정을 요구하고 있다. 그들은 교육의 실용성과 효율성을 살릴 수 있는 시장 경제적 관점에서의 교육 개혁이 필수적임을 주장한다. 오늘날 대학교육이 위기에 봉착하게 된 근본 원인은 어디에 있는가? 그것은 지금까지의 교육이 다가올 미래 사회에서의 변화된 인간의 삶을 고려하지 못하여 직업과 교육이 연계된 실용적인 학문을 도외시하는 방식으로 진행되었기 때문이다.

이러한 문제제기는 기존의 학문중심교육은 교육과 직업이 총체적으로 연관되어야 한다는 점을 도외시한 채 단순지식을 맹목적으로 주입하는 데만 치중해온 것에 대한 비판적 성찰이다. 또한 대학교육을 받았음에도 불구하고 졸업 후의 직업적 삶에 대비하지 못한 채 급변하는 사회 속으로 내던져질 수 있다는 학생들의 불안감과 위기감에 대한 공감이다. 이에 대학은 교육목표, 교육환경, 교육방식에 대한 전면적인 변화를 통해 교육이 결과적으로 직업과 삶에 도움이 되는 방식으로 이루어져야 하며, 이를 위해 삶, 또는 평생교육과의 관련성을 높이는 방식으로 교육의 방향을 새롭게 설정해야 한다.

쉼 없이 변하는 세상의 변화에 발맞춰나가려면 대학도 변해야 한다. 대학교육이 경제적 효율성에만 몰입되어 취업을 위한 응용학문만을 강조하는 방향으로 진행된다면 분명 문제가 있으나, 교육을 통한 직업과 삶과의 연계성 강화에 대한 교육현장에서의 학생들의 외침과 기업과 사회의 요구를 지나친 산업화와 상업화라는 명분만으로 도외시하는 것도 독단적일 수 있다. 대학교육은 급변하는 미래사회를 살아가야만 하는 학생들에게 교육을 통해 미래의 삶을 대비할 수 있는 실용적인 역량을 키워주어야 할 시대적, 사회적 의무가 있다.

김화경, 「역량기반 교육과정 고찰 및 창의융합역량 강화를 위한 통합적 글쓰기 운영방안 연구」, 『대학작문』 19호, 2017, 130~131쪽.

글쓴이의 논거	
나의 생각	

연습문제

8. 위의 연습문제 7의 (가), (나)의 예시글과 다음의 (다)의 예시글을 읽고 "현대 사회와 대학문화"를 글감으로 자신의 주장을 논증적 글쓰기로 작성해보자.

(다)

　학생들의 기말보고서가 메일박스에 쉴 새 없이 밀려들어오는 바쁜 학기 말이 기다려질 때가 있다. 수업시간에 고민해보라고 던져준 질문에 대한 학생들의 독창적인 생각이 담긴 수백개의 글을 쌓아놓고 하나씩 읽어가다 보면 가끔 번득거리는 날카로운 단어나 문장과 마주칠 때가 있다. 정말 짜릿한 순간이 아닐 수 없다.

　하지만 지난 학기는 사정이 달랐다. 학생들이 쓴 글의 수준은 물론 그 속에 담긴 사고의 독창성마저 전반적으로 떨어졌기 때문이다. 지난 학기에 무슨 일이 있었던 것일까? 내가 수업을 잘못했던 것일까? 학생들이 전체적으로 게을러진 것일까? 그렇지 않다. 과제보고서를 쓰는 가장 손쉬운 방법에 학생들이 휩쓸렸다는 사실을 발견했다. 거의 모든 학생들이 'http://www.' [웹 자료]을 이용하여 자료조사를 했던 것이다.

　인터넷에서 찾아낸 정보를 짜깁기한 보고서를 찾아내는 일은 어렵지 않다. 일단 참고문헌 목록에 책이 하나도 들어있지 않다. 그리고 참고문헌 목록을 보면 이상하게도 오래된 자료들이 우선순위에 올라있다. 또 다른 단서로는 텍스트 본문 속에 들어간 깔끔한 사진과 도표들이다. 물론 인상적이긴 하지만 (…) 실제로 글에서 말하고자 하는 주제와 별로 관련이 없는 경우가 많다.

　나는 [학생들이] (…) 오늘날 세상을 살아가는 것이 어떤 의미인지 생각하길 바란다. 어떤 것들은 우리가 따라잡기 힘들 정도로 점점 더 빠르게,

더 쉽게 얻을 수 있게 되는 반면, 연구를 하거나 글을 쓰는 것과 일들은 여전히 어려운 일로 남아있다. 글을 쓰고 연구를 하는 과정 속에서 우리는 많은 것을 배울 수 있다. 지식은 진공상태에서 솟아나지 않는다. 하지만 우리가 지속적으로 사고할 수 있으려면 말없는 침묵과 텅 빈 공간이 필요하다. 다음 학기에 학생들에게 잠시만이라도 눈부신 모니터를 끄고 생각을 해보라고 말해야겠다.

조셉 윌리엄스, 그레고리 콜럼, 『논증의 탄생』(윤영삼 역), 크레센도, 2021, 153쪽.

참고문헌

김화경, 「역량기반 교육과정 고찰 및 창의융합역량 강화를 위한 통합적 글쓰기 운영방안 연구」, 『대학작문』 19호, 2017.

나탈리 펜튼 외, 『대학에 저항하라』(민영진 역), 시드페이퍼, 2012.

조셉 윌리엄스, 그레고리 콜럼, 『논증의 탄생』(윤영삼 역), 크레센도, 2021.

페테 비에리, 『삶의 격- 존엄을 지키며 살아가는 방법』(문향심 역), 은행나무, 2014.

"현대사회와 정신건강", 경기대뉴스(2023.10.3.),
　　　http://kgunews.com/news/view.php?idx=4508&mcode=m71npmf.

박인영, "로테르담에선 가난한 청년이 비싼 옷 입으면 경찰이 벗긴다", 연합뉴스(2018.1.21.), https://www.yna.co.kr/view/AKR20180121018600009.

4

개요쓰기

학습목표
- 글쓰기의 과정을 이해한다.
- 글의 개요를 작성할 수 있다.

1 글쓰기 과정과 개요쓰기

글쓰기를 재능이라고 믿는 사람들은 흔히 '일필휘지(一筆揮之)'라는 환상을 갖고 있다. 타고난 재능으로 한번 붓을 들어 내리쓰면 곧 한 편의 글이 완성된다는 것이다. 그러나 그 어떤 천재도 한 번에 내리쓴 것으로 완성된 글을 얻을 수 없다. 옛 문인들이 타고난 재능을 자랑하기 위해 노력의 과정을 숨긴 것이 글쓰기에 대한 그릇된 환상을 만들어냈던 것이다. 그래서 한승원은 글을 잘 쓰는 사람들이 자신의 천재성을 드러내기 위해, "나는 시문을 지으면서 이미 쓴 것을 고쳐 쓰거나, 그 가운데서 어느 부분을 잘라내는 등의 다듬는 일은 전혀 해본 적이 없어. 나는 처음에 한 번 휘갈겨 써놓으면, 그것으로 끝이거든. 그리고는 깨끗이 잊어버리지."와 같이 허세를 부린 말들에 대해, 모두 '거짓말'이라고 단호하게 주장했다.

글은 일반적으로 다음과 같은 과정을 거쳐 한 편의 글로 구성된다. 각각의 단계는 그 단계에 필요한 많은 노력들을 요구한다. 글쓰기 과정은 다음과 같다.

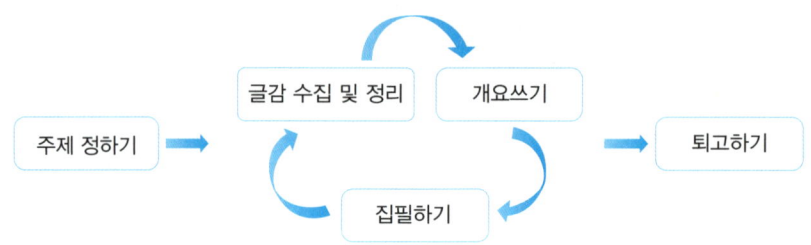

글을 쓰는 각각의 과정들은 앞으로만 나아가는 일방향성을 거부한다. 각각의 과정들은 필요에 따라 얼마든지 이후의 과정으로 되돌아갈 수 있는 회귀성을 갖고 있다. 글감을 수집한 이후 개요를 쓰고 집필을 하다가도 다시 새로운 글감을 추가할 수 있다는 것이다. 따라서 글을 쓰는 과정은 곧 세부 단계들의 상호역동적인 관계를 통해 이루어진다고 할 수 있다.

글쓰기 과정의 역동성은 개요쓰기 단계를 중심으로 이루어진다. 개요쓰기는 이전의 글쓰기 과정을 검토하고 이후의 과정을 기획하는 단계다. 주제를 정하고 글감을 마련하는 과정을 충실하게 밟았다면 개요쓰기는 더욱 수월하게 진행될 수 있으며, 이러한 개요쓰기는 더욱 심화된 집필과정을 이끌어낼 수 있다. 그러므로 개요를 잘 쓸 수 있다는 것은 곧 한 편의 글을 쓰기 위한 노력을 아끼지 않았다는 사실을 보여주며 더 나아가 좋은 글을 쓸 수 있는 준비가 되었다는 것을 암시한다고 할 수 있다.

2 개요의 요소

개요는 다음과 같은 세 가지 사항을 포함하고 있어야 한다.

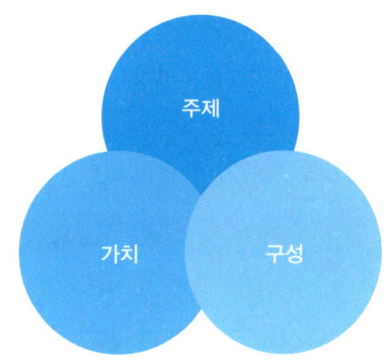

첫째, 개요는 글의 주제를 일관되고 통일되게 표현해야 한다. 즉, 개요에 제시된 주제문과 그것을 표현하는 글감이 유기적으로 연결되어 있어야 한다는 것이다. 이때 주제문은 개요 전체를 아우르는 기준이 된다. 그런데 사람들은 글을 쓸 때, 주제는 대충 정하고 쓰기부터 하는 경우가 많다. 이는 주제의 중요성을 간과했기 때문에 일어난 것이다. 주제를 잘 포착하면 즉, 글을 통해 전달하고자 하는 바를 분명하게 하면 글은 그만큼 쉽게 쓸 수 있다.

주제는 다음과 같은 요건들을 고려해서 정해야 한다.

주제 선정의 요건

▶ 글쓴이의 능력으로 해결할 수 있는 주제를 선택하라.
▶ 독창적이고 참신한 주제를 선택하라.
▶ 독자에게 관심과 흥미를 줄 수 있는 주제를 선택하라.
▶ 범위가 구체적인 주제를 선택하라.
▶ 애매모호하지 않고 명확한 주제를 선택하라.

 연습문제

1. 다음 주제문의 적절성에 대해 논의하시오.

• 애국심이 소비자의 구매 심리에 미치는 영향
• 우리에게는 빛이 있다.
• 외국인 노동자에 대한 편견을 버려야 한다.
• 자연을 보호해야 한다.
• 기업은 사회적 책임을 다해야 하는가?

둘째, 개요는 글의 가치에 대한 인식을 포함해야 한다. 글은 독자에게 읽는 즐거움을 줄 수 있어야 한다. 독자는 진부한 주제 혹은 이미 자신이 알고 있는 내용 등에 대해서는 흥미를 갖지 못한다. 새롭게 알게 된 내용 혹은 예상하지 못했던 새로운 발상 등이 독자에게 감동을 줄 수 있다. 글의 형식적 측면이 완벽함에도 불구하고 독자들에게 별다른 감흥을 주지 못하는 글은 글의 가치에 대한 인식이 부족하기 때문이다. 개요쓰기 단계에서는 특히, 내용과 관련된 글의 가치를 검토하고 기획할 수 있다. 글의 가치를 실현하기 위해서는 다음의 사항들에 대해 검토해야 한다.

글의 가치를 실현하기 위한 요건

▶ 새로운 주제를 선택하라.
▶ 대상에 대한 새로운 관점으로 포착된 주제를 선택하라.
▶ 새로운 글감을 마련하라.
▶ 창의적 시선으로 새롭게 변형된 글감을 마련하라.

 연습문제

2. '글의 가치' 측면에서, 다음 개요의 문제점에 대해 논의하시오.

주제문 : 미세먼지를 줄이자.

서론
- 매년 봄이 되면 미세먼지가 극성을 부린다.
- 미세먼지가 인간에게 많은 피해를 준다.
- 문제제기 : 미세먼지를 줄여야 한다.

본론① : 미세먼지에 대한 개념 설명과 피해 상황
- 미세먼지는 입자가 매우 작은 먼지를 말한다.
- 미세먼지가 호흡기를 거쳐 폐 등에 침투하거나 혈관을 따라 체내로 이동하여 인간에게 피해를 준다.

본론② : 미세먼지 발생 원인
- 석유, 석탄 등과 같은 화석연료를 태울 때 발생한다.
- 자동차 등의 배출가스에서 발생한다.

본론③ : 해결방안
- 공장이나 발전소에서 청정연료 등을 사용해야 한다.
- 자동차 매연 가스를 줄여야 한다.

결론
- 인간의 편의를 위해 시작된 산업으로 인해 결국 인간이 피해를 입는다.
- 우리의 건강을 지키기 위해 미세먼지를 줄여야 한다.

셋째, 개요는 글의 구성을 보여주어야 한다. 글을 통해 전달하고자 하는 주제를 더욱 효과적으로 전달하기 위해서는 글의 구성이 긴밀하게 이루어져야 한다. 일반적으로 사용되는 구성 전략으로는 시간적 구성, 공간적 구성, 나열식 구성, 문제해결형 구성, 반론형 구성 등이 있다. 구성에 대한 자세한 설명은 〈글의 구성〉 부분에서 구체적으로 살펴볼 것이다.

3 개요쓰기 방법

개요를 꼼꼼하게 쓸수록 집필은 수월해진다. 그렇다면 개요는 어떻게 작성하는 것이 좋을까? 개요를 쓸 때는 구체성, 단계성, 통일성을 염두에 두어야 한다.

첫째, 개요는 구체적으로 작성해야 한다. 앞에서 언급했던 것처럼, 개요는 이전의 과정을 정리하고 이후의 과정을 기획하는 단계다. 〈주제 정하기〉, 〈글감 수집 및 정리하기〉의 과정을 개요쓰기 단계에 구체적으로 반영할 때, 개요는 집필을 위한 훌륭한 안내문이 될 수 있다.

연습문제

3. '집필하기' 과정을 염두에 두고, 다음 개요 (가)와 (나)를 비교하시오.

(가)
주제문 : 공익광고의 편향성

서론
- 공익광고의 정의
- 문제제기

본론① : 편향된 공익광고의 문제점
- 선거 관련 공익광고
- 서울 지하철 공익광고

본론② : 해결 방안
- 광고제작자의 관심과 참여
- 정부의 지원

결론
- 요약 및 공익광고의 편향성 근절 촉구

(나)
주제문 : 해양동물 보호에 더욱 힘써야 한다.

서론
- 해양보호구역 현황 : 전체 바다 면적의 61%인 공해가 인류의 이윤 추구 활동으로부터 보호받지 못하고 있음. 공해를 보호할 수 있는 국제 협약이 부족하기 때문. 해양보호구역은 해양동물을 보호할 수 있는 가장 효과적인 방법임에도 전 세계 바다의 2%에 불과.("해양보호", 그린피스 캠페인 참고)
- 해양동물 보호에 대한 문제 제기 : '야생동물 보호'라는 말을 들으면 육상동물을 먼저 떠올림. 하지만 해양동물에도 관심을 기울일 필요가 있음.

본론① : 해양동물을 보호해야 하는 이유
- 해양동물을 보호하는 것은 기후변화의 영향으로부터 인류를 보호하는 데 도움을 줌
  : 지구에 존재하는 절반 이상의 생물 탄소는 해양 생물체에 저장되어 있음. 특히 고래의 경우 일생 동안 이산화탄소를 평균 33t씩 저장함. 죽은 후에도 이산화탄소를 저장한 채로 해저로 가라앉음.
- 해양동물의 경제적 중요성
  : 해양동물 보호에 관심이 없는 우리의 행동이 해양동물의 개체 수를 감소시킴. 이러한 사태는 어획량 감소, 관광사업 감소 등과 같이 경제적인 문제도 야기함. 따라서 해양의 생태계를 지키는 것은 경제적 이익을 지키는 것. (바다의 3분의 1 이 "보호구역"이 돼야 하는 이유, 그린피스, 2020년 3월 10일)

본론② : 해양동물 보호가 원만히 이루어지지 않는 원인과 해결방안
- 원인
  - 무분별한 어업 : 국제법으로 규제하고 있는 고래잡이는 '더 많은 물고기를 잡기 위해'라는 이유로 무분별하게 시행됨. 상어는 1시간당 1-3만 마

　　　　리가 부수 어획으로 죽음. 고래와 상어는 상위포식자로 바다의 먹이사슬을 건강하게 유지하는 중요한 생명체임. 무분별한 어업 문제는 해산물의 판매를 촉진하는 협회가 환경단체를 지원하고 있기 때문에 수면 위로 드러나지 않음. ("씨스피라시", 다큐멘터리 영화, 2021년 3월 24일)
　　– 어업의 폐기물 : 우리는 바다 쓰레기의 대부분이 플라스틱 일회용품이라 생각하지만, 바다 쓰레기의 46%는 어업에 쓰이는 그물임.
　　– 사람들의 관심 부족 : 해양동물의 멸종위기에 적극적으로 대응할 필요성은 인지하면서도 보호구역이나 보전기관에 대한 관심이 낮게 나타났음. (이범석, 권석재, 김태균, "해양동물 보전을 위한 서식지 외 보전기관에 대한 대중의 인식조사에 관한 연구 - 국립해양 박물관사례를 중심으로," 6-7쪽 참고)
● 해결방안
　　– 어업에 대한 규제, 어업 폐기물 관리
　　– 해양보호구역을 30% 이상으로 늘리는 캠페인 지지

결론
● 문제, 원인, 해결방안 요약
● 해양동물을 보호해야 하는 이유를 바탕으로 해양동물 보호에 관심을 가질 것을 요구

　둘째, 개요는 단계성을 보여주어야 한다. 글은 그림처럼 한눈에 제시되는 것이 아니다. 시간성에 기초한 선조(線條)적 흐름을 통해 독자에게 제시된다. 따라서 〈서론-본론-결론〉 혹은 〈기승전결〉 등과 같은 글의 단계성에 대한 이해가 필요하다. 아무런 맥락 없이 글의 핵심 내용 즉 본론부터 제시된다면, 독자의 가독성은 떨어질 수밖에 없다.

　먼저, 서론의 역할에 대해 알아보자. 서론은 독자의 호기심을 이끌어내는 도입 부분과 글에서 논의하고자 하는 논점을 제시하는 부분으로 구성되어 있다. 글은 독자와의 소통을 전제로 할 때만이 존재할 수 있다. 아무리 잘 쓴 글이라도 독자가 읽지 않는다면 아무런 소용이 없다. 서론은 이러한 소통의 역할을 적극적으로 실현하는 부분이다.

> **연습문제**

4. 다음 예문을 서론으로 활용하고자 한다. 서론의 일반적 기능을 염두에 둘 때, 서론으로 활용된 다음 예문의 문제점에 대해 논의하시오.

　축구선수들의 등번호는 주전 골키퍼가 1번인 식으로 포지션에 따라 대략 정해져 있다. 하지만 1부터 일련의 번호를 매기지 않고 중간에 빈 번호를 두면서 특정 번호를 부여하는 경우도 있다. 대표적인 예가 데이비드 베컴의 등번호 23이다. 베컴은 2003년 맨체스터 유나이티드에서 레알 마드리드로 옮긴 후 23번을 달았고, 2007년 LA 갤럭시로 이적한 후에도 23번을 고수했다. 어떤 해석에 따르면 전설적인 농구선수 마이클 조던의 등번호가 23번이었기에, 미국 팬들을 유럽 축구로 유인하기 위한 전략이라고 한다. 그렇지만 수학에 관심 있는 사람들은 23이 소수라는 점에 주목한다.
　'소수素數'는 2,3,5,7,11,13, …과 같이 1과 자기 자신으로만 나누어떨어지는 수를 말한다. 소수에 해당하는 영어 단어는 prime number인데, prime에는 '중요한'이라는 뜻이 있다. 따라서 데이비드 베컴이나 마이클 조던처럼 팀에서 중요한 역할을 하는 선수는 중요한 수인 소수를 등번호로 선택한다는 해석이 가능하다.

(박경미, 『수학콘서트 플러스』 중에서)

　다음은 결론에 대한 이해다. 결론은 대부분 본론의 내용을 요약하고 앞으로의 전망을 제시하는 것으로 구성되어 있다. 특히, 결론의 요약 부분은 서론에서 제기했던 문제에 대한 답변이 된다. 흔히 결론은 요약과 전망으로 이루어졌기 때문에 그 중요성이 간과되기도 한다. 왜냐하면 핵심 내용은 이미 본론에서 모두 논의했기 때문이다. 그러나 다소 지루할 수 있는 논의만 전개한 채 끝내는 것보다는 요약하면서 중요한 부분을 다시 한 번 강조해주는 것이 필요하다. 왜냐하면 마무리 부분의 강렬함은 글 전체에 대한 호감을 끌어올리기 때문이다.
　본론의 서술 방식은 〈글의 구성〉 부분에서 구체적으로 살펴볼 것이다.

 연습문제

5. 다음은 결론이 없는 글이다. 앞부분을 잘 읽고 이에 어울리는 결론을 서술하시오.

　패션에 대한 관심이 나날이 높아가는 현시대에 세계적으로 인정받고 존경받는 패셔니스타가 되기 위한 가장 쉬운 방법은 옷을 사지 않는 것이다. 정확하게 말하자면, 패스트 패셔니스타가 아닌 슬로우 패셔니스타가 되야 한다. 패스트패션이란 비교적 간단한 구매 의사 결정 과정을 거쳐 구매되고 단기간에 소비되며 쉽게 폐기 처분될 수 있는 제품으로 저렴하면서도 빠르게 바뀌는 유행을 즉각 반영한 상품을 의미한다. 패스트패션을 사업의 방향성으로 설정한 의류 회사는 최신 유행에 민감하게 반응하기 때문에 1~2주일 정도의 간격으로 신제품을 출시하고 있다. 빠르게 생산되고 버려지는 패스트패션은 패션업계뿐만 아니라 직접적으로 연관되어 있다고 상상할 수 없었던 분야에까지 상당한 파장을 준다.

　첫째, 패스트패션은 패션의 가치와 의미를 끝없이 퇴색시킨다. 개성과 완성도 있는 패션보다는 상품의 빠른 회전율과 최신 유행에 부합하는 패스트패션만을 선호하는 의류 회사들 간의 표절 다툼은 시간이 지날수록 더욱 심화하고 있다. 대표적인 표절 다툼의 예로는 이탈리아 대형 의류 회사인 구찌와 미국 패스트패션 의류 회사인 포에버21 간의 배색 줄무늬 상표권 소송이 있다. 이러한 패스트패션 의류 회사와 관련된 상표권 소송 문제는 단순히 패스트패션 회사만의 문제점이 아니다. 본질적으로 상표권 소송이 발생할 수밖에 없는 환경을 제공한 패스트패션 자체에 문제가 있는 것이다. 즉, 패스트패션은 패션의 가치를 쉽게 사서, 쓰고, 버리는 패션으로, 일종의 일회성 소모품으로 전락시켰다.

　둘째, 패스트패션은 지구의 오염을 가속화하여 인류의 멸망을 촉발한다. 패스트패션의 방향성은 멀게 느껴지는 환경보다는 가까이 느껴지는 최신 유행을 더 중요시한다. 이로 인해 상품이 만들어지는 과정에서 매년 엄청난 양의 물이 소비되고, 동시에 버려지는 폐기물의 양도 증가한다. 예를 들어, 청바지 한 벌을 만드는 데 약 7000리터의 물이 사용되는데, 이 양은 4~5인 가족의 일주일 물 사용량이다. 또한, 매년 버려지는 의류 양이 2016년 기준으로 259톤으로 약 7억 벌이다. 이 옷 한 벌당 자연분해 되는 데 걸리는 시간은 수십에서 수백 년이다. 하지만 분해된다고 하더라도 깨끗했던 원래의 환경으로 완벽히 복구되지 않을 뿐더러 시간이 지나도 분해되지 않는 성분의 의류도 있다. 이것이 바로 패스트패션이 인간의 삶에서 패션과 환경의 우선순위를 바꾼 결과이다.

셋째, 패스트패션은 노동자의 권리를 보호하지 않는다. 의류 제품을 만드는 패스트패션 회사의 하청업체들은 회사가 제시한 촉박한 납품 기일과 납품 단가를 맞추기 위해 방글라데시, 캄보디아, 파키스탄 등 동남아시아 노동자들을 대거 고용한다. 동남아시아 노동자들이 상대적으로 매우 낮은 노동 임금과 열악한 노동 환경에서도 일하는 이유는 패스트패션 회사의 하청업체가 이들에게는 생계를 이어갈 수 있는 몇 안 되는 일자리이기 때문이다. 열악한 노동 환경에서 일하는 과정에서 크고 작은 안전사고들이 많이 발생하는데도 불구하고 패스트패션 회사들은 이를 외면한 채 노동자의 권리보다 패션의 유행과 소비자의 관심에 더 치중한다. 이러한 점을 미루어 볼 때 패스트패션의 발전은 노동자의 인권과 반비례한다고 볼 수 있다.

(학생글)

셋째, 개요는 통일성을 드러내야 한다. 개요에 서술된 내용은 주제문과 긴밀한 관련성을 내포해야만 한다. 개요에 서술된 모든 세부적인 사항들이 주제문을 중심으로 하나의 전체를 이룰 때, 비로소 글의 내용을 명확하게 독자에게 전달할 수 있다.

 연습문제

6. 통일성 측면에서 다음 개요의 문제점에 대해 논의하시오.

주제문 : 국산품 애용이 곧 애국은 아니다.

서론
- 자국 경제를 위하여 정부 차원에서 '국산품 애용'을 장려하는데 이는 오히려 수입개방시대에 뒤떨어지는 정책이다. 또 이를 악용하는 기업도 문제가 되고 있다.

본론① : 국산품 애용이 국가에 끼치는 긍정적 영향
- 국내 경제를 살릴 수 있다.
- 국민 감성을 자극해 애국심을 일으켜 광고를 하는 데 효과를 얻을 수 있다.
- 외제품만을 추구해 외국 기업에 의존하는 사태를 막을 수 있다.

본론② : 국산품 애용 정책의 비합리성
- 시대는 변했다. 세계는 하나의 개방된 경제시장이다. 따라서 맹목적인 국산품 소비보다 제품의 합리성을 따져 현명한 소비를 하는 것이 필요하다.
- "국산품 애용 = 애국자"를 강조해 품질 불량, 고가 정책을 펴 소비자를 속이는 기업이 속출하고 있다.
- 안일한 제품 개발로 인해 국내 업체의 경쟁력이 하락하고 있다.

결론
- 개방된 경제 시장을 맞이한 현대 사회에서 국산품만을 애용하자는 정신은 문제적이다.
- 국산품, 외제품을 떠나 자신에게 필요한 제품이 무엇인지를 파악해 합리적인 소비를 하는 것이 중요하다.

4 글의 구성

추리소설은 항상 현재의 사건을 먼저 제시하고 이 현재의 사건을 가능하게 했던 과거의 원인을 밝히는 방향으로 내용이 전개된다. '현재에서 과거로'라는 거꾸로 된 시간의 흐름에 따라 글의 내용을 배열하는 것이 곧 추리소설의 장르적 특성이다. 이처럼 내용을 구성하는 방식은 중요하다. 다양한 글쓰기 구성 방식 가운데, 비교적 많은 사용되는 몇 가지 구성 방식에 대해 살펴보도록 하겠다.

첫째, 나열식 구성 방식이다. 유사한 현상들의 나열, 하나의 현상을 가능하게 했던 다양한 원인들의 나열, 사물의 다양한 특징들의 나열 등을 서술할 때 많이 사용되는 구성 방식이다. 형식적인 측면에서 독자에게 즐거움을 주기 어려운 형식이기 때문에 무엇보다도 내용의 독창성이 강조되는 구성 방식이다. 이때 중요한 것은 나열되는 항목들 간의 관계가 서로 대등한 관계를 유지해야 한다는 것이다.

> **연습문제**
>
> 7. '글의 구성' 측면에서, 다음 글의 특징에 대해 논의하시오.
>
> 유시민의 '영업비밀'이자 '감동비밀'은 서문에서부터 시작된다. '글쓰기가 두려운 그대에게'라는 제목을 달고 있는 『유시민의 글쓰기 특강』의 서문은 유시민이 그동안 썼던 글의 특징을 요약해서 보여준다.
>
> 첫째, 유시민의 글에는 항상 반전이 있다. "유시민이 소개하는 유시민"의 처음은 이렇게 시작한다. "대학에서는 경제학을 공부했다. 그렇지만 사는 것은 전공과 별 상관이 없었다." 유시민의 글은 이런 식이다. '경제학'이라는 어휘가 주는 맥락을 생각하고 있던 독자들은 "별 상관이 없었다."라는 구절에 당혹감을 느낀다. 독자는 유시민의 글을 보기 전에 자신의 사고 습관을 깰 준비를 해야 한다. 어디로 뛸지 모르는 불안. 그러나 그 불안의 끝에는 이전에 경험해보지 못했던 새로운 인식의 지평이 존재한다. 통념과 상식에 대한 반전의 글쓰기가 유효할 수 있는 이유다.

둘째, 유시민의 글은 참 쉽다. 여러 가지 이유가 있을 수 있다. 그러나 나는 무엇보다도 유시민이 비유를 잘 활용하기 때문이라고 생각한다. 은유, 환유, 제유 등은 문학을 조금이라고 공부해본 사람이라면 너무 난해하다고 골머리를 앓는 용어들이다. 하지만 원래 비유는 잘 모르는 것을 잘 아는 것에 빗대어 표현하는 것이다. "호랑이 선생님"이라는 비유는 그 선생님을 모르는 사람도 선생님이 대충 어떤 사람인지를 알게 한다. 유시민의 책은 이러한 비유의 힘을 잘 보여준다. 서문에서 유시민은 글쓰기에 대해 이렇게 말한다. "글쓰기는 …… 자동차 운전과 비슷하다." 운전을 할 줄 아는 독자라면 좀더 쉽게 글쓰기를 이해할 수 있지 않을까?

셋째, 유시민은 자신의 경험을 진솔하게 표현한다. 특히, 겸손을 동반한 솔직함은 사람들에게 감동을 준다. 유시민은 이 책이 기획된 이유를 이렇게 말했다. "정치를 하는 동안 나를 힘껏 후원하고 꾸준히 자원봉사를 해주었던 시민들의 자녀들에게 그 강연을 들려주려고 했다. 크게 이룬 것 없이 훌쩍 떠나버린 게 미안해서 그렇게라도 보답하고 싶었다." 다른 글쓰기 책들과 구별되는 집필 기획은 유시민의 구체적 경험에 근거했기 때문에 가능했다. 그리고 "힘껏 후원하고 꾸준히 자원봉사를 해주었던", "이룬 것 없이 훌쩍 떠나버린"에서 엿볼 수 있는 '남'을 높이고 '나'를 낮추는 겸손은 독자들로 하여금 유시민이 구축한 글 세계에 아무런 거리낌 없이 빠져들게 한다.

넷째, 유시민의 글에는 세상을 따뜻하게 바라보는 시선이 있다. 세상에 대한 스토리텔링에 따라 세계는 다르게 인식된다. 부채장수와 우산장수를 아들로 두었던 어머니가 근심과 걱정으로 날을 보내다가 어느 날부터 웃으면서 살 수 있었던 이유는 간단하다. 긍정의 이야기로 세상을 인식했기 때문이다. 유시민은 날 선 비판가로 유명하다. 하지만 그의 비판이 공감을 얻을 수 있었던 이유는 세상에 대한 긍정의 이야기를 함축하고 있기 때문이다. "글 잘 쓰는 비결이 있나요?" 글을 잘 쓰지 못해, 이 책을 펼치는 독자에게도 유시민은 긍정의 메시지를 보내고 있다. "글쓰기, 그대도 할 수 있습니다." 나는 유시민이 말하면 믿음이 간다. 아마도 유시민이 보여준 긍정의 힘을 믿기 때문일 것이다.

(송명진, 「글을 잘 쓰는 비결은 진부하다 : 『유시민의 글쓰기 특강』(생각의 길, 2015)을 읽고」)

둘째, 문제해결형 구성 방식이다. 일반적으로 이 구성은 '현상 제시, 원인 파악, 해결 방법'의 순서로 이루어진다. 글의 의도에 따라서 원인 파악에 더욱 집중하는 글(현상-원인) 혹은 해결 방법에 더 강조점을 두는 글쓰기(현상-원인-해결)가 이루어질 수도 있다. 각 부분은 다음과 같은 조건을 충족시킬 때 더욱 전문성을 갖출 수 있다.

먼저 문제되는 현상 제시와 관련된 부분이다. 문제가 되는 현상은 공정하고 객관적인 관점에서 제시해야 하며 논의할 만한 가치가 있는 것이어야 한다. 그러나 논의를 위해 현상을 과도하게 부풀리면 글의 신뢰성을 의심받게 된다. 다른 사람들은 생각하지 못했던 사항을 문제화하는 능력 즉, 문제설정 능력은 이 현상 제시 부분에서 엿볼 수 있다, '문제화된 현상'도 중요하지만 '현상을 문제화하는 능력'이 더욱 요구되는 부분이다.

다음, 문제되는 현상의 원인 분석은 구체적이고 치밀하게 이루어져야 한다. 문제해결형 글쓰기에서 가장 핵심적인 사항은 바로 이 원인 분석이다. 원인에 대한 치밀한 분석이 이루어진다면, 이에 대한 해결책은 자연스럽게 제시될 수 있기 때문이다. 사태의 원인에 대한 진단 없이 해결책만을 제시한다면, 그 해결책에 대한 독자의 납득은 어려울 수밖에 없다.

끝으로 해결책은 추상적인 해결책과 구체적인 해결책으로 구분된다. 사람들이 어떤 현상에 대한 심각성을 인지하지 못할 때, 글은 대부분 문제되는 현상 제시와 그 원인 파악에 집중하는 경향을 띤다. 이때 해결책은 단순히 정부의 대책을 호소하거나 의식의 캠페인 전개 및 교육 등과 같은 추상적인 사항으로 이루어지는 경우가 대부분이다. 반면에 해결책에 집중하는 글은 해결책 자체가 매우 구체적이고 치밀하게 이루어져 문제의 원인을 근본적으로 해결하는 데에 직접적인 도움이 된다.

 연습문제

8. '문제해결형 글쓰기 구성'의 관점에서, 다음 개요의 문제점에 대해 논의하시오.

주제문 : 시청자를 기만하는 인터넷 방송 뒷광고를 막아야 한다.

서론: 뒷광고에 관하여.
- SNS가 발달하면서 인터넷 방송을 보는 사용자가 눈에 띄게 많아지고 있다. 그로 인해 우리나라 방송산업의 시장 규모는 꾸준히 커지고 있는 중이다. 인터넷 방송이 크게 성장하면서 그 파급력을 뒷광고로 악용하는 유명 '유투버'들이 생겨났다. 뒷광고란 돈을 받고 제품이나 브랜드를 홍보하면서도 광고임을 고지하지 않는 콘텐츠를 말한다. (유튜브 뒷광고 문제, 어떻게 풀 것인가 - 금준경 2쪽 인용)

본론① : 뒷광고의 문제점
- 바르고 유용한 정보를 제공함으로써 공정한 거래 질서를 확립하고 소비자를 보호하는 공정거래위원회의 소관 법률을 어기는 행위이기 때문에 뒷광고는 문제가 된다.
- 인터넷 방송인들은 소비자들에게 생각보다 더 많은 영향을 끼치고 있으며 그들이 사람들의 소비 생활에 어느 정도 관여하고 있다고 해도 과언이 아니다. 그렇기 때문에 인플루언서 마케팅에 있어 광고 표기는 정말 중요한 문제이다. (〈이선표의 시사 칼럼〉 실시간 검색어를 장악한 '뒷광고' 인용)

본론② : 뒷광고를 막기 위한 해결방안
- 콘텐츠 소비자들을 속이는 기만적인 행위들에 대한 지속적인 규제가 필요하다고 생각한다. 그렇지만 공정거래위원회가 하루하루 늘어가는 인터넷 방송인들과 플랫폼을 막기는 불가능하기 때문에 일방적인 규제 활동보다는 업계의 자율규제, 법에 대한 상세한 내용을 인플루언서들에게 전달하는 캠페인, 교육 활동이 함께 있어야 한다. (장대규 한국인플루언서산업협회장 일문일답 인용)

결론
- 본문 내용을 요약하고 현재까지 공정거래위원회가 내세운 규제들을 나열하고 해결방안을 다시 한 번 강조

셋째, 반론형 구성 방식이다. 반론형 구성 방식은 상식 혹은 통념에 저항하는 글쓰기에 주로 사용되는 글의 구성이다. 따라서 이러한 글은 반론의 대상이 되는 내용을 우선 제시하고, 반론의 이유 및 근거를 제시하면서 자신의 논지를 강화한다. 특히, 반론의 대상을 명확히 보여줄 때, 글의 주제가 잘 드러난다.

 연습문제

9. '반론형 구성'의 관점에서, 본론②의 개요를 구체적으로 작성하시오.

주제문 : 소년범 처벌을 강화해서는 안 된다.

서론
1. 소년법 내용
   - 소년법은 반사회성이 있는 소년에 대해 그 환경의 조정과 성행(性行)의 교정에 관한 보호처분을 하고 형사처분에 관한 특별조치를 함으로써 소년의 건전한 육성을 기하기 위해 제정된 법률. 여기서 소년은 19세 미만의 자로 규정하고 있으며, 연령에 따라 범법소년(10세 미만), 촉법소년(10세 이상 14세 미만), 범죄소년(14세 이상 19세 미만)으로 구분.
2. 청소년 범죄율 현황
   - 최근 형사사건 소년사범은 매년 증가하는 추세를 보이고 있음.(2021년 55,854명, 2022년 61,542명, 2023년 67,201명 : e-나라지표, 「범죄유형별 형사사건 처리현황-소년사범」)
3. 문제제기
   - 소년법 폐지 혹은 소년사범 처벌 강화에 대한 논의가 대두되고 있다.

본론① : 소년범 처벌 강화 찬성론자
1. 소년법 폐지 혹은 소년범 처벌 강화
   (1) 법의 현실적 적용과 관련. 과거에 비해 청소년의 정신적, 육체적 성장이 빨라지고 있음. 그래서 소년범들이 법의 배려를 악용하는 사례가 늘고 있음. 법망을 피해갈 수 있는 계획범죄, 고의 범죄가 늘고 있음. 과거의 법적 체계로 현재를 재단하는 것은 문제적임.

(2) 법의 형평성에 문제가 있음. 청소년들도 자신들의 범죄에 대해 책임을 져야 함. 나이가 어리다는 이유만으로 형량을 감소하는 것은 모순임.
(3) 범죄 예방 효과를 고려해야 함. 나이가 어리다는 이유로 처벌을 제대로 하지 않을 경우 재범의 위험이 높아짐. 따라서 처벌에 의한 범죄 예방 효과가 낮아짐.

본론② :
- 소년범 처벌 강화 찬성론에 대한 반박

_____
_____
_____
_____
_____
_____

결론 : 처벌만이 능사가 아니다. 소년범은 범죄자 이전에 우리 사회가 보호해야 할 청소년이라는 사실을 잊어서는 안 된다. 이들이 우리 사회의 한 구성원으로 올바로 성장할 수 있도록 격려하고 배려해야 한다.

5 개요쓰기의 실제

 연습문제

10. 다음 제시된 핵심어에서 하나를 골라, 관련된 개요를 주어진 조건에 맞게 구체적으로 작성하시오.

복지, 진화, 방송, 영화, 문학, 역사, 가족, 동물, 융합, 교육, 예술, 질병, 대학, 환경, 일상, 교통, SNS, 에너지, 소문, 전쟁, 자본주의, 윤리, 종교, 기업, 이념

조건

- 글의 종류 : 주장하는 글
- 글의 분량 : 1500~1600자(A4 한 페이지)

작성된 개요를 다음의 사항에 따라 검토 및 보완하시오.

주제		• 글쓴이의 능력으로 해결할 수 있는 주제를 선택했는가? • 독자에게 관심과 흥미를 줄 수 있는 주제를 선택했는가? • 독창적이고 참신한 주제를 선택했는가? • 범위가 구체적인 주제를 선택했는가? • 애매모호하지 않고 명확한 주제를 선택했는가?
내용	구성	• 서론의 기능을 충실하게 보여주고 있는가? • 글의 내용이 논리적인가? • 글의 내용이 통일성을 띠고 있는가? • 글의 내용이 일관성을 갖고 있는가? • 결론의 기능을 충실하게 보여주고 있는가?
	글감	• 주제를 뒷받침할 수 있는 글감인가? • 신뢰성이 있는 글감인가? • 풍부하고 다양한 글감인가? • 최신 글감인가? • 자료조사를 충실하게 했는가?
가치		• 독자에게 새로운 정보를 제공하는가? • 독자에게 새로운 관점을 제공하는가?

참고문헌

박경미, 『수학콘서트 플러스』, 동아시아출판사, 2013.

송명진, 「글을 잘 쓰는 비결은 진부하다 – 『유시민의 글쓰기 특강』(생각의 길, 2015)을 읽고」, 『대학작문』 11호, 대학작문학회, 2015.

III

학술적 글쓰기

1. 논문 및 보고서 쓰기
2. 비평문 쓰기

1

논문 및 보고서 쓰기

학습목표
- 논문 작성의 절차를 잘 익힌다.
- 논문 작성 절차를 보고서 쓰기에 응용한다.
- 위 과정을 바탕으로 논문 및 보고서의 모듈 글쓰기를 수행한다.

학술적 글쓰기가 대학생 글쓰기 교육의 중심에 있다. 이는 국내외 가릴 것 없이 마찬가지다. 그런데 학술적 글쓰기가 구체적으로 어떤 글쓰기인가와 관련해서는 의견이 분분하다. 각 학문 분야의 특성에 따라서 그 구체적인 형태가 많이 다를 수 있기 때문이다. 이를테면 과학 실험보고서와 영화 비평문을 들 수 있다. 그렇지만 학술적 글쓰기의 중심에 놓인 글이 논문이라는 사실은 분명하다. 각 학문 분야의 특성에 따라서 논문의 구체적 형태나 강조점에 차이가 있을 수는 있다. 그렇더라도 논문의 근본 형식이 다를 수는 없다. 즉, 논문은 ① 주제와 관련된 기존의 자료에 대한 조사·연구·탐구·실험 등을 바탕으로 해서, ② 기존의 자료에서 제시되고 있는 것과 구별되는 논문작성자의 새로운 주장을 ③ 서론, 본론, 결론의 체계를 갖춰 논리적으로 제시한 글이다. 요컨대 대학의 학술적 글쓰기 교육은 논문작성하기를 중심에 두고 진행될 필요가 있다.

1 논문의 의미와 형식

1) 논문이란 무엇인가?

논문이란 어떤 주제에 관한 논문작성자의 새로운 주장을 조사·탐구·연구·실험 등을 통해서 체계적이고 논리적으로 작성한 글이다. 이 점에서 논문은 보고서와 유사하다. 경우에 따라 논문을 보고서에 포함시키기도 한다. 그럼에도 불구하고 통상적인 관점에서 볼 때 논문과 보고서는 구분된다. 보고서가 기본적으로 보고서를 요구한 사람의 의도에 초점을 맞춰 작성되는데 반해서, 논문은 논문작성자가 의도하는 것에 초점이 맞춰 작성된다. 이를테면 주제를 선정하는 것이 그렇다.

또 보고서 작성의 경우 일반적으로 잘 알려진 사실을 정리하는데 그치는 경우가 많은데 반해서 논문 작성의 경우 논문작성자의 새로운 주장을 설득력 있게 제시하는데 주안점이 놓인다. 이렇게 볼 때 논문은 논문작성자가 자율적으로 작성한 수준 높은 보고서라 할 수 있다.

2) 논문작성 학습의 필요성

(1) 보고서를 한 번도 작성하지 않고 대학생활을 마친다는 것은 거의 불가능하다. 그리고 대학 졸업 후 사회생활을 본격적으로 하는 경우에도 보고서 작성은 광범위하게 요구된다. 그렇기 때문에 논문작성 학습은 대학교육에서 꼭 필요하다. 논문작성하기를 잘 익힐 경우, 보고서를 수월하게 그리고 수준 높게 작성할 가능성이 커지기 때문이다. 논문작성 학습은 비단 보고서 작성능력을 향상시켜주는 데에만 도움이 되는 게 아니다. 대학이나 사회에서 요구되는 대부분의 글쓰기(기획안, 제안서, 설명서, 비평문 등)에 응용될 수 있는 대표적인 글이 논문이다. 왜냐하면 그러한 글쓰기에서 반드시 요구되는 것이 주제와 관련된 자료의 검색·수집·정리이고, 더 나아가 주제에 대한 글쓴이의 고유한 주장을 설득력 있게 제시하는 것이기 때문이다. 이처럼 논문작성 학습은 대학생활을 원활하게 하기 위해서 뿐만 아니라 경쟁력을 갖추고 사회로 나아가기 위해서도 필요하다.

(2) 논문작성 학습은 경쟁력을 갖추고 대학생활이나 사회생활을 하기 위해서만 필요한 것은 아니다. 논문작성 과정에는 당당한 주체로서 열린 자세로 세상과 소통하면서 살아가는 합리적 개인의 모습이 잘 담겨 있다. 논문과 관련된 기존의 학술 자료들은 세계에 대한 다양한 합리적 해석들이다. 논문작성자는 그것들을 참조해서 자신만의 해석을 한다. 즉, 논문을 작성한다는 것은 논문작성자의 논문 주제와 관련된 '세계에 대한 다양한 합리적 해석들' 중에서 받아들일 것은 받아들이고 비판할 것은 비판하면서, '세계에 대한 자신만의 해석'을 합리적으로 하는 것을 뜻한다. 요컨대 논문작성하기 학습을 통해서 학습자는 다른 사람들의 의견을 존중하되 자신의 의견 또한 당당하게 제시하면서 합리적으로 소통하려고 하는 삶의 자세와 태도를 기르게 된다.

3) 논문의 요건

(1) 논문은 독창적이어야 한다. 논문은 논문작성자의 새로운 주장을 담은 글

이기 때문이다. 물론 그것이 조사·연구·탐구 등을 기초로 해서 체계적으로 작성된 것이어야 한다. 그렇지만 독창성이 없는 논문, 즉 논문작성자의 새로운 주장을 담고 있지 못한 논문은 그것이 아무리 명문으로 작성됐다고 하더라도, 논문의 자격을 갖춘 글이라고 할 수 없다. 요컨대 논문은 이미 잘 알려진 사실이나 주장과는 다른, 논문작성자의 독창적 주장이 제시된 글이어야 한다.

(2) 논문을 통해 주장하는 것의 타당성이 설득력 있게 논증돼야 한다. 어떤 논문이 독창적인 주장을 담고 있다고 하더라도, 설득력 있는 논거에 의해서 그 타당성이 논증될 수 있는 것이 아니라면 좋은 논문이 아니다. 기본적으로 논문의 내용은 '논문을 통해 논문작성자가 주장하고자 하는 것의 타당성'을 설득력 있게 뒷받침할 수 있는 논거에 기초한 판명한 지식으로 채워져야 한다는 말이다. 그렇지 않을 경우 그 논문은 가설의 논증이 아니라 그저 가설의 제기에 그치는 글이 된다.

(3) 논문은 다른 어떤 글보다 체계적이고 논리적이어야 한다. 논문은 어떤 주제에 대한 논문작성자의 생각을 단편적으로 제시한 글이 아니다. 논문은 논문작성자의 생각을 설득력 있게 뒷받침하기 위해서 적지 않은 자료를 조사·연구·탐구 등을 거쳐서 작성된 글이다. 그렇기 때문에 논문은 다른 어떤 글보다 체계적이어야 한다. 동시에 다른 어떤 글보다 더 논리적이어야 한다. 편견이나 감정에 기초해서, 논문작성자의 생각을 산발적으로 혹은 비논리적으로 제시한 글은 그것이 아무리 훌륭한 내용을 포함하고 있다고 하더라도 좋은 논문이 될 수 없다.

4) 논문의 분류

(1) 학위논문-석사, 박사 등의 학위를 받기 위해 제출하는 논문이다. 기본적으로 일반 학술논문과 다르지 않다. 다만 기본적으로 학위를 지도하는 지도교수의 영향을 많이 받아서 작성된다는 점에서, 또 상대적으로 원고 분량이 많다는 점에서 일반 학술논문과 차이가 난다.

(2) 학술논문-전문 연구자들이 자기 분야의 연구 성과를 전문 학술지에 게

재하기 위해서 쓴 논문 전체를 일컫는다. 그렇기 때문에 연구 분야와 주제에 따라서 그리고 전문 학술지의 특성에 따라서 그 규모와 성격이 조금씩 다르다. 그럼에도 불구하고 논문의 기본 요건을 갖추고 작성된 글이라는 점에서는 차이가 없다. 학술논문이 학술지에 게재되기 위해서는 엄격한 심사절차를 거쳐야 한다.

(3) 소논문-소논문은 대학원생이나 학부생에 의해서 작성되는 논문이라 할 수 있다. 소논문은 대략 A4 5-7매 내외로 작성된다. 소논문은 글의 엄밀성이나 체계성이 학술논문에 비해서 떨어진다. 그럼에도 불구하고 그것은 논문의 일반적 형식을 갖춘 것이어야 하며, 주제에 대한 논문작성자의 창의적이고 설득력 있는 주장을 담고 있어야 한다.

2 논문 작성의 과정

1) 주제(주제문) 정하기

(1) 모든 글쓰기가 그렇듯이 논문을 작성하는 경우에도 맨 먼저 글의 주제를 정해야 한다. 무엇에 관해서 쓸 것인지, 그리고 글을 통해 전달하고자 하는 핵심 사항은 무엇인지를 정하지 않고서 논문을 쓸 수는 없다. 논문이 논문작성자의 새로운 주장을 담은 글이기는 하지만, 주제를 정하는 단계에서 그것을 지나치게 의식할 필요는 없다. 그럴 경우 논문을 시작하기 어렵다. 이미 알려진 사실(논문 주제와 관련된 기존의 자료)를 바탕으로 하지 않은 새로운 주장은 없다. 달리 말하자면 논문을 통해 논문작성자가 말하는 새로운 주장이라고 하는 것은 기존의 자료를 잘 활용하는데 그 핵심이 놓여 있다는 것이다. 새로운 주장은 주제와 관련된 자료를 검색·수집·정리하는 과정에서 명료화해도 늦지 않다.

(2) 주제는 기본적으로 논문작성자가 자율적으로 정한다. 즉, 논문작성자가 관심을 갖고 있는 것에 초점을 맞춰 자기 스스로 논문의 주제를 정하는 것은 지극히 자연스러운 일이다. 물론 이때 배경지식만으로 그렇게 할 수도 있고, 간단한 검색이나 자료 정리 등을 바탕으로 해서 그렇게 할 수도 있다. 단, 가급적 후자의 방식으로 주제를 정하는 것이 바람직하다.

(3) 보고서를 작성하는 경우에는 거의 대부분 주제가 주어진다. 특히 대학생들이 대학 교육 과정에서 작성하는 보고서의 경우, 보고서를 요구하는 사람(통상 담당 교수자)에 의해서 거의 예외 없이 주제가 주어진다고 봐도 무방하다. 이에 반해서 논문은 그렇지 않다. 물론 논문 역시 진공상태에서 작성되는 것이 아니다. 그렇기 때문에 엄밀하게 보자면 논문을 작성하는 경우에도 포괄적인 주제는 주어진다고 말할 수 있다. 또한 구체적인 주제가 주어진 상황에서 논문이 작성되는 경우도 없지 않다. 다만 보통의 보고서 작성과 비교해서 보자면, 논문 작성의 경우, 논문작성자가 훨씬 더 주체적으로 주제를 정한다고 할 수 있다.

(4) 논문 작성과정에서 주제를 변경 혹은 수정하는 일은 사실 빈번하게 발생한다. 물론 처음에 정한 주제를 변경이나 수정 없이 끝까지 유지해서 논문을 완료할 수 있다면, 그것보다 더 좋은 것은 없다. 다만 현실적으로 조금씩 변경하는 것은 빈번하게 생겨난다. 다른 글쓰기의 경우에도 그럴 수 있다. 다만 논문 작성의 경우 더 빈번하고, 또 그렇게 하는 것이 이상한 일이 아니다. 그만큼 만족스러운 논문을 단번에 작성하기기 어렵다는 것이다.

(5) 주제를 정할 때에는 주제와 함께 주제문을 작성하는 것이 필요하다. 이를 통해서 논문의 방향, 취지, 목적 등을 정하는 것이 좋다. 특히 논문작성 초보자의 경우에 그렇다. 논문작성 시작 단계에서 적는 주제문은 엄밀하게 말하자면 가(假)주제문이다. 즉, 임시 주제문이라는 말이다. 논문이 완성단계에 이르면 처음에 작성한 것을 구체화해서 적을 수 있게 되는데, 그렇게 적은 것이 엄밀한 의미의 주제문이다. 여하튼 중요한 것은 논문의 주제를 정할 때 논문의 방향, 취지, 목적 등을 담은 문장을 함께 적은 뒤에 다음 단계로 나아가는 것이 필요하다는 사실이다. 그리고 그렇게 적은 것을 주제문이라고 불러도 크게 문제될 것은 없다.

❖ **주제(주제문) 작성의 예**

주제	스마트폰과 대학생활
주제문	스마트폰이 대학생활에 미치는 영향을 살펴보고, 이를 바탕으로 스마트폰 사용과 대학생활 간의 바람직한 상관관계를 제시한다.

2) 자료 검색 · 수집 · 정리

(1) 논문작성하기의 성패가 달린 대단히 중요한 과정이 논문과 관련된 자료의 검색 · 수집 · 정리하기이다. 무엇보다도 논문작성 초보자의 경우에 그렇다. 왜냐하면 논문은 논문 주제와 관련된 자료들을 활용해서 자신의 새로운 주장을 제시하는 글인데, 논문작성 초보자의 경우 자료를 활용하는데 상당히 서툴기 때문이다. 초보자들은 어떤 자료를 선택해야 하는지, 선택한 자료를 어떻게 정리해야 하는지 잘 모른다. 그리고 무엇보다도 정리한 자료의 내용과 구별되는 논문작성자의 새로운 주장을 어떻게 제시해야 하는지 잘 모른다.

(2) 신뢰성 높은 자료를 활용하는 것이 필요하다. 여기서 신뢰성 높은 자료라 함은 논문이나 학술 저서를 의미한다. 논문이나 학술 저서는 그것과 관련된 전문가들에 의해서 그 타당성이 상당 부분 검증된 것들이기 때문이다. 인터넷 포털 사이트에게 검색하면, 논문작성자가 원하는 엄청난 양의 관련 자료를 손쉽게 구할 수 있다. 그렇지만 그렇다고 해서 그 내용의 타당성이 보장되는 것은 아니다. 요즘처럼 이른바 가짜뉴스가 판치는 상황에서 인터넷에서 검색된 자료만으로 논문을 작성하는 것은 상당히 위험한 일이다. 그렇기 때문에 신뢰성 높은 자료를 활용해서 논문을 작성하는 것이 필요하다.

(3) 서지사항을 잘 기입하면서 자료를 정리해야 한다. 그래야 그 자료를 인용할 경우, 번거로움을 덜 수 있다. 중요내용의 경우, 원문의 쪽수 등도 적어두는 것이 좋다. 서지사항이란 관련자료(기본적으로 문헌)의 식별을 위해서 표기하는 자료의 기본 정보를 뜻한다. 즉, 서지사항을 적는다는 것은 자료의 저자,

제목, 발행처, 발행연월일 등을 차례로 적는 것을 뜻한다.

(4) 자료를 정리할 때에는 서지사항을 일관성 있게 잘 적는 것은 물론이고, 무엇보다도 자신의 언어로 자료를 정리하는 것이 필요하다. 이때 키워드와 중심문장(혹은 주제문장)을 함께 적어두는 것이 좋다. 그래야 그 자료를 활용하게 될 경우 신속하고 정확하게 활용할 수 있다.

(5) 자료를 검색·수집·정리하는 과정에서 처음 정한 논문의 주제와 주제문을 수정할 필요가 생기면 수정해야 한다. 이는 지극히 자연스러운 과정이다. 왜냐하면 논문작성의 경우 글 전체에 대한 얼개를 논문작성 초기에 완벽하게 짜고 시작하기 어렵기 때문이다. **중요한 것은** 이 과정을 통해서 주제와 관련하여 기존의 자료에서 언급되지 않은 자신만의 고유한 생각(주장)을 추론하는 것이다. 즉, 이 과정을 통해서 논문의 핵심을 명료화하는 것이 필요하다. 달리 말하자면 논문의 **잠정적 결론을 끌어냄**으로써 글을 어디에 초점을 맞춰서 작성할 것인가 하는 점을 확실하게 다지는 작업을 하는 것이 매우 중요하다는 것이다. 이는 **건물의 주춧돌을 놓는 작업에 해당하는 것**이라고 할 수 있다.

❖ **자료의 정리**

자료정리①	
서지사항	심태은 외 2인, 「부모애착 및 스마트폰 사용이 대학 신입생의 대학생활 적응에 미치는 영향에 관한 연구」, 『한국가족복지학』 19집, 한국가족복지학회, 2014.
키워드	스마트폰, 부적절한 사용, 대학생활 적응 장애
중심문장	대학생들의 스마트폰 사용은 대학생활 적응에 어려움을 줄 정도로 심각한 상태이다.
내용요약	대학생활 적응과 관련하여 중요하게 고려해야 할 요인 중 하나는 스마트 폰의 사용이다. 스마트폰은 그것을 통해 세상의 정보를 얻고, 또 세상과 소통하는 매개체임이 분명하다. 그런데 부적절한 사용으로 인해서 그것이 대학생활 적응에 장애가 되고 있다. 국내 스마트폰 가입자 수는 2012년 5월에 2,756만 명을 넘어서며 빠르게 증가하고 있다.

내용요약	특히 청소년 세대의 스마트폰 가입자 수는 다른 연령에 비해 더욱 빠른 속도로 증가하고 있다[39쪽]. 대학생들의 경우, 틈만 나면 스마트폰을 켜서 메일, 트위터, 페이스북 등을 점검하고 확인하는 것이 습관이 됐다. 대학생들 중 77.4%가 '특별한 이유가 없어도 스마트폰을 자주 확인한다.'고 하였다.[32쪽] 대학의 강의 시간이나 친구와의 대화가 이루어지는 사이에서도 스마트폰을 부적절하게 사용하는 대학생들은 '학업을 포함한 대학생활'에 적응하는데 어려움을 겪고 있는 것으로 나타나고 있다.

자료정리②	
서지사항	이용숙, 「스마트폰 사용이 대학생의 수업 중 비학습활동에 미치는 영향」, 『열린교육연구』 20집, 2012.
키워드	스마트폰 사용, 비학습활동, 수업방해
중심문장	대학생들의 수업 중 스마트폰을 사용하는 것, 그것도 비학습활동에 사용하는 것이 일반화됐다.
내용요약	이 연구는 스마트폰이 대학수업에서 학생들의 비학습활동에 어떠한 영향을 미치는지를 살펴보고 있다. 이를 위해서 16개의 수업에서 대학생들이 스마트폰을 어떻게 사용하고 있으며, 본인들은 이를 어떻게 인식하고 있는지 분석하였다. 또한 스마트폰의 사용 이후 대학생들이 '수업 중에 하는 비 학습활동'의 유형과 시간할애가 1996-2001년의 수업상황(휴대폰 사용이 일반화되지 않았던 상황) 및 2007-2010년의 수업상황(스마트폰이 아닌 일반 휴대폰의 사용이 일반적이었던 상황)에 비하여 어떻게 달라졌는지 분석하였다. 연구의 결과는 대학 수업을 설계하고 운영함에 있어서, '스마트폰'이라는 변수를 고려할 수밖에 없게 되었음 보여준다. 16명 중 14명이 비학습활동에 스마트폰을 사용한다. 사용자의 절반 이상이 수업의 30%이상에 사용한다. 70%이상을 비학습활동에 사용한 경우도 10%이상이다.〔229쪽〕학생들은 스마트폰 사용이 수업에 분명히 방해가 되고 있다고 느끼고 있다. 또 스마트폰을 사용하는 시간도 그 전에 비해서 더 길어졌다는 사실을 인식하고 있다. 〔238쪽〕

	자료정리③
서지사항	이상홍, 「스마트폰과 공학교육:스마트폰과 대학교육 2.0」, 『공학교육』 17집, 2010.
키워드	스마트폰, 공학도, 스마트한 공학수업
중심문장	스마트폰이 PC를 대체하면서, 공학수업이 스마트해지고 있다.
내용요약	그동안 학생들은 PC로 온라인 강의, 수강신청, 과제제출, 학점관리, 도서검색 등을 했다. 그러나 그렇게 하는 것에는 시공간적 제약이 수반된다. 왜냐하면 유선인터넷 기반의 PC는 시공간적 제약을 많이 받기 때문이다. 그러나 이제 스마트폰이 PC를 대체하고 있다. 이제는 PC없이도 수강신청을 하고, 강의를 들으며 스마트폰을 통해서 관련자료와 학습도구(문서도구)등을 활용해서 과제를 제출할 수 있다. SNS를 통해서 실시간으로 교수에게 질문을 하거나 서로의 의견을 교환할 수 있게 되었다. 교수도 수업 중에 학생들의 이해도를 수시로 파악할 수 있고, 실시간으로 강의실 밖 학생들의 참여를 이끌어낼 수 있다. 이러한 사실은 무엇보다도 공학교육의 현장에서 입증되고 있다. 이제 공학도들은 별도의 계산기나 녹음기 혹은 PC를 들고 다니지 않아도 된다. iphone 사용자의 경우 공학도를 위한 어플리케이션을 다운로드 받아서 유용하게 수업에 활용할 수 있다. 예를 들면 mecal Q를 들 수 있다.[12쪽]

	자료정리④
서지사항	황의철, 「여자대학교 학생의 스마트폰 사용실태와 대학교육」, 『한국콘텐츠학회 종합학술논문집』, 한국콘텐츠학회, 2012.
키워드	대학의 모바일 서비스, 스마트폰과 교육의 융합, 미디어와 교육의 결합
중심문장	스마트폰과 교육의 융합이 대학교육의 중심에 놓이게 될 것이다.
내용요약	국내의 대학들은 모바일기기(스마트 폰, 태블릿PC)를 이용하여 학습정보(수강교과목 학습하기 및 다운로드), 학사정보, 나의 일정, 학교일정, 학과일정, 설문투표, 이벤트, 강의교재평가, 학적조회, 수강관련조회(개설교과목, 수강지정교과목, 수강신청교과목), 등록관련조회, 성적관련조회, 수업/시험관련조회, 장학신청조회, 졸업관련조회,

내용요약	학교안내 등을 파악할 수 있는 서비스를 시행하고 있다. 국내의 일부 대학에서 이루어지고 있는 스마트폰과 교육의 융합은 점차 일반적인 현상이 될 것이고, 미디어와 교육의 결합이 미래 대학교육의 새로운 변화의 중심에 놓이게 될 것이다.

❖ 논문 핵심(잠정적 결론)의 추론

논문의 핵심사항	a. 수업 중 스마트폰 사용 자체를 인위적으로 금지하는 것은 무의미하다. b. 스마트폰을 수업에 활용하는 것이 필요하다. 적극적 의미의 활용뿐만 아니라 소극적 의미의 활용도 필요하다. c. 글쓰기 수업의 경우도 예외는 아니다.
추론과정	자료①, ②를 검토·정리하는 과정에서 a와 같은 생각을 하게 됨. 아울러 주제와 주제문을 수정해서 대학수업에 초점을 맞춰야겠다고 생각함./ 자료③, ④를 검토·정리하는 과정에서 b와 같은 생각을 하게 됨. 즉 스마트폰 사용으로 인한 폐해를 줄이기 위해서는 스마트폰을 수업에 적극 활용하는 것이 필요하겠다는 생각에 다다름. 동시에 수업 내내 스마트폰을 활용할 수는 없기 때문에, 인위적인 사용 금지보다는 자연스럽게 스마트폰을 사용하지 않는 수업 분위기를 조성하는 것(소극적 의미의 활용)이 중요하다는 생각을 하게 됨/ 자료③에서 언급되고 있는 공대생의 수업 방식을 모티브로 해서 c와 같은 생각을 하게 됨. 아울러 이와 관련해서는 추가로 자료를 검색·수집·정리하기로 함.

❖ 주제(주제문)의 수정

수정된 주제	스마트폰 사용과 대학수업
수정된 주제문	스마트폰 사용과 대학수업 간의 상관관계를 살펴보고, 이를 바탕으로 바람직한 대학수업의 모습을 제시한다.

3) 개요작성 및 논문의 요지 작성

(1) 자료정리 및 잠정적 결론을 바탕으로 개요를 짠다. 개요는 건물의 설계도와 같은 것이라고 해도 무방하다. 그렇게 때문에 개요를 짜는 과정에서 글 전체에 대상 구상과 그 핵심내용이 정해져야 한다. 시쳇말로 말하자면 전체 그림이 나와야 한다는 것이다.(물론 이것이 논문 진행과정에서 수정 없이 그 그림이 유지된다는 것을 뜻하는 것은 아니다) 그렇지 않을 경우 개요를 작성하는 의미가 없다. 논문작성 초보자가 미처 생각하지 못하는 부분이다. 달리 말해서 논문작성 초보자의 경우 개요를 엉성하게 짠 뒤 논문을 작성하려고 하기 십상이다. 그러나 그럴 경우 제대로 된 논문을 기대하기 어렵다.

이 과정에서 논문의 제목(가제목)을 정한다. 물론 제목은 이보다 앞선 단계에서 정할 수도 있다. 그렇지만 그럴 경우 그 제목이 그대로 유지되기는 어렵다. 제목은 논문 전체의 내용을 압축적으로 담고 있는 것이기 때문에 논문의 전체 윤곽이 제대로 잡히지 않은 상태에서 최종적인 제목을 정하는 것은 어불성설이라고 할 수 있다. 이런 까닭에 최소한 글의 핵심(잠정적 결론)을 추리고, 글의 전체 얼개를 짠 뒤에 비로소 제목다운 제목이 정해질 수 있다고 할 수 있다. 그리고 이 역시 가제목, 즉 임시제목이다. 다시 말해 최종 제목은 글의 마무리 단계 혹은 최종 완성 단계에서 정해져야 한다. 이는 이 단계에서 제목을 정할 때, 그것이 잠정적 결론, 그리고 글의 전체 얼개와 조화를 잘 이루는 것인가를 숙고해서 정할 필요가 있다는 사실을 함의한다.

(2) 단계를 두고 개요를 작성한다. 1단계에서는 '글 전체의 구성'(뼈대)을 정한 뒤, 그 각각에 자신의 생각과 자료 정리를 어떻게 배치할 것인가를 적는다. 2단계에서는 각 부분의 중심문장 혹은 주제문장을 작성한다. 마지막으로 1, 2 단계에 상응하는 목차를 적는다.

(3) 이 과정에서 주제 및 주제문을 수정, 보완한다. 또 자료가 추가적으로 필요한 경우, 그 자료에 대한 조사 및 요약 정리를 병행해야 한다.

(4) 자료정리를 마치면서 자신의 생각을 정리한 것을 바탕으로, 논문의 요지

를 1문단 정도로 작성하고 개요를 짜는 것이 바람직하다. 물론 이 과정은 생략해도 무방하다.

(5) 잠정적 결론에 상응하는 개요작성 및 가제목 정하기는 일회적으로 완료되는 것이 아니라는 점을 명확하게 인식한다. 다시 말해서 논문 작성하기 전체 과정이 그렇기는 하지만, 특히 이 과정은 선형적인 것이 아니라 순환적이라는 점을 분명하게 인식할 필요가 있다. 그래야 글을 좀 더 효율적으로 작성할 수 있다.

❖ 개요의 작성

개요①	
서론	문제제기, 문제제기에 대한 압축적 답변, 논문의 전개/각 1문단씩, 전체 1페이지
본론	세 부분(스마트폰 사용의 인위적 억제 무의미. 자료①, ②의 내용 적극 활용./스마트폰의 활용. 자료③의 내용 적극 활용./글쓰기 수업의 경우, 추가자료 검색·수집·정리.)으로 구성/각 1페이지씩
결론	본론의 내용 요약, 논문의 미비점/각 1문단씩, 전체 1/2페이지

개요②-중심문장	
서론	스마트폰 사용과 대학수업 간의 상관관계를 살펴보고, 이를 바탕으로 바람직한 대학수업을 위해 필요한 것을 제시한다.(주제문의 변형)
본론	a. 수업 중 스마트폰 사용에 따른 부작용의 해소는 개인적 차원에서 해결해야 할 것이 아니다. b. 문제는 수업 중 스마트폰의 활용(적극적/소극적 활용)이지 스마트폰 사용 그 자체가 아니다. c. 글쓰기 수업의 경우도 예외는 아니다.
결론	'스마트폰 사용'과 '좋은 대학수업'은 양립하기 어려운 것처럼 여겨져 왔으나, 발상의 전환(스마트폰 금지로부터 활용으로)을 통해서 바람직한 대학수업의 모습을 모색하는 것이 필요하다.(주제문의 구체화)

개요③-목차	
서론	1. 들어가는 말
본론	2. 스마트폰의 활용과 대학 수업 2-1. 스마트폰 사용의 부작용과 그 해결책 모색 2-2. 스마트폰의 활용과 업그레이드된 수업 2-3. 글쓰기 수업과 스마트폰 활용
결론	3. 맺음말(나오는 말)

논문의 요지(주제문의 구체화/자료정리의 핵심+논문작성자 생각의 핵심)

① 대학 수업과 스마트폰 사용 간에는 두 모습이 공존한다. 일단 상당히 암울한 모습이 확인되고 있다. 수업 중 무분별한 스마트폰 사용의 일반화로 인한 학생들의 심각한 집중력 결여가 대표적인 것이다. 그렇지만 잘 사용할 경우 보다 효율적이고 입체적인 대학수업이 가능하다는 점도 확인된다. 예를 들면 공학수업의 경우가 대표적이다. ② 이상의 검토로부터 다음과 같은 사실을 추론할 수 있다. 첫째, 수업 중 스마트폰 사용이 광범위하게 이뤄지고 있는 상황에서 그것을 인위적으로 억제하게 하는 것은 큰 의미가 없다. 둘째, 스마트폰의 무분별한 사용으로 인한 폐해로부터 벗어나기 위해서는 스마트폰 사용의 금지가 아니라 스마트폰 활용(적극적 활용 및 소극적 활용)에 주목할 필요가 있다. 셋째, 글쓰기 수업의 경우도 예외는 아니다.

4) 초안 작성

(1) **본론, 결론, 서론의 순서로(혹은 본론, 서론, 결론의 순서로) 작성**한다. 이것은 서론이 전혀 작성되지 않은 상태에서 본론 먼저 작성해야 한다는 것이 아닙니다. 서론의 핵심(논문 주제와 관련하여 문제를 제기하는 것과 그것에 대한 답변의 요지)은 주제문을 작성할 때, 그리고 개요를 짤 때 이미 마련돼야 한다. 그렇지 않으면 논문을 효율적으로 쓸 수 없다고 해도 과언이 아니다. 그렇지만 논문은 주제와 관련된 문제를 제기를 하고 그에 대한 해결책(잠정적 결론)을 마

련한 상태에서 작성되는 것이다. 따라서 서론에서 문제 제기를 소개하는 것은 물론이고, 그에 대한 해결책도 간단하게라도 언급해줘야 한다. 적어도 해결책의 핵심은 서론에서 언급돼야 한다. 그런데 해결책은 본론의 작성을 통해서 구체화된다. 그렇기 때문에 서론을 완벽하게 작성하고 본론을 쓴다는 것은 앞뒤가 맞지 않는 말이다. 달리 말하자면 서론을 다 작성하고 난 다음에 본론을 써야 한다고 하는 것은, 서론에서 문제 제기에 대한 해결책을 언급하지 않는다는 것이거나 본론을 작성하는 과정에서 혹은 본론 작성을 완료한 이후에 서론을 수정하는 것을 감수한다는 것을 뜻한다.

(2) 본론은 개요에서 작성한 각 부분의 중심문장을 문단으로 확장해서 작성한다. 이때 각 부분을 몇 문단으로 확장시킬 것인지를 미리 결정하고 작성하는 것이 좋다. 앞서 언급했던 것처럼 진행과정에서 수정을 하더라도, 전체에 대한 구상을 하고 글을 작성하는 것이 필요하기 때문이다. 이 과정에서 필요할 경우 추가로 자료들을 검색 · 수집 · 정리해서 활용한다.

(3) 자료를 정리한 것과 자기주장을 명확하게 구분해서 작성하도록 한다. 즉, 다른 사람의 생각이나 주장과 논문작성자의 생각이나 주장을 분명하게 구분해서 작성해야 한다. 이때 **논문작성자의 생각이나 주장이 최소한 30% 이상**이 되도록 할 필요가 있다. 그렇지 않으면 글이 단순히 자료정리를 한 것에 그칠 수 있기 때문이다.

(4) 인용의 원칙을 잘 지켜 작성해야 한다. 인용의 원칙을 제대로 지키지 않고 작성된 논문은 제대로 된 논문이라고 할 수 없다. 논문작성자는 **주석**(註釋)을 통해 본문에서 인용한 자료의 출처를 밝힌다. 주석의 쓰임이 인용한 자료의 출처를 밝히는 데에만 국한된 것은 아니다. 본문의 내용과 관련해서 정보를 추가해야 하거나 본문에 적는 것이 부자연스럽지만 꼭 언급해야 할 것이 있을 때 논문작성자는 주석을 달아서 해결한다. 그럼에도 불구하고 논문의 경우 주석은 주로 인용한 자료의 출처를 밝히기 위해서 작성된다. 논문에서 주석은 보통 '각주'로 단다. 논문에서 각주를 통해서 자료를 출처를 밝히는 원칙은 기본적으로 다음과 같다. 즉, 저작자명, 자료명, 자료 펴낸 곳, 자료 펴낸 날짜, 인용한 문헌

의 쪽수(이것은 문헌의 경우에만 해당) 순서로 적은 뒤, 마침표를 찍으면 된다. (예: 이운형, 『거짓말쟁이 역설』, 파주:한국학술정보, 2006, 50쪽.) 이밖의 각주 표기와 관련해서는, '글쓰기의 윤리'부분에서 언급된 것을 참조하면 된다.

(5) 결론에서는 본론에서 언급된 내용을 표현을 달리 해서 요약한 뒤, 논문의 의의와 미비점 등을 간략하게 적는다.

(6) 서론에서는 '왜 논문을 쓰고자 하는지를'(논문의 목적을) 언급한 뒤, 본론의 작성을 통해서 확정된 그에 대한 답변을 압축적으로 제시한다. 논문작성자는 '논문작성의 계기가 됐던 문제'에 대한 해결책을 마련한 한 상태에서 논문을 작성하는 것이기 때문이다. 아울러 논문의 전개과정을 간략하게 소개한다.

(7) 논문의 제목을 최종적으로 확정한다. 아울러 본론 전체의 제목과 본론 각 부분의 소제목을 적는다. 아래에 소개된 것은 이와 같은 절차에 따라서 작성된 논문 초안의 핵심이다.

제목
스마트폰의 사용과 바람직한 대학수업-효율적인 글쓰기 수업과 관련하여

서론(문제제기+논문의 핵심+논문의 전개)
스마트폰 사용의 일상화는 대학생활까지 획기적으로 바꿔놓고 있으며, 다른 대부분의 경우와 마찬가지로 양면성을 띠면서 전개되고 있다. 한편으로는 대학생활 자체를 스마트하게 바꿔놓고 있는가 하면, 다른 한편으로는 그에 못지 않은 심각한 부작용을 양산하고 있다. 이와 같은 양면적 모습은 무엇보다도 대학수업에서 극명하게 나타나고 있다. 스마트폰을 활용한 수업을 통해서, 보다 효율적이고 입체적인 대학교육이 가능해졌다. 공학수업의 경우, 공업수업에 필요한 기기들(전자계산기, 녹음기, PC등)로 인해서 더 이상 제약 받지 않게 되었다. 이제 스마트폰 하나면 공학수업이 말 그대로 스마트하게 진행될 수 있게 된 것이다. 그렇지만 수업 중 스마트폰의 불필요한

스마트폰 사용의 일상화는 대학생활까지 획기적으로 바꿔놓고 있으며, 다른 대부분의 경우와 마찬가지로 양면성을 띠면서 전개되고 있다. 한편으로는 대학생활 자체를 스마트하게 바꿔놓고 있는가 하면, 다른 한편으로는 그에 못지 않은 심각한 부작용을 양산하고 있다. 이와 같은 양면적 모습은 무엇보다도 대학수업에서 극명하게 나타나고 있다. 스마트폰을 활용한 수업을 통해서, 보다 효율적이고 입체적인 대학교육이 가능해졌다. 공학수업의 경우, 공업수업에 필요한 기기들(전자계산기, 녹음기, PC등)로 인해서 더 이상 제약 받지 않게 되었다. 이제 스마트폰 하나면 공학수업이 말 그대로 스마트하게 진행될 수 있게 된 것이다. 그렇지만 수업 중 스마트폰의 불필요한(무분별한) 사용으로 인한 수업의 질 저하는 스마트폰을 통한 스마트한 대학생활이라는 말을 무색하게 만든다. 대단히 많은 학생들이 수업 중에 수업내용과 관계없이 스마트폰을 사용함으로써, 집중력을 갖고 수업에 임하고 있지 못한 것이 현실이다. ---논문의 요지 중 ①의 확장

본 논문은 위와 같은 사실에 대한 인식을 바탕으로, 스마트폰의 사용과 바람직한 대학수업이 조화롭게 결합될 수 있는 방안을 제시하고자 한다. 그 핵심은 스마트폰을 수업에 활용할 경우, 수업 중 스마트폰의 불필요한 사용으로 인한 집중력 저하 등의 문제는 상당부분 해소될 수 있다는 것이다 즉, 스마트폰의 적절한 활용은 수업중 비교과내용과 관련된 스마트폰 검색의 남발로 인한 집중력 저하와 그로 인한 수업의 질저하를 막고 수업의 효율성을 높이는데 기여할 수 있다는 것이다. 본 논문은 이러한 사실이 글쓰기 수업의 경우에도 해당된다는 점을 논증해 보일 것이다.---논문의 요지 중 ②의 확장

이와 같은 사실을 밝히기 위한 논문의 순서는 다음과 같다. 먼저... 밝힐 것이다.(2-1), 다음으로...논구할 것이다(2-2) 그리고 마지막으로 ...제시할 것이다.(2-3)

본론의 작성(2-2, 2-3은 압축적으로 작성)

2. 스마트폰의 활용과 대학 수업

  2-1. 스마트폰 사용의 부작용과 그 해결책 모색

    수업 중 스마트폰 사용에 따른 부작용 중 가장 문제가 되는 것은 이른바 '비학습활동의 검색'이다. 대학생활에서 학생들의 무분별한 스마트폰 사용으로 인한 부작용(수면의 질저하, 대학생활 부적응, 수업방해 등)이 심각한 상황에 도달한 것으로 얘기되곤 한다. 이와 관련하여 일반적으로 남학생보다 여학생들한테 더 심각한 부작용이 나타난다고 한다. 또 집중력이 산만한 학생들한테 부작용이 더 심각하게 나타난다고 한다. 그런데 이중 가장 문제가 되는 것은 수업중 스마트폰의 무분별한 검색(비학습활동의 검색)으로 인한 집중력 저하와 그에 따른 수업의 질 하락이라고 할 수 있다. 왜냐하면 이는 다른 문제와 달리 한 개인의 행동이 그 개인이 속한 집단 전체에 심각한 타격을 가할 수 있기 때문이다.(자료① 30쪽)

    수업 중 스마트폰 사용에 따른 부작용을 스마트폰 사용의 억제를 통해 해결하려는 것은 현명한 방법이 아니다. 스마트폰을 불필요하게 그것도 과도하게 사용할 경우 그에 따른 부작용이 야기될 수밖에 없다는 사실을 모르는 사람은 없다. 중요한 것은 그러한 사실을 잘 알면서도 대부분의 사람들이 스마트폰 사용과 관련하여 자제력을 발휘하기 어렵다는 점이다. 마치 불필요한 설탕의 섭취로 인한 부작용을 잘 알면서도 적절한 양의 설탕을 섭취하지 못하는 것처럼 말이다. 요컨대 수업 중 스마트폰 사용으로 인한 부작용의 해결을 개개인의 각성에서 찾으려 하는 것은 바람직한 방법이 아니다.

    수업 중 스마트폰 사용은 사실상 거의 일상화된 상황이다. 한 연구에 의하면 수업에 참여하는 학생의 77% 정도가 수업 중 스마트폰을 사용한다. 이뿐만 아니다. 스마트폰 사용의 절반 이상이 수업시간의 30% 이상을 비학습활동의 검색에 쓰고 있다. 심지어 수업시간의 70% 이상을 그렇게 소모하는 학생이 스마트폰 사용의 10%정도다.(자료② 229, 238쪽)

지금의 상황을 타개하기 위해서는 관점의 전환이 필요하다. 수업 중 스마트폰 사용이 만연한 상황에서 학생들에게 스마트폰 사용의 자제를 호소하거나 혹은 강제적으로 금지시키는 것은 별 의미가 없다. 그렇게 하는 것은 국민의 대다수가 '짜장면'을 짜장면이라고 쓰고 그렇게 발음하는데, 국어표기와 발음의 순화를 위해서 '자장면'이라고 적어야 한다고 하는 것과 유사하다. 즉, 좀 더 현실적이고 보다 효율적인 안목에서 이 문제를 볼 필요가 있다. 달리 말해서 수업 중 스마트폰 사용을 긍정적으로 활용할 수 있는 방안을 모색하는 것이 필요하다.

2-2. 스마트폰 활용과 업그레이드된 수업

수업 중 스마트폰의 적극적 활용을 통한 긍정적 효과에 대해서는 공학수업을 통해서 확인된 바 있다[자료③ 참조]. 또 다분히 교수자 개인의 입장에서 고찰된 것이기는 하지만 산발적인 여러 수업에서도 확인된 바 있다[추가 자료 참조]. 따라서 수업 중 스마트폰을 적극 활용하는 것은 불필요한 스마트폰 사용으로 인한 문제를 해소하는 가장 좋은 방법일 것이다(적극적 의미의 활용). 그러나 불필요한 스마트폰 사용으로 인한 수업의 질 저하 등을 막기 위해서 그러한 일이 야기될 수 있는 수업환경이나 분위기 자체를 조성하지 않는 것도 스마트폰의 적극적 활용 못지않게 중요하다(소극적 의미의 활용). 이를 테면 불필요한 발표 등을 최대한 지양하는 수업을 할 필요(발표 수업 때 학생들의 스마트폰 검색이 가장 많이 이뤄진다)가 있다는 것이다. 소극적 의미의 활용이 적극적 의미의 활용 못지않게 중요한 이유는 수업 시간 내내 스마트폰을 활용한 수업을 진행할 수는 없기 때문이다.

2-3. 글쓰기 수업과 스마트폰 활용

글쓰기 수업의 경우에도 불필요한 스마트폰 사용으로 인한 수업의 질 저하가 우려되는 상황이다. 특히나 조별활동이 이루어질 경우, 또 글쓰기 이론에 대한 강의가 이뤄질 경우에 그런 일이 벌어질 가능성이 크다. 글쓰기 수업의 기본 목표가 개개인의 글 쓰는 능력의 향상에 놓여 있다고 할 때, 그것을 위해 반드시 조별활동이 이뤄져야 하는 것은 아니다. 즉, 가능한 한에서 글쓰기 수업의 조별활동을 하지 않는 것이 불필요한 스마트폰 사용으로 인한 문제로부터 벗어날 수 있는 좋은 방법이라 할 수 있다. 불가피하게 조별활동을 해야 할 경우에는 교수자가 그 조별활동에 지속적으로 관여해서 학생들과의 접촉을 늘림으로써 학생들이 불필요한 스마트폰을 사용하지 않도록 하는 것이 필요하다. (소극적 의미의 스마트폰 활용). 이와 달리 스마트폰을 사용해서 효과적이고 창의적인 글쓰기 수업이 가능하다면 그럴 경우에는 스마트폰을 적극적으로 활용해서 수업을 해야 할 것이다. 이를 테면 스마트폰을 활용해서 글쓰기를 하는 경우를 들 수 있다.[추가자료 참조] 요컨대 글쓰기 수업의 경우에도 스마트폰을 잘 활용(적극적 의미의 활용 및 소극적 의미의 활용)해서 수업을 진행한다면, 수업 중 비학습활동과 관련된 스마트폰 사용은 획기적으로 줄어들 것이다.

결론의 작성
본론의 내용을 압축적으로 요약하고, 논문의 미비점 등을 간단하게 적는다.

5) 참고문헌 작성하기

(1) 서지사항을 기입하는 일반적 원칙에 맞게 **참고문헌**을 작성한다.
(2) 저자(필자), 문헌명, 발행처, 발행 연월일의 순서로 서지사항을 적는다.
(3) 저자 성씨의 가나다 순으로(혹은 알파벳 순으로) 작성한다.
(4) 동일 저자의 여러 저작물은 발행 연월일의 순서에 따라 적는다.
(5) 국내 저작물, 외국 저작물의 순서로 혹은 그 반대의 순서로 적는다.
(6) 일관성을 유지해서 작성한다.

※ 이밖의 사항은 '글쓰기의 윤리' 부분에서 소개된 것을 참조하면 된다.

참고문헌
곽상인,「스마트폰을 활용한 창의적인 글쓰기 교수법 연구: 공주대 교과목에서 '카카오톡' 활용사례를 중심으로」,『어문연구』84, 어문연구학회, 2015.
심태은·이송이,「부모애착 및 스마트폰 사용이 대학 신입생의 대학생활 적응에 미치는 영향에 관한 연구」,『한국가족복지학』19(3), 한국가족복지학회, 2014.
이상홍,「스마트폰과 대학교육 2.0」,『공학교육』17(2), 한국공학교육학회, 2010.
이용숙,「스마트폰 사용이 대학생의 수업 중 비학습활동에 미치는 영향 : Shadowing 방식의 관찰 결과를 중심으로」,『열린교육연구』20(1), 한국열린교육학회, 2012.
주석진,「대학생들의 스마트폰 중독이 대학생활적응에 미치는 영향 : 자기통제력의 조절효과를 중심으로」,『청소년문화포럼』42, 한국청소년문화연구소, 2015.

6) 퇴고하기 및 평가하기

(1) 논문작성자가 최소 2회 이상 검토하면서, 퇴고를 진행한다. 즉 먼저 논리적인 측면에서 문제가 없는지 검토한다. 그 다음에는 표현의 측면에서 수정하거나 보완할 것이 없는지 검토한다.

(2) 퇴고가 완료되면 다른 사람에 의해서 평가하기를 진행한다. 이때 평가의 기준은 대략 다음과 같다. ① 주제(주제문)에 상응하는 글이 작성됐는가? ② 논문작성자의 주장이 적절하게 유지되고 있는가? ③ 신뢰성 높은 자료를 활용하고 있는가? ④ 인용의 원칙을 잘 지키고 있는가? ⑤ 글이 짜임새 있게 전개되고 있는가? ⑥ 간결한 문장으로 문법이나 어법에 맞게 작성되었는가?

(3) 평가는 균형감을 갖고 하는 것이 필요하다. 부족한 점이 많은 글이라고 하더라도 긍정적인 요소를 간과하지 말아야 한다. 물론 그 역도 마찬가지다. 아울러 감정적인 표현이나 어휘사용을 자제해야 한다.

※ 위 과정을 간략하게 요약하면 다음과 같다. 보고서 쓰기도 이에 준해서 작성하면 된다.

① 각자의 관심 및 배경지식에 기초해서 글의 주제를 정한다. 이때 필요하다면 간단한 인터넷 검색 등을 한다. 학습자가 대학생활 중에 작성하는 보고서(이하 보고서로 약함)의 경우, 이는 대부분 교수자에 의해서 정해진다.

② 주제 및 주제문을 작성한다. 보고서, 특히 요약 정리 수준의 보고서일 경우, 교수자가 요구한 보고서 작성의 취지나 목적을 주제문으로 적으면 된다.

③ 관련된 자료를 서지사항과 함께 요약 정리한다. 이때 요약 정리한 자료를 바탕으로 글의 핵심이 되는 사항(잠정적 결론)을 끌어낸다. 요약 정리 수준의 보고서일 경우, 어떤 점을 중심에 두고 글을 작성할 것인가 하는 점을 간단하게 적으면 된다.

④ 잠정적 결론을 바탕으로, 그에 상응하는 가제목과 그에 상응하는 개요를 짠다. 이것은 일회적으로 완결되는 것이 아니라는 사실을 유념한다. 요약 정리 수준의 보고서의 경우에도 이에 준하는 과정을 거쳐 개요와 가제목을 정한다.

⑤ 본론-결론-서론의 순서로 초안을 작성한다. 서론을 맨 마지막에 작성한다는 것의 의미를 명확하게 인식한다. 다시 말해 서론의 핵심이 준비되지 않은 상태에서 위 순서대로 글을 작성하는 것이 결코 아니라는 사실을 유념한다.

⑥ 참고문헌을 원칙에 따라서 작성한다.

⑦ 고쳐쓰기를 거쳐 글을 완성한다.

3 연습문제

> 앞서 학습한 내용을 바탕으로 해서 논문 및 보고서의 모듈(주장–근거–사례–표현을 달리한 주장)을 아래의 절차에 따라서 작성해본다. 이때 관련자료는 가급적 학술적인 것(학술논문, 학위논문, 전공서적 등)를 활용하도록 한다. 다만 학습의 초점이 논문 및 보고서의 모듈을 익히는 것이기 때문에, 주제 등을 고려해서 교수자와 협의하여 신문기사나 블로그 자료, 더 나아가 유트브 영상 등을 활용하도록 한다.

(1) 일단 각자 자신이 관심을 갖고 있는 주제(3-5개)를 정한다.(예: 요리하기, 먹방, 스포츠 경기, 생태적 삶, 숲체험) 그 중 자신이 가장 관심을 갖고 있고, 또 그 중 가장 많이 알고 있다고 판단되는 두 개의 주제를 추린다.

(2) 위에서 추린 두 개의 주제와 관련된 자신의 주장 및 근거, 즉 두 개의 논증을 2문장(주장 1문장, 근거 1문장)으로 적어본다.(이 과정에서 필요하다면 인터넷 검색 등을 통해서 관련자료를 활용한다)

(3) 위 과정을 통해서 작성한 두 개의 논증이 논증의 자격을 갖추고 있는 것인지 앞서 학습한 논증하기를 참조해서 검토한다.(이 과정에서 교수자의 도움 및 피드백을 거친다)

(4) 두 개의 논증 중 최종적으로 하나를 선택해서, 관련자료를 활용해서 논증을 뒷받침해주는 사례를 두 개 이상 적는다. 둘 중 하나를 택하는 것은 학습자가 자율적으로 정하되, 논문 및 보고서 모듈을 익히는 학습이라는 점을 고려해서 자료를 활용하기 어려운 논증은 피하는 것이 바람직하다. 아울러 활용자료는 가급적 학술적인 것으로 하되, 신문기사나 유튜브 영상 등의 활용에서 너무 제한을 받을 필요는 없다.

(5) 활용된 자료의 출처를 원칙에 따라서 각주 형식으로 표기한다. 이때 표기는 글쓰기의 윤리 부분에서 제시된 원칙에 준해서 하면 된다.

(6) 마지막으로 주장을 표현을 달리 해서 다시 한번 적음으로써, 논문 및 보

고서 모듈 쓰기의 초안 작성을 마친다.

(7) 동료검토 혹은 교수자의 피드백을 통해서 글을 최종적으로 마무리한다.

참고문헌

Greene, S., & Lindinsky, A., *From Inquiry to Academic Writing*. Macmillan Higher Education, 2014.

강석우 외,『대학생을 위한 학술적 글쓰기』, 아카넷, 2009.

강석우 이,『대학생을 위한 과학글쓰기』, 아카넷, 2009.

고려대 사고와 표현 편찬위원회,『인문학과 글쓰기』, 고려대학교 출판부, 2008.

심태은·이송이,「부모애착 및 스마트폰 사용이 대학 신입생의 대학생활 적응에 미치는 영향에 관한 연구」,『한국가족복지학』19(3), 한국가족복지학회, 2014.

움베르토 에코,『논문 잘 쓰는 방법』(김운찬 옮김), 열린책들, 2012.

이상홍,「스마트폰과 공학교육:스마트폰과 대학교육 2.0」,『공학교육동향』17(2), 한국공학교육학회, 2010.

이용숙,「스마트폰 사용이 대학생의 수업 중 비학습활동에 미치는 영향」,『열린교육연구』20(1), 한국열린교육학회, 2012.

이운형 외,『사고와 표현』. 로직인, 2014.

정병기,『사회과학 글쓰기 대학생을 위한 논문 작성법』, 서울대학교 출판부, 2006.

정희모,「대학 작문 교육과 학술적 글쓰기의 특성」,『작문연구』21, 한국작문학회, 2014.

최준호,「논문 작성 과정의 순환성 인식'과 '선행연구 검토'의 중요성」,『순천향 인문과학논총』35(1), 순천향대학교 인문과학연구소, 2016.

최준호,「대학 학술적 글쓰기 학습의 한 모델'의 기초다지기 - 학습자 중심의 '짧은 논증의 글' 작성하기」,『리터러시 연구』, 39(12-1), 한국리터러시학회, 2021.

최준호,「대학생 보고서 작성 학습의 교수자 가이드라인 —소논문 형식의 보고서에 초점을 맞춰」,『교양교육연구』, 15(3), 한국교양교육학회, 2021.

황의철,「여자대학교 학생의 스마트폰 사용실태와 대학교육」,『한국콘텐츠학회 종합학술대회논문집』, 한국콘텐츠학회, 2012.

홍성욱,「과학기술학의 관점에서 본 과학과 인문학의 융합」,『안과 밖』41, 영미문학연구회, 2016.

2

비평문 쓰기

학습목표

- 서평 쓰기, 영화 비평문 쓰기, 예술 비평문 쓰기를 통해 나만의 문제의식과 관점을 살려 논리적으로 글을 쓰는 방법을 찾고자 한다.
- 타인의 글과 작품을 이해함으로써 창의 융합적 사고를 익혀나가며 새롭고 다양한 시선으로 생각할 수 있는 세계관의 확장을 도모할 수 있도록 한다.

우리는 일상적인 삶이나 교육의 장소 그리고 공론의 장에서 늘 생각해야만 하는 문제들에 부딪힌다. 물론 복잡한 논증과 생각을 멈추고 침묵을 지킬 수도 있다. 그러나 이것은 '대화를 하지 말고 인생을 살아라.'라고 하는 것과 다르지 않다. 생각은 자아의 성장을 튼튼하게 하고 대화와 물음은 삶을 풍요롭게 만든다. 독서를 하거나 타인과 토론하는 지성적인 활동은 자아를 객관적으로 발전시키고 삶과 세계에 대한 넓은 시선을 갖게 한다. 특히 책을 읽거나 영화 등을 보고 소감문을 작성해보는 것은 합리적이고 비평적인 사고의 힘을 키울 수 있는 좋은 방법이다.

그런 측면에서 이번 절에서는 빠르게 변화하는 현대사회에서 일상적 경험들을 통해 자신의 가치관을 올바르게 정착시켜 나가고 자신의 생각을 합리적으로 발전시켜 나갈 수 있는 다양한 방법들을 찾고자 한다. 이 중에서도 독서, 영화 보기, 예술작품 감상 후에 쓰는 비평문 쓰기에 대해 알아보고자 한다.

예를 들어 신문 사설의 경우 글쓴이의 주장과 이것을 뒷받침하기 위한 논리적 근거가 분명히 드러난 논증적 글쓰기의 대표적인 사례라고 한다면 서평 등과 같은 비평문은 책이나 영화 등에 반추되고 있는 세상의 이야기와 진실을 비평자의 상상력과 관점에 의해 재구성해 나가고자 하는 창의적 성격을 갖고 있다. 즉 비평문은 비평자 나름대로 구현할 수 있는 창의적이면서 비판적인 장르의 특징을 형성하고 있다.

이런 점에서 책을 읽고 나서 비평적인 소감문을 어떻게 작성할 것인가, 영화 감상 후 자신의 비판적인 생각과 관점을 어떻게 정리하고 표현할 것인가, 그리고 예술작품을 감상하고 자신만의 느낀 점을 어떤 방식으로 서술할 것인가 등에 대한 생각과 고민이 뒤따라야 비평문의 완성도가 높아질 수 있다. 비평문이 갖춰야 할 서술방식과 그 주안점에 대해 살펴보도록 하자.

1 서평 쓰기

1) 개요

서평 쓰기는 독후감 쓰기와 흡사하지만 그렇다고 줄거리를 요약하거나 느낀 점 등을 단순하게 구성한다면 좋은 글쓰기가 될 수 없다. 특히 교양도서나 전문적인 책들에 대한 서평은 나름대로 문제의식을 갖고 비평적 관점에서 서술해야 한다. 주제의식을 갖춘 책이 양서의 조건이 될 수 있듯이 독자도 자신만의 주안점을 갖고 책의 내용을 이해한다면 더 좋은 독서방법이 될 것이다. 따라서 서평을 할 때에는 우선 저자가 말하고자 하는 지적인 관심과 의도를 파악할 수 있어야 하고 집필배경과 문제의식, 핵심적인 물음과 내용 등을 분석할 수 있어야 하며 이어 책에 드러난 저자의 가치관에 대한 자신의 생각과 문제의식을 피력할 수 있어야 한다.

서평 쓰기도 또 하나의 창작활동이기 때문에 저자의 주장과 논리를 이해할 필요가 있다. 이런 독서법이 이뤄진다면 책 읽기가 단순히 눈으로 보는 것이 아니라 독자 자신이 생각하는 과정이라는 것을 알 수 있다. 학술 저서나 교양 도서와 같이 지적인 사고를 요구하는 경우 비판적 읽기와 분석을 통해 저서의 내용을 논리적으로 재구성할 수 있도록 독자의 정확한 텍스트 이해가 이뤄질 수 있어야 한다.

특히 대학생 시절에 학술적인 교양 도서를 읽고 이것에 대한 비판적 성찰이 필요한 이유는 이렇다. 즉 이 시기는 논리적이면서 창의적인 사고가 특히 왕성하게 성장하는 시절이며 한평생 동안의 사고의 틀과 능력을 형성한다고 해도 과언이 아니기 때문에 인내심을 갖고 학술·교양도서 등을 읽어나간다면 정신적으로 한층 성장한 나 자신을 발견할 수 있다.

2) 방법과 예시

서평 쓰기는 스스로 생각하고 판단할 수 있는 주체적 학습능력과 비판적 사고능력을 발전시킨다. 좀 더 체계적이고 효율적인 글쓰기가 될 수 있도록 해당 도서를 정독한 후 아래와 같은 순서와 항목들에 의해 서평 쓰기를 해보자.

주요구성	내 용
㉠ 서론 : 저자의 간단한 약력과 주요 가치관, 저서에 나타난 중요한 관심이나 주제의식 등을 소개한다. 그리고 제3의 참고자료 등을 통해 그의 저서에 대한 일반적인 평가 등을 다룰 수 있다면 독자에게 친절한 안내가 될 수 있다.	- 저자의 지적인 성장배경과 가치관, 이 책을 쓰게 된 동기는 무엇인가? - 이 책의 서술 목적은 무엇인가? - 그가 제기하는 핵심적인 물음이나 문제는 무엇인가?
㉡ 본론 : 책의 내용을 단순하게 요약, 발췌하는 것보다 자기 나름대로의 관점과 이해의 기준을 갖고 저서의 주요 내용을 재구성하거나 분석하는 태도를 유지하도록 한다. 비판적 의견이 있으면 타당한 근거와 논리를 제시하는 것이 바람직하다.	- 저자가 주요 주제를 논의하면서 사용하는 기존의 학술적 정보와 예시들은 무엇인가? - 그것들 가운데 그가 특히 지지하고 있는 주요 개념들은 무엇이고 이것들을 어떤 관점과 방식으로 이해하고 있는가? - 그가 제시하고 있는 새로운 자료와 논거들은 무엇이며 이것을 근거로 결론적으로 주장하고 있는 핵심적인 문제나 가치는 무엇인가?
㉢ 결론 : 저자의 핵심적인 주장에 대한 비판적 관점과 함께 그 저서의 의미 및 기여도 등이 언급될 수 있도록 하자. 책에 대해 단순하게 느낀 점, 편향적인 총평, 그리고 칭찬 일변도의 태도를 버리도록 한다.	- 나는 이 책을 전체적으로 어떻게 평가하고 있는가? 저자가 제시한 새로운 관점, 해결방안, 대안 등은 과연 타당한가? - 이 책은 어떤 점에서 지적인 도움이 되고 있으며 내가 얻게 된 새로운 관심과 문제의식은 무엇인가?

> **예시**

다음은 피에르 레비의 『누스페어』에 대한 비평문의 일부이다. 위에서 제시한 작성방법들에 유의하면서 아래의 글에서 보충되어야 할 부분들이 무엇인지 생각해 보자.

미디어 사회학자 피에르 레비는 1990년대 이후 디지털 테크놀로지의 발전이 급격히 이뤄지고 인터넷 사용이 대중화되면서 큰 변화를 겪고 있는 정보화 사회에서 인류문명의 나아갈 길을 제시하고 있다. 그는 이 책에서 인류사에서 자연적인 불의 사용과 집단적인 상호작용이 테크놀로지의 역사를 형성해왔으며 인류사의 미래의 문명이 이제는 사이버 공간을 중심으로 융합, 발전한다고 주장한다. (중략)

그에 따르면 오늘날 가속화되고 있는 인류사회의 교류와 연결은 상호작용과 지식영역의 확장과 맞물려 있다. 인간은 수백만 년 동안 자기 구성적 진화에 의해 생성된 최근의 생물학적 형태의 하나이다. 인간의 소통 능력은 다른 동물사회에서 볼 수 없는 자기조직화와 창조적 진화과정을 만들어 왔으며 특히 집단지성은 누스페어(정신계)와 같은 가상공간을 형성하기에 이르렀다. 이런 세계는 가상 그 자체, 즉 허구적 공간을 말하는 것이 아니라 나와 타인들을 미시적 네트워크를 통해 촘촘히 이어주는 실제적인 상호작용의 세계이다. 예를 들어 컴퓨터의 세계적인 상호접속과 연결은 그런 세계를 개척하고 있으며 이런 소통의 확장 속에서 인간의 새로운 문명이 시작되고 있다. (중략)

레비는 인간을 창의적 소통과 잠재성의 존재로서 바라보고 있으며 새로운 디지털 세계의 등장을 계기로 인류사의 발전을 긍정적으로 예측하고 있다. 그럼에도 불구하고 우리는 다음과 같은 문제점들을 지적하지 않을 수 없다. 첫째, 사이버 공간의 급격한 성장이 과연 역사발전의 구심점이 될 수 있는가? 그 연장에서 진보는 존재하는가? 둘째, 사이버 공간은 인간의 정신적인 잠재성과 상상력을 표현하는 소통의 공간인가, 아니면 기술과 자본에 종속될 수 있는 위기의 공간인가? 셋째, 소통의 혁명을 주도하고 있는 인터넷과 스마트 폰은 과연 인간에게 무한한 자유를 줄 수 있는가? (중략)

3) 연습

1 아래의 글은 오스트리아의 사회사상가 앙드레 고로(André Gorz)의 『에콜로지카』의 일부의 글이다. 원문에 있는 아래 두 개의 문단을 읽고 세 번째 문단에 들어갈 수 있는 내용을 나름대로 문맥을 고려해서 재구성해 보자. (☞ 세태를 고려하며 진정한 삶을 살아갈 주체의 참 의미를 염두에 두고 작성한다.)

① 우리는 주체로서, 즉 남들과 사회가 우리에게 요구하고 허용하는 존재로 축소될 수 없는 존재로서 우리 자신에게서 태어납니다. 교육, 사회화, 훈련, 통합 이런 것이 우리에게 가르치는 것들이란 '타자들' 사이에서 '타자'가 되라, 주체가 되는 체험이라는 사회화할 수 없는 부분을 부정하라, 우리 삶과 우리의 욕망을 노선 표시가 잘 되어 있는 일정한 경로를 따라 운하처럼 흘러가게 하라, 사회라는 거대한 기계가 우리에게 맡으라고 재촉하는 역할과 기능을 우리 자신과 혼동하라는 것입니다.

② '타자'로서의 우리의 정체성을 규정하는 것은 바로 이런 역할과 기능들입니다. 이것들은 우리 각자가 자기 스스로 될 수 있는 것을 넘어서지요. 그것들로 인해 우리는 우리 자신으로서 존재하지 못하거나, 심지어는 우리 자신으로 존재하는 것, 우리의 행위가 무엇을 의미하는지에 대해 질문하고 그 질문을 감당하는 것을 금지당하기까지 합니다. 움직이는 것은 '나'가 아니라, '타자'로서의 나를

통해 움직이면서 나로 하여금 사회적 거대기계의 생산과 재생산에 협력하게끔 하는 사회적 배치의 자동화된 논리인 거죠. 이런 논리에 따르는 것이 진정한 주체일까요? 주체의 지배는 피지배자에게뿐 아니라 지배층의 구성원에게도 작용합니다. 지배자들은 그들이 그 논리의 충실한 공복(公僕)이 되어 그것을 섬기는 한에서만 지배하는 것입니다.

③ 그렇다면 오늘날 타자가 지배하는 세계와 여기서 이뤄지는 수동적인 삶을 어떻게 극복하고 살아야 주체적인 삶을 성취할 수 있는가? (…)

2 아래의 글은 아리스토텔레스의 『니코마코스 윤리학』의 일부의 글이다. 그는 이 글에서 인간의 선에 관해 논하고 있다. 주어진 아래의 글을 요약하고 아리스토텔레스가 주장한 선의 가치가 갖는 의미를 오늘날의 입장에서 나름대로 재구성하며 자신의 견해를 서술해 보자. (☞ 아리스토텔레스는 플라톤이 추구하던 현실 바깥 세계에 있는 추상적인 이데아의 선을 부정하고 공동체의 선과 실사구시의 가치관을 주장한다.)

① 모든 기술과 탐구, 또는 모든 행동과 추구는 어떤 선을 목적으로 삼고 있는 것으로 생각된다. 그러므로 모든 것이 목적으로 삼는 것이 선이라고 한 주장은 옳은 것이라고 하겠다. 그런데 여러 가지 목적들 간에는 어떤 차이가 있다. 즉 활동 자체가 목적이 되는 경우가 있는가 하면, 또 어떤 성과를 생기게 하는 활동을 떠나 그러한 성과가 목적이 되는 경우가 있다. 활동 이외의 것이 목적인 경우에는, 활동보다 성과가 더 좋은 것임은 당연한 것이라 하겠다. 그런데 행동, 기술, 학문에는 여러 가지가 있기 때문에, 목적 또한 여러 가지로 많다. 가령, 의술의 목적은 건강이요, 조선의 목적은 배요, 병법의 목적은 승리요, 경제학의 목적은 부이다.

② 우리가 지금 추구하고 있는 것은 인간이 획득할 수 있는 선이다. 하지만 선의 이데아를 인정하는 것이 인간으로서 활동하고 획득할 수 있는 선들을 얻는데 도움이 된다고 생각하는 사람이 있을는지 모른다. 왜냐하면 선의 이데아를 표준으로서 가지고 있어야 우리를 위해서 선한 것들을 우리가 더욱 잘 알 수 있고, 또 우리가 이렇게 잘 알고 있으면 또한 획득할 수도 있기 때문이다. 그러나 이 논의는 수긍할만한 점을 가지고 있기는 하나, 학문의 실제와는 상충 되는 듯싶다. 제작하는 사람이나 목수가 선 자체를 앎으로써 얼마나 자신의 기술에 도움을 얻으며 혹은 이데아를 본 사람이 그로써 얼마나 더 훌륭한 의사나 장군이 될 수 있겠는가 하는 것도 자못 의심쩍은 일이다. 왜냐하면 의사는 그렇게 해서 건강을 연구하는 것이 아니요, 다만 인간의 건강을, 아니 개개의 인간의 건강을 연구하기 때문이다.

3 다음과 같은 교양서들 가운데 하나를 선택해서 앞서 설명한 서론, 본론, 결론의 작성항목들에 의해 간단한 서평 쓰기를 해보자. 서평 쓰기는 책에 나타난 주제를 명확히 이해하고 서평자의 문제의식을 독창적으로 제시할 수 있어야 한다. (☞ 아래의 도서들 가운데 『향연』은 그리스 철학자들이 생각하는 사랑의 기원, 『방법서설』은 데카르트가 말하는 학문과 이성의 관계, 『성과 속』은 종교의 발생과 그 의미에 관한 인류학적 관심, 『생태학 (...)』은 인간과 자연의 불가분적 관계 등에 문제의 초점을 두고 있다.)

플라톤, 『플라톤의 대화편 : 향연』(최명관 옮김), 창, 2008.
데카르트, 『방법서설』(이현복 옮김), 문예출판사, 2006.
멀치아 엘리아데, 『성과 속』(이동하 옮김), 학민사, 2006.
리처드 도킨스, 『이기적 유전자』(홍영남 옮김), 을유문화사, 2002.
피에르 레비, 『누스페어』(김동윤 외 옮김), 생각의 나무, 2003.

도널드 워스터, 『생태학, 그 열림과 닫힘의 역사』(강헌 옮김), 아카넷, 2002.

로버트 루트번스타인, 『생각의 탄생』(박종성 옮김), 에토의 서재, 2007.

마이클 샌델, 『왜 도덕인가?』(안진환 옮김), 한국경제신문, 2010.

토시 월시, 『AI의 미래: 생각하는 기계』(이기동 옮김), 프리뷰, 2018.

2 영화비평문 쓰기

1) 개요

영화는 인간의 상상력과 가치를 표현하는 영상 이미지의 장르이다. 과거의 고대인들이 신화를 만들었다면 현대인들은 영화를 만들고 있다고 해도 과언이 아니다. 신화 속에 인간의 보편적인 가치, 시대적인 욕망과 환상, 사건의 미화 및 수수께끼 등이 담겨 있듯이 영화도 그런 것들을 표현한다. 특히 영화작품 속에는 감독의 특별한 주제의식과 연출 의도가 숨어있기 때문에 감상자는 영화 이미지와 대사들 가운데 그것들을 잘 파악하고 이런 것들이 어떻게 적용되어 사건이 전개되는지를 살펴볼 수 있어야 한다. 영화 속에는 비단 감독의 생각뿐만 아니라 현대인의 가치와 성찰 그리고 상상력이 종합적으로 표현된다. 그래서 좋은 영화 감상은 마치 훌륭한 양서를 정독한 것과 같은 긍정적 효과를 준다.

영화작품들은 마치 거울에 비춰진 인간과 사회의 자화상이라고 할 수 있는데 여기에 착안에서 비평의 주제나 문제의식을 얻도록 해야 한다. 가령 〈기생충〉(2019)은 영화적인 리얼리티를 살려 비굴하면서도 숨기고 싶은 인간의 욕망과 이것이 초래한 비극을 여과 없이 드러내고 있다. 그래서 영화 자체가 비판적인 연출 의도를 지니고 있듯이 또한 관점을 갖고 비평문을 작성하는 것도 하나의 가치판단이며 작품 속에 투영되고 있는 감독의 철학과 가치관 등도 비평의 대상이 된다. 작품의 배경 속에는 으레 시대적인 통념이나 선악의 기준 등이 저변에 깔려 있고 감상자에게 긴장감과 몰입을 주는 저항, 일탈, 해학 등도 비평자의 흥미를 더해 준다. 그래서 작품의 주제나 감독의 문제의식 등이 비교적 선명하게 잘 드러나 있는 작품을 기준으로 비평의 대상을 선택하는 것이 더 많은 비평적 관심을 부여할 수 있다.

또한 좋은 영화 감상은 남다른 역사이해와 체험을 가능케 한다. 몇 년 전 개봉된 한국영화, 류승완 감독의 『군함도』, 장훈 감독의 『택시 운전사』 등은 공통적으로 과거사의 아픔을 재현하며 관객들에게 역사적 진실이 무엇인지에 대한 반성의 계기도 주고 있다. 이와 같이 영화는 본질적으로 픽션이라고 말하지만 때로는 사실의 재구성이면서 진실의 기록이기도 하다. 역사적 사건을 다루고 있는 또 다른 영화 『타이타닉』(1997)은 인간의 사랑과 책임감을 일깨워주고 있다. 1912년 바다 속에 수장된 타이타닉은 수많은 인명을 빼앗은 비극으로 알려져 있다. 그러나 그 영화는 타이타닉이 더 이상 비극의 과거가 아니라 인간 희생과 고귀함 그리고 사랑의 위대함을 상징하는 것으로 뒤바꾸었다.

그 외에도 영화라는 장르는 프로메테우스의 불과 같이 세상의 진실을 다시 읽어주곤 한다. 존 카메론 감독의 영화 『헤드윅』(2001)은 불완전하게 수술이 이뤄진 성전환자 헤드윅의 아픔과 그에 대한 세상의 편견을 다루고 있지만 인간 자신은 모두 그를 비난할 수 없는 불완전한 존재들이라는 점을 역으로 가르쳐 준다. 그리고 이 영화는 그런 아픔과 편견 그리고 불완전성을 치유할 수 있는 유일한 방법은 서로를 사랑하는 것이라고 관객들을 설득한다. 인간의 꿈과 자신을 찾고자 하는 희망이 존재하는 한 영화는 늘 제작될 것이고 삶의 진리를 실험하게 될 것이다.

영화 『시네마 천국』(1990)의 한 장면. 영화는 서사적인 기록이 있는 판타지이고 상상과 진실을 전하는 메신저이다.

위와 같은 점들을 고려해서 영화비평문을 작성하는 것도 하나의 가치판단 활동이라는 것을 인지해야 한다. 즉 비평문 쓰기를 할 때 영화 속에 투영되고 있는 감독의 철학과 가치관 그리고 의도를 파악해야 하며 작품 속에서 함께 용해되고 있는 시대적인 통념이나 선악의 기준, 인간의 사랑과 행복, 아픔, 갈등 등을 읽어낼 수 있어야 한다. 영화비평문은 될 수 있으면 문제 작품이나 감독의 주제의식이 잘 드러나 있는 작품을 선택해서 작성하는 것이 좋다. 아래와 같은 순서를 갖고 영화비평문을 준비하도록 하자.

㉠ **영화작품을 선정한다.**

쉬운 영화든 어려운 영화든 모든 영화가 비평의 대상이 될 수 있다. 우선 자신에게 특히 인상이 깊었거나 의미를 남긴 영화를 선정하고 될 수 있으면 주제의식이 뚜렷한 문제 작품을 눈여겨본다. 그리고 여기에 나만의 생각과 판단이 적용될 수 있도록 하자.

㉡ **영화를 감상한다.**

영화비평을 위해 해당 영화를 3번 이상을 보도록 하자. 1차 관람은 개략적인 스토리를 중심으로 감독의 주제와 의도가 무엇인지를 이해하는 데 주력한다. 2차 관람에서는 장면과 장면 사이의 유기적인 연결과 캐릭터들의 다양한 역할과 성격을 분석한다. 그리고 시나리오 전개의 극적인 논리성과 인과관계가 주효하고 있는지 살펴본다. 3차 관람은 비평문 작성에 도움이 될 수 있는 중요한 대사나 주요 이미지들을 눈여겨보아야 한다. 특히 자신만의 감상법과 이해방법, 관점 등에 중점을 두고 영상 장면, 대사, 카메라 앵글 등에서 그 근거를 체크 하도록 하자.

㉢ **비평문을 작성한다.**

비평문을 서술하기 전에 해당 작품과 관련된 참고자료 내지 감독의 이력과 주요 가치관 등이 잘 나타나 있는 전문적인 영화저널 또는 도서관의 전자 자료들을 검토한다. 만약 작품주제와 연관된 학술도서가 있다면 적극적으로 활용할 수 있으면 좋다. 그리고 독자가 그 비평의 글을 통해 얻고자 하는 기대치와 요구사항 등에 호응해서 가독성을 갖고 서술하도록 한다.

한편 작품에 대한 감상 이후 비평문을 작성하는 것 이외에도 다른 동료들과 서로의 감상과 생각을 주고받을 수 있는 토론 활동을 진행할 수도 있다. 독서토론 보다도 특히 각자의 의견들이 분분한 경우가 영화토론이다. 영화 전체에 투사되고 있는 감독의 의도, 특정 화면이 극중에서 차지하는 위치, 시각적 효과나 애매한 대사가 가져다주는 뉘앙스 등 감상자의 수용적 태도에 따라 얼마든지 많은 이견들이 나올 수 있는 것이 영화감상 이후의 토론하기라고 볼 수 있다. 그렇기 때문에 토론을 진행할 때, "내가 그 영화나 감독에 대해 알고 있는 한 … 라고 생각해" 등의 단언적인 주장은 현명하지 못하다. 토론에 앞서 영화의 제작동기, 평론가들의 비평, 관객들의 소감 등을 객관적으로 참고하는 것이 좋다. 토론은 나의 주장을 관철시키기 위한 것이 아니라 서로의 비판적 관점을 공유하고 좀 더 나은 공론을 모색해 나가는 과정이다. 따라서 타인의 의견들에 대해 늘 열린 자세와 배우겠다는 태도로 토론활동에 참석하는 것이 바람직하다.

2) 방법과 예시

영화비평은 비평자의 관점과 요지가 잘 설명될 수 있어야 한다. 그래서 집필하기 전에 서론, 본론, 결론 혹은 기승전결의 형식으로 내용을 요약 구성하여 아래와 같은 방식에 따라 개요작성이 선행될 수 있어야 한다.

> ㉠ **서론** : 영화가 암시하는 주제 및 감독의 연출의도, 영화제작 또는 줄거리의 배경, 이 영화가 나에게 특별한 점 등과 같은 비평의 동기 등을 언급한다.
> ㉡ **본론** : 감독의 연출의도가 확연히 나타난 주요 줄거리와 인상적인 장면, 영화구성의 새로운 기법과 이것이 적용되고 있는 특별한 부분들을 서술한다.
> ㉢ **결론** : 영화가 던져준 문제의식과 일깨운 가치, 이 영화를 흥미 있게 볼 수 있는 방법, 그리고 영화에 대한 총평 등을 구성한다.

> **예시**

다음은 데이빗 핀처 감독의 『벤자민 버튼의 시간은 거꾸로 간다』(The curious case of Benjamin Button, 2008)에 대한 비평문이다. 왜 감독은 벤자민이 겪어야 했던 '거꾸로 가는 삶'의 시간을 설정했는가, 그 영화가 주는 삶의 교훈은 무엇인가 등에 대해 토론해 보자.

<시간과 운명 그리고 삶의 감사>

우리가 살아가는 삶의 시간은 죽음 앞에서 한정되어 있고 심지어 일상적으로 발생하는 모든 일들도 서로 얽히고설켜 그 어떤 일도 우연히 발생하는 일이 없는 것처럼 보인다. 인간은 태어남과 죽음, 사랑과 이별 가운데 즐거워하고 슬퍼하는 존재이다. 그런데 그런 세상과 인생을 바라보는 핀처 감독의 시선은 역설적이고 열정적이다. 만약 우리가 늙은이로 태어나 점차 어린아이로 되돌아간다면 세상의 모든 일은 더 신기하게 보일지도 모른다. 비록 겪어야 하는 고초도 있지만 희망과 꿈이라는 단어는 시한부 인생과 같이 앞으로 주어진 시간 속에 더 열정을 실어 나를 수 있지 않을까?

브래드 피트가 열연한 벤자민 버튼은 시간을 되돌리고 싶은 한 시계공의 전설이 있는 마을에서 갓난아기로 태어나지만 마치 죽기 직전의 노인의 모습으로 태어나는 바람에 친부를 절망하게 만들며 이내 버려진 아이가 된다. 이 점에서 감독은 영화 줄거리의 배경설정에 있어 판타지 장르를 지향한다. 그리고 영화는 태어남과 죽음에 이르기까지의 서사적인 삶을 연출함으로써 시간과 운명의 절대성 앞에 노출된 인간의 나약함을 그려내는 것 같지만 이내 거기에 저항하는 프로메테우스적인 인간의 꿈과 열정을 아름답게 그려내기 시작한다. 버튼은 늙은 아이로 태어나지만 어린 소녀, 데이시를 사랑한다. 그는 고향을 떠나 먼 여행을 떠나기도 하는데 어선을 타기도 하고 나치의 군함과 맞서기도 한다. 이런 영화적인 도입은 인생의 시간과 운명이 선택과 결단의 연속이라는 것을 보여준다. 그 과정에서 그는 점차 젊은 청년으로 성장하며 자신을 버린 친부의 가업을 이어받아 거부가 되기도 한다. 마침내 그는 데이시와 사랑의 결합을 하고 아이도 갖지만 자신 또한 점차 아이가 되어간다는 두려움과 책임 때문에 그들과 이별하고야 만다. 다시 긴 여정을 거쳐 한 소년이 되어 고향에 돌아온 버튼은 그를 알아 본 데이시의 품에 안긴 채 갓난아기의 모습으로 세상을 평화롭게 떠난다.

이 영화는 자신의 운명을 절대적인 시간에 맡겨야 하는 인생의 서글픔과 공허함을 일깨워준다. 그러나 핀처 감독은 그것을 말하고자 하는 것은 아니다. 인생은 그래도 유일한 나 자신의 시간이며 죽기까지 그렇게 부여되는 모든 시간은 선택의 시간이며 반복되지 않는 시간이다. 그 주어진 시간은 인간에게 꿈과 욕망을 실현할 수 있는 절대적인 자유를 부여한다. 이것은 삶의 목적이다. 버튼이 겪은 시간과 운명은 모질지만 주어진 삶에 대해 감사하는 마음을 갖고 최선을 다할 수 있는 사람이 되자는 교훈이 담겨 있다. 더 나아가 감독은 다음과 같은 메시지를 우리에게 주고 있다. 사랑과 열정 그리고 꿈을 갖고 척박한 세상을 즐기고 자유로운 인생을 살아가자. 이것은 삶의 은혜이고 감사할 일이다.

3) 연습

※ 각자 최근에 보았던 영화 가운데 주제의식이 분명한 영화작품을 선택해서 한쪽 분량의 비평문을 완성해보자. (예를 들어, 『시네마 천국』, 『타이타닉』, 『헤드윅』, 『아바타』, 『설국열차』, 『국제시장』, 『기생충』 등)

3 예술비평문 쓰기

1) 개요

　책이나 영화와 달리 예술작품은 작가의 직관과 감성 그리고 상상력에 의지하는 경우가 많다. 그만큼 자신만의 예술적 감상과 체험을 비교적 자유롭게 표현할 수 있는 분야가 예술비평문 쓰기라고 할 수 있다. 그러나 현대의 예술이 점점 난해해지고 있다는 것은 그만큼 감상자의 심층적인 생각과 비평적 안목을 더 필요로 한다는 의미가 된다. 예를 들어 예술작가의 사유와 관점을 중시하는 오브제 예술이나 작가의 즉흥적인 감각을 강조하며 신체의 동작을 활용하는 퍼포먼스 예술은 포스트모던 시대의 새로운 예술적 변화를 이끌어내고 있다. 이렇듯 예술은 작가의 상상과 지각의 세계를 반영하며 미적 이미지의 표현은 작가의 특정 관점과 표현기법을 요구한다.

　오늘날 회화 및 조형예술 그리고 행위예술 등에서 저자가 추구하고 있는 작품의 독창성을 제대로 이해하지 못하면 그 예술적 가치를 비평할 수 없다. 특히 현대예술의 새로운 경향은 미디어아트나 개념예술에 가까워지고 있기에 비평자의 창의적 안목이 더욱 절실해지고 있으며 작가가 판단하는 예술적 정의에 따라 일상용품이 예술작품으로 여겨지기도 한다. 물론 하나의 작품이 작가의 주관적인 판단과 인상을 그려내는 것이라는 것을 부정하지는 않는다. 그러나 분명한 점은 현대의 예술은 그 어느 때 보다 작가의 창의적인 문제의식을 중시하며 그만큼 감상자의 좋은 비평을 또한 필요로 한다.

2) 방법과 예시

　예술비평을 위해서는 작가의 창의적인 생각과 이것을 표현하는 새로운 기법을 먼저 파악할 수 있어야 하고 나름대로 감상방법 등을 기술해야 한다. 그리고 이런 비평적 글쓰기도 일정한 형식에 의해 구성을 갖춰야 한다.

> ⊙ **서론** : 작가가 추구하는 예술적 성향, 해당 작품에 나타난 주제의식, 이 작품에 대한 일반적 평가 등을 다룬다.
> ⓒ **본론** : 유심히 살펴본 작품의 형상에 대한 소개, 감상자가 관심 있게 보고자 하는 표현과 기법에 관한 특이한 점 등을 서술한다.
> ⓒ **결론** : 이 작품으로 작가가 말하고자 하는 가치관, 작가의 새로운 시도가 가져올 예술적 의미와 기여 등에 관한 총평을 구성한다.

예시 1

사진작가이자 일러스트레이터로 활동하고 있는 토드 셀비(T. Selby)의 『The Selby House: 즐거운 나의 집』(서울 대림미술관, 2017)에 대한 비평문을 위의 비평문 형식대로 아래와 같이 작성할 수 있다.

셀비의 『즐거운 나의 집』: 작가는 일상의 소품들을 예술작품으로 바꿔 놓아 일상과 아틀리에의 경계를 허문다.

사진작가이자 일러스트레이터로 활동하고 있는 셀비의 전시회는 그가 일상에서 만났던 사람들과의 소중한 이야기를 간직하고 있는 그의 소품들을 전시하고 있다. 일상은 그의 작업실이고 가족과 동료들은 그의 모델들이다. 그에게 일상과 작업실은 경계를 갖지 않으며 작가의 예술적 감성과 상상력은 평상시 익숙한 것들에 대한 친밀한 정서와 즐거움을 표현한다. 일상은 작가가 긍정적 에너지를 얻어가는 소중한 예술적 공간이다.

오늘날 예술은 점점 어려운 장르가 되어가고 있다. 관객들은 작품 저자의 예술적 의도와 기법을 따라가기에도 버거울 정도가 되어 이제 예술은 일상 저 너머의 세계에 있는 장르인 것처럼 보인다. 과연 일상은 예술적 소재가 될 수 없는 것일까? 셀비는 관객들을 자신의 집으로, 방으로 그리고 친구의 집으로 초대한다. 그곳에는 작가가 어린 시절 그렸던 가족의 얼굴들이 있고 세계 곳곳에 있는 동료들의 취미와 수집품을 알 수 있는 사진들이 전시되어 있다. 심지어 작가가 꿈꾸었던 동심의 세계가 아이들이 좋아할 법한 소인국처럼 재현되었다. 작품들은 관객들 자신의 따뜻한 소품들로 다가오고 작가는 그들의 기대감과 몰입이 벗어나지 나지 않게 세심하게 그것들로 전시실을 가득 메워놓고 있다.

예술작품이 작품으로서 평가받는 이유는 미의 기준과 새로운 기법이 인정받기 때문이다. 그런데 작가가 쓴 일기라는 이유만으로, 관객에게 감상의 즐거움을 선사했다는 명분이 있다고 해서 과연 예술작품이 될 수 있을까? 아니면 진정한 작품은 관객들과 함께 공감과 즐거움을 나누는 것에 있는 것일까? 작가에 따르면 일상은 작업실이다. 누구나 자신의 일상을 갖고 있으며 그 일상에서 누구나 작가가 될 수 있다. 나의 일상은 누가 대신할 수 없는 나만의 실존적 시간이며 이것을 기록하고 기억할 수 있는 소품들도 예술작품이 된다. 작가는 누구나 일상의 주인이고 영화 속의 주인공이 될 수 있는 것처럼 그 삶을 사랑하라고 말하는 듯하다.

예시 2

다음은 마그리트의 『잘못된 거울』(1935)에 대한 비평문이다. 작가는 왜 그 작품을 그렸는지 그 의미를 함께 토론해 보자. 예술작품도 책이나 영화처럼 작가의 주제의식을 표현한다. 그래서 감상자는 그런 점을 먼저 파악해야 하며 작가의 주제의식이나 표현기법 등이 나오게 된 배경을 살펴봄으로써 보다 흥미 있는 작품 감상을 할 수 있다.

〈세상의 진실과 거짓〉

현대의 문제 작가 마그리트는 우리가 흔히 알고 있는 사물세계의 숨겨진 진실을 폭로하는 작품들을 다수 발표해 왔다. 『잘못된 거울』(Le faux miroir)도 '세계를 어떻게 볼 것인가'에 대한 작가의 문제의식과 흥미 있는 아이러니를 표현하고 있다.

푸른 하늘과 구름을 캔버스에 그리고 있는 화가의 손동작은 결국 화가 자신의 눈동자에 비친 하늘과 구름의 이미지를 베끼고 있는 것은 아닐까? 이렇듯 "내가 지금 보고 있는 푸른 하늘은 실재 그 자체인가, 아니면 내 동공에 비친 하늘인가?" 마그리트는 하늘과 구름을 바라보면서 문득 그런 생각을 했는지도 모른다.

그렇다면 이 작품이 우리에게 주는 의미는 무엇인가? 인간은 자신의 눈으로 세상의 진실을 볼 뿐이다. 아무리 과학의 눈으로 세상을 본다지만 이것도 마찬가지로 인간의 생각과 시선을 벗어날 수 없다. 우리는 사물세계를 객관적으로 관찰하고 논리적으로 인식할 수 있다고 하지만 결국 이것도 인간의 눈에 비친 표상이 되지는 않을까? 마그리트는 이렇듯 삶의 부조리를 고발하고 있는 것처럼 보인다.

예시 3

아래의 비평 소감을 읽고 작품에 담겨 있는 의미를 감상자 나름대로 생각을 각자 제시해보자.

〈신이 있는 곳〉

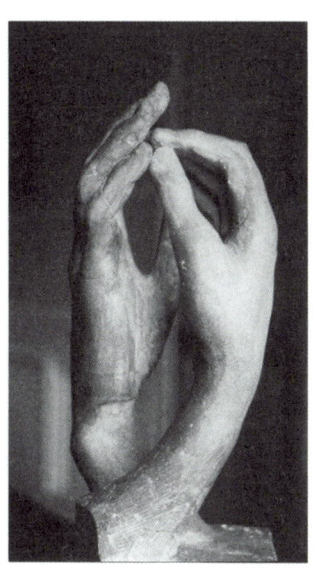

로댕은 휴머니즘을 추구하는 위대한 작가들 중의 한 사람이다. 특히 그의 작품 『성당』(Le Cathédral, 1908)을 눈여겨보면서 그 아름다운 조형미에 찬사를 보내지 않을 수 없다. 그런데 연인인 듯한 두 사람이 서로 손을 곱게 모아 맞잡고 있는 이 작품의 제목이 왜 성당일까에 대해 선뜻 의문을 갖지 않을 수 없다.

일반적으로 성당은 신이 이 땅에 거주하는 신성한 장소이며 이곳에서 인간들은 두 손을 모아 그에게 기도를 드린다. 기도를 올리면서 신으로부터 계시를 받을 수 있거나 성령의 존재를 체험할 수 있다. 기독교의 전통에서 그런 성스러운 장소를 성당 또는 교회라고 부른다. 그런데 로댕의 조형작품은 실제로 성당의 외형적인 이미지보다는 단지 두 사람이 손을 맞잡고 있는 것을 아름답게 표현하고 있다. 이것은 무엇을 의미하는 것일까?

혹시 나와 타인이 나누는 사랑의 교감 가운데 바로 여기에 신이 와 계신 것은 아닐까? 그렇다면 인간의 아름다운 마음이 있는 곳에 신도 함께 있고 여기가 실제 성당인 것은 아닐까? 철학자 레비나스는 타인의 얼굴이 있는 곳에 신도 함께 있다고 말한다. 결국 이 작품도 우리의 삶과 사랑이 있는 곳에 신이 있고 그가 우리를 보호한다는 메시지를 건네주고 있는 듯하다.

3) 연습

※ 뒤샹이나 백남준 등이 선구적으로 활동했던 포스트모던 시대에는 그 어느 때 보다 작가의 창의적인 문제의식을 중시한다. 그래서 그런 작가들은 인간의 삶과 세계의 진실을 이미 알고 있었던 것과는 전혀 다른 방식으로 예술작품을 소개하는 바람에 시대를 앞서가는 새로운 진리의 기준을 실험하게 된다. 아래의 작품을 감상하면서 이것이 왜 예술작품이 될 수 있는지 작가의 창의적 발상을 생각하면서 비평문을 완성해보자.

〈미학적 태도의 해체〉

㉠ 포스트-모더니즘을 이끌었던 마르셀 뒤샹은 예술의 정의를 기성품(ready-made)이라고 평가한다. 즉 그 어떤 예술작품도 이미 새로운 것이 없으며 단지 작가의 선택적 행위에 의해 예술이 된다는 것이다. 그는 다른 작품에서도 모나리자의 얼굴에 턱 수염을 덧칠함으로써 '그녀'는 '그'가 된다는 엉뚱한 발상을 시도하기도 했다. 일상적으로 쉽게 볼 수 있는 『자전거 바퀴』(1913)도 예술작품이 될 수 있다는 점은 남다르다. 왜 그럴까?

㉡ 이 작품을 감상하면서 주목할 부분은 ······· (중략)

㉢ 따라서 그의 전위적인 작품은 예술은 숭고하고 아름답다는 기존의 미학적 태도를 해체한다. ... (중략)

※ 아래의 광고 이미지를 보면서 여기서 눈여겨볼 수 있는 생소한 요소를 지적하고 그 의미를 생각하며 나머지 부분을 완성해보자.

〈다양한 색깔의 병아리〉

㉠ 광고에서 볼 수 있듯 병아리들이 주홍, 초록색 등의 다양한 색채들로 자신들의 형상을 보여주고 있다. 왜 하필이면 병아리가 광고모델이 되고 또 노란색이 아닌 다양한 색깔들을 입고 있는 것인가? 〈베네통〉(Benetton)은 다국적 의류업체로서 '서로 다른 인종과 남녀가 편견 없이 각자 선호하는 디자인을 선택하고 즐길 수 있다.'는 가치를 추구하는 브랜드로 유명하다. 그리고 실제 적지 않은 광고들에서 그런 가치관이 반영되고 있다.

㉡ 병아리는 태어날 때부터 암수……. (중략)

㉢ 이 점에서 우리의 인간사회를 돌이켜 생각해보자. (중략)

참고문헌

아리스토텔레스, 『니코마코스 윤리학』(이창우 외 옮김), 이제이북스, 2006.
앙드레 고르, 『에콜로지카』(임희근 외 옮김), 생각의 나무, 2015.

IV

자기 탐색적 글쓰기

1. 에세이 쓰기
2. 나에 대한 글쓰기
3. 자기소개서 쓰기

VI

지속적 변화과정

1

에세이 쓰기

학습목표
- 일상과 자연현장에서 겪었던 사건이나 경험을 떠올려 생각해보고 이것을 한 문단이나 두 문단으로 나누어 이야기 위주로 기록해 보자.
- 그리고 그 이야기가 나에게 주었던 각별한 의미를 또 한 문단으로 재구성하고 타인과 주변 세계가 왜 일상의 뿌리가 될 수 있는지 새로운 성찰의 시간을 갖도록 하자.

글쓰기는 마음의 문을 열고 자신을 객관화할 수 있는 자기표현이다. 특히 수필이라고도 하는 에세이는 글쓰는 사람의 마음을 담아 자신의 이야기를 형식에 얽매이지 않고 자유롭게 써 내려갈 때 그 진정한 의미를 발견할 수 있다. 글쓴이 자신이 겪은 일상의 이야기나 화제를 한 편의 글로 표현하고자 할 때 생각을 여과하고 있는 글쓴이의 가치판단과 메시지도 이야기를 마무리하며 제시되어야 할 것이다.

에세이는 글쓴이의 정갈하면서도 고귀한 마음을 그대로 솔직하게 담아낼 수 있어야 한다. 그래서 과장된 표현이나 긴 문장 등을 제어할 수 있어야 한다. 글은 글쓴이의 마음을 표현하며 마치 글쓴이 자신의 얼굴과 같다. 누군가의 진실성을 읽어 내려갈 때 독자들도 쉽게 호응하고 글의 메시지에 공감할 수 있다. 특히 타인이나 사물 세계를 바라보는 글쓴이의 세심한 관심과 마음이 드러날 수 있어야 한다. 에세이는 글 쓰는 사람의 시선과 느낌을 구체적으로 담아내는 것이 중요하므로 나와 대상 사이의 구체적인 묘사나 서사적 기록이 뒤따라야 하며 일상과 세계의 다양한 모습이나 형태 등을 표현할 수 있어야 한다.

에세이는 일상적으로 소중하게 경험했던 것을 이야기로 표현하고 자신의 반성을 덧붙여 가져올 수 있는 성찰적 행위이다. 그렇기 때문에 이런 측면을 두드러지게 살릴 수 있는 내러티브(narrative, 이야기) 글쓰기는 글쓴이의 체험을 바탕으로 사물과 타자 세계를 관찰하고 기록함으로써 나와 세계 사이의 긴밀한 관계를 모색하며 내적인 자기반성과 소통을 추구하는 글쓰기 행위이다. 그 예로 간단한 일기나 기행문 등도 나 중심적인 이야기가 될 수 있지만 타자세계에 대한 이해를 넓혀나갈 수 있으며 이런 세계가 어느덧 주체의 뿌리라는 인식을 가져다준다.

따라서 내러티브 글쓰기는 글을 쓰는 자신이 중심이 되어 세계를 바라보고 타인과 소통할 수 있는 열린 주체로서의 자신을 탐색하는 글쓰기이다. 그리고 그런 글쓰기는 자신의 삶을 세계 또는 다른 사람들과 관계를 맺고 기술하는 특징을 지니고 있으므로 미처 깨닫지 못했던 삶의 모습과 의미를 새롭게 재구성한다. 세계를 바라보는 생각과 판단 그리고 느낌을 표현하면서 나와 세계의 의미를 긴밀하게 묘사하며 만들어갈 수 있다. 그 세계는 곧 나의 세계이다. 그 예들을 살펴보자.

> "석양. 이름만 들어도 왠지 모르게 가슴이 벅찼다. 해변에는 석양을 보기 위해 많은 사람들이 모래알처럼 옹기종기 모여 있었다. 신선한 바닷바람이 내 머리카락을 차분히 빗겨 주었다. 마치 나를 부르는 바다의 손짓 같았다. 어느덧 해가 저물고 하늘을 뚫을 기세로 높이 떠 있던 태양이 바다에게 입맞춤을 하였다. 그것을 지켜보던 푸른 하늘은 부끄러운 듯 볼을 빨갛게 물들였다." (학생의 글)

> "우리가 탄 낙타는 가장 마지막으로 베이스캠프에 도착했다. 캠프 정중앙에는 커다랗게 활활 타오르는 모닥불이 있었다. 그 주위에서 젬베를 두드리고 노래를 부르는 사람들, 흥겨운 기타연주, 타닥타닥 불타는 장작소리, 그리고 각국의 언어가 뒤섞여 들려오는 곳에서 가만히 눈을 감고 있으면 온갖 상념이 노래소리를 타고 빠져나가 사라지는 것 같았다. 마침내 모든 불빛이 자취를 감추었을 때 어느덧 까만 하늘은 하얀 점들이 콕콕 박힌 말 그대로 별이 쏟아지는 모습이었다." (학생의 글)

위의 글에서 주목할 만한 부분은 미처 발견하지 못했던 새로운 세계에 대한 감흥과 이해를 보여주며 나와 세계의 관계를 조화롭게 묘사하고 있다는 점이다. 이렇듯 내러티브 글쓰기는 세계와 타자에 대한 새로운 발견을 통해 나 자신을 진정성 있게 다시 만날 수 있는 기회를 부여한다. 그래서 내러티브 글쓰기는 글 쓰는 사람의 경험과 내면세계를 중시하며 이것은 에세이를 쓰게 하는 이유이기도 하다. 에세이의 이야기는 서사적 표현을 통해 과거의 시간을 재구성하며 1인칭적 관점에서 세상을 생생하게 서술해 나가기 때문에 묘사적 표현을 자주 사용한다. 만약 기행문이나 자서전 등에서도 그런 표현을 자주 활용한다면 독자들의 공감을 얻어 가는데 많은 도움을 준다.

내러티브 글쓰기를 주요 방법으로 세상을 좀 더 넓게 바라보며 나와 세계를 융합해서 주체적으로 삶을 이해하는 것에 도움이 된다. 그리고 그 글쓰기는 서사적 글쓰기 또는 묘사적 글쓰기 등의 간단한 형식을 통해서 서술된다. 서사적 글쓰기는 시간의 질서를 바탕으로 동적인 움직임을 기록하고 사건의 인과적 관계에 대한 서술을 중시한다. 이에 비해 묘사적 글쓰기는 시간의 흐름이 정지된 상태에서 사물의 외형적인 형태를 표현하거나 글을 쓰고 있는 사람의 시각, 청각, 후각의 느낌을 생생하게 표현하는 특징을 갖고 있다. 즉 내러티브 글쓰기는 일상의 경험을 시간의 순서에 따라 기술하거나 삶의 세계에 대한 생생한 묘사를 통해 실현된다. 아래의 예문은 서사적 표현들이 주로 활용되고 있는 내러티브 글쓰기의 사례이다. 시간적·인과적 관계를 중시하며 사건을 어떻게 재구성하는지 살펴보자.

"오늘도 나는 발 디딜 틈도 없는 지하철 통학 열차의 닫힌 문이 열리자마자 마치 쫓겨나듯 뛰쳐나왔다. 허둥지둥 역사를 벗어나서 학교 정문을 향해 숨을 헐떡이며 바삐 걸었다. 마침 폐지를 가득 실은 리어카를 앞에서 끌고 가는 아저씨와 뒤에서 밀고 있는 아주머니와 마주쳤다. 선선한 아침임에도 불구하고 두 분 모두 땀을 뻘뻘 흘리고 계셨다. 그때 리어카가 멈췄다. 하필이면 우측 바퀴가 아스팔트가 움푹 패인 곳에 빠진 것이다. 나는 곧 리어카의 뒤편으로 뛰어가서 아주머니와 함께 힘차게 리어카를 밀기 시작했다. 드디어 리어카가 앞으로 움직였다."

아래의 예문은 묘사적 표현들이 주로 활용되고 있는 내러티브 글쓰기의 한 사례이며 서사적 글쓰기 표현들과 달리 마치 한 편의 그림을 보는 듯한 효과를 준다.

"회갈색으로 변한 들판은 허무하고 황량하다. 햇볕은 포근한 편이었고 논바닥에 괸 물은 아직 얼지 않았다. 쭈빗쭈빗한 논둑의 마른 풀이 눈물에

> 그림자를 내리고 있었다. 달콤한 열매 맛을 못 잊은 도둑 까마귀가 감나무 꼭대기에 앉아 주둥이를 나뭇가지에 문대고 있었으며 농가 울타리 밖에 쌓인 보리 짚단 위에는 참새들이 모여 앉아 햇볕맞이를 하고 있었다. 조무래기들은 타작마당에서 팽이를 돌리고 과부 막딸네가 팔짱을 끼고 어깨를 움츠리며 마을로 가는 모습이 보인다." (박경리, 『토지』 중에서, 마로니에북스, 2012.)

잘 된 묘사적 표현은 마치 한 편의 그림을 그려나가는 것과 같다. 위의 글 중에서 "쭈빗쭈빗한 논둑의 마른 풀이 논물에 그림자를 내리고 있었다" 라는 묘사적 표현에 주목해 보자. 독자는 이런 문장을 읽어 나가면서 자연스럽게 머릿속에 한편의 그림을 상상할 수 있다. 그런데 '쭈빗쭈빗한'이라는 의태어는 어떤 의미를 담고 있을까? 이것은 뭔가에 망설이며 머뭇머뭇하는 태도를 나타낸다. 따라서 듬성듬성 여기저기 남아있는 논둑의 마른 풀들이 자세를 엉거주춤하게 구부린 상태로 논물에 비쳐지고 있는 그림 이미지를 연상해 볼 수 있다.

기본적으로 에세이는 일상체험 글쓰기와 자연체험 글쓰기로 분류된다. 그 개요와 예시를 통해 살펴보도록 하자.

1 일상체험 글쓰기

1) 개요

사건을 서술적으로 기술하는 내러티브 글쓰기는 이야기를 인과적으로 구성하지만, 작가가 심미적·성찰적 관점에서 의미를 부여하기 때문에 작가의 경험이 반드시 시간의 순서에 의해 기술되지는 않는다. 내러티브 글쓰기의 특징은 의미의 논리적 구조를 중시한다. 가령 "나는 오늘 아침 9시에 일어났다. 그리고 간단하게 조식을 먹고 학교로 향했다."라는 문장을 내러티브의 표현으로 바꿔 보자. "어제의 일로 밤새 잠을 설친 나는 평소보다 늦은 9시에 눈을 떴다. 그리고 조식을 먹는 둥 마는 둥 하고 이내 친구들이 기다리고 있을 학교로 바삐 뛰어나갔다."

이렇듯 일상적 체험에 대한 글쓰기는 일상의 일들을 서사적 관계를 통해 구성할 수 있지만 좀더 보충해서 내러티브 글쓰기 표현을 활용한다면 진부할 수 있는 일상의 사실을 나만이 바라보는 시선과 의미로 재구성할 수 있다. 그래서 잊을 수 없는 사건이나 계기를 이야기의 소재로 삼는다면 더 좋을 것이다.

2) 방법과 예시

일상의 경험이나 소재를 갖고 기술하는 글쓰기는 자신의 삶을 기록하면서 좀 더 성찰적인 삶을 모색할 수 있다. 또한 간단한 일화나 다른 사람의 이야기를 재구성하면서 얼마든지 자신만의 이야기를 만들 수 있는 것이 일상적 글쓰기이다. 글의 분량을 떠나 일기나 에세이 등을 쓰면서 삶을 있는 그대로 기록하고 자신만의 생각과 판단을 덧붙인다면 이미 한 편의 체험적 글이 된다. 아래의 글들을 감상해 보자.

> "등산화 하나 없이 흙길을 꿋꿋이 걸어가는 우리 엄마의 모습이 왠지 모르게 행복해 보였다. 그렇게 길을 내려오다 미끄러지는 일이 있어도 신발을 탓하지 않았다. 놀이터에서 뛰어놀다 넘어진 아이처럼 주저앉아 꺼이꺼이 울지도 않았다. 틀린 답을 말한 멋쩍은 미소를 지어 보이며 오히려 크게 웃어 보였다. 다시 돌 위의 흙 알갱이들이 엄마의 신발을 밀어냈을 때, 미끄러져 허둥거리는 엄마를 안쓰럽게 바라보며 '신발 좀 사!' 나는 괜히 소리쳤다." (학생의 글)

> "논두렁 사잇길을 걷던 중 저 길 끝 커다란 밤나무에서 떨어진 밤이 쫑긋한 가시들 사이로 탐스러운 열매를 빛내며 오소소 굴러왔다. 은행나무는 은행알을 툭 떨어뜨리고, 자줏빛 고구마 줄기는 고구마를 땅 위로 올려보내

고, 고추 줄기는 빨간 고추를, 호박은 누런 호박 통을 맺어놓는 풍요로운 가을 모습이었다. 문득 저 풍요로운 가을 열매처럼 무언가 남겨보고 싶다던 할아버지가 생각났다." (학생의 글)

3) 사례

아래의 에세이를 읽고 일상의 사건과 그 의미를 생각해 보자.

조건 없는 사랑

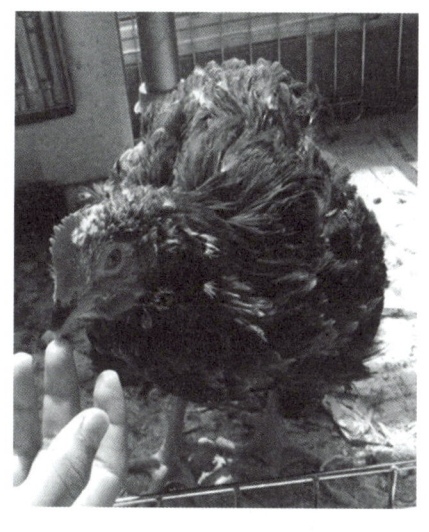

일반적으로 사랑에는 조건이 있다. 우선 사랑하기 위한 대상이 필요하고, 성격, 외모, 가치관 등 대상과 관련된 모든 것들이 조건이 될 수 있다. 과학자들은 이러한 조건부적 사랑의 주체가 본인이 아닌 본인의 유전자라고 설명한다. 사랑에서 비롯되는 깊은 설렘과 황홀감도 번식을 위한 신체적 화학 반응이라고 단순화한다. 그러나, 난 과학적으로 설명할 수 없는 사랑도 분명 존재한다고 믿는다. 반려동물에 대한 사랑이 대표적 예시이다. 번식과는 관련이 없는데도 이 사랑의 크기는 가족 간의 연대와 견줄만 하다. 나는 이 정체 모를 강렬한 사랑을 경험한 적이 있다.

9년 전, 무려 12살에 나는 엄마가 되었다. 이 이야기는 네 개의 유정란에서 시작된다. 때는 바야흐로 눈이 녹아내리던 초봄이다. 손주들 교육에 열정적이셨던 외할아버지는 네 개의 유정란을 구해 오시더니 나와 동생에게 부화미션을 주셨다. 우리 가족은 스티로폼 박스와 열전구, 톱밥 등으로 엄마 닭을 대신하여 그 아이들을 정성스럽게 품었고, 네 생명 중 두 생명이 부화에 성공했으나 한 마리는 얼마 안 가 곁을 떠나고 말았다. 힘겹게 얻어낸 마지막 생명이었기에 우리는 튼튼하게 자라라고 '튼튼이'라고 이름을 붙여줬다. 비위가 심히 약했던 내가 배변물을 군소리 없이 치울 정도로 애정을 가져본 건 처음이었다. 곤히 잠든 튼튼이를 바라보거나 배 위에 올려놓고 서로 온기를 나누는 것이 일상이 되었으며 당시에는 그것이 내 낙이었다. 나를 엄마로 인식했던 지라 풀어놓으면 계속 내 뒤를 졸졸 따라다녔고, 멀리 있다가도 '튼튼아' 부르면 강아지처럼 쪼르륵 와서 내 무릎 위에 정확히 안착했다. 우리는 정말 깊은 교감을 했고, 나는 튼튼이를 통해 '헌신'이라는 감정을 알게 되었다. 튼튼이는 하루가 멀다하고 빠르게 성장했다. 보드랍고 폭신한 솜털이 민들레 홀씨처럼 서서히 빠지더니 뻣뻣한 적갈색 깃털이 피어났다. 튼튼이가 일반 닭과는 다르다는 것을 알게된 것도 그때쯤이었다. 덩치가 성체에 비해 작았고, 벼슬도 초라했으며 결정적으로 왼쪽 발가락이 이상하리만치 휘어있었다. 비록 장애가 있었지만 내 눈에는 마냥 사랑스러운 자식이었다. 그러던 중 넓은 마당이 있는 작은 할아버지 댁에 튼튼이를 보낼 기회가 생겼고, 잘 키워주시겠다는 약속을 받은 후 보내게 되었다. 그러나 자연 속에서 다른 친구들과 잘 지냈으면 하는 바람과는 달리 간 지 2주만에 튼튼이는 세상을 떠났다. 다른 닭들이 왜소한 튼튼이를 괴롭혀서 따로 격리시켜 주었지만 그 후로도 계속 누워만 있고 활동을 잘 하지 않았다고 한다. 아직도 그 이야기를 전해 들었을 때를 생각하면 가슴이 아리다. 계속 아파트에서 같이 살았다면 혼자 외롭게 가진 않았을텐데.. 반복되는 회상으로만 튼튼이는 내 마음속에 남아있다. 9년이 지난 지금 불시에 밀려들던 슬픔의 물결은 매우 희미해졌다.

튼튼이는 나에게 사랑하는 법과 이별을 극복하는 법을 알려주었다. 사랑은 물과 같다. 가볍다가도 그 부피가 커지면 무거워진다. 어떤 그릇에 담느냐에 따라 모양이 변하고, 끊임없이 이동하려고 하기 때문에 잘 잡아두지 않으면 어디론가 도망가버린다. 도망간 것은 흐르고 흘러 다시 돌아오기도 한다. 이렇게 다양한 사랑 중 나는 어린 나이에 무거운, 조건 없는 사랑을 했으며 이는 정말 큰 경험이자 축복이라고 생각한다.

공공안전학부 조 예 원

완전한 행복을 위한 선택

학창 시절 어른들은 항상 나에게 꿈이 무엇이냐고 물었다. 초등학생인 나는 좋아하는 그림을 선택하며 당당하게 화가라는 꿈을 외치고 다녔다. 그땐 지나가는 모든 순간을 그림으로 간직하고 싶어서 초등학교 등하굣길은 늘 그림으로 표현했다. 붓으로 그려진 파란 하늘 아래 연필로 그린 다리를 건너 사인펜으로 점을 찍어 긴 흙길을 그리면 완성된다. 중학생 때는 질문에 모른다고 답했다. 지나가는 추억은 카메라로 담으면 그만이니 굳이 화가가 될 필요는 없다고 생각했다. 고등학생이 되자 억지로 꿈을 지어내기 시작했다. 이제 난 꿈이라는 단어도 잘 안 쓴다. 진로는 경영이고, 취미는 그림인 대학생이 되었다.

수업이 없는 수요일 매번 나를 재촉하던 알림음이 들리지 않아 평소보다 늦게 일어났다. 머리만 살짝 올려서 벽에 있는 시계를 보니 벌써 시침과 분침이 세로로 반을 가르고 있었다. 여유롭게 일어나 씻은 후 따뜻한 미역국에 밥을 말아 먹으며 다시 시계를 보니 아직 오후 1시이다. 다 먹고 다시 침대에 누워 방을 둘러보다 문득 책상 밑 상자가 테트리스처럼 한 줄로 나열된 게 보였다. 다 채워졌는데 안 터지고 자리를 차지하고 있으니 신경쓰이기 시작했다. 어기적거리며 일어나 책상 밑에 앉아 상자를 하나하나 열어보았다. 작은 크기 2개, 큰 상자 1개로 총 3개였다. 첫 번째 상자에는 졸업장과 상장이 들어있었다. 빠르게 정리하고 다시 누울 생각만 가득했기에 왼쪽으로 치워두고 두 번째 상자를 열었다. 거기에는 뚜껑 없는 사인펜, 색깔별로 나열한 크레파스 그리고 색 빠진 파스텔이 들어있었다. 버릴 물건이라 생각하고 오른쪽으로 밀어두었다. 마지막 가장 큰 상자를 열어보니 그곳엔 바래진 종이와 모서리가 닳아버린 검은색 액자가 쌓여있었다. 과거에 내가 그린 그림이 한가득 이다. 정리하던 손이 미련이 남아있는 사람처럼 점점 느려졌다. 초등학교 3학년 때 아끼던 곰인형 그림, 지역 미술대회 때 그린 이순신 장군, 미술학원에서 액자에 담아 준 작품들이 눈앞에 떠다닌다. 이제서야 왼쪽의 상장과 오른쪽에 있던 그림 도구가 다르게 보이기 시작했다. 지역 미술대회 우수상, 과학 상상화 경진대회 최우수상, 거기에 쓰인 도구들은 모두 화가를 꿈꾸던 초등학생이 이룬 작은 업적들이었다.

　그림을 정리하면서 대학생이 된 이후 처음으로 행복이 무엇인지 고민했다. 진로 선택은 미래 행복을 위한 인생 최대의 선택 중 하나라고 생각한다. 그러나 나는 인생의 주인공이 될 수 있던 순간을 등지고 진로에 대한 압박감으로 많은 이들이 선택한 길을 급하게 따라갔다. 경영이란 과목이 싫은 건 아니지만 미래에도 그럴지 의심이 든다. "그림으로는 돈을 못 번다. 그건 취미로도 충분해"라며 상자에 나온 증거들이 말해주는데도 의심되는 감정을 부정해 왔다. 합리화시켜 정한 진로에서 느껴지는 불안감과 불확실함을 잠깐씩 그려지는 기쁨과 즐거움으로 가려보려 했다. 그저 완전한 행복은 순간 나타나 사라질 감정이 아닌 괴롭지 않아야 한다는 사실이 중요한 것인데. 초등학생 화가는 이미 알고 있었는지도 모른다. 이제 남은 선택은 완전한 행복을 위한 길을 고르는 것만 남았다.

경영학부 이은지

2 자연체험 글쓰기

1) 개요

　자연체험 글쓰기는 현장을 찾아 그곳에서 자신이 관찰하고 느꼈던 것을 기록하는 글쓰기이다. 따라서 자연체험 글쓰기는 자신과 자연 사이의 교감을 통해 자아와 바깥세계의 경계를 허물고 새로운 삶의 세계를 표현하는 것이 중요하다. 예를 들어 등산길에 기억에 남았던 청솔모의 나무타기, 산새소리 등을 기록해보자. 굳이 자연현장이 아니더라도 낡은 골목길, 옹기종기 붙어있는 주택들, 군고구마 파는 노점상과 그 앞으로 바삐 지나치는 사람들, 비바람을 피하며 버스정류장에서 한 뭉치로 모여 있는 사람들의 표정들, 이런 모습들을 보면서 삶의 시간과 공간을 관조해보자. 세상을 바라보는 자아의 시선을 통해 우리는 더 넓은 세계를 체험할 수 있다.

　에세이는 저자의 생각을 주관적이면서 감상적으로 표현하는 것에서 독자와의 공감을 높여 나갈 있다. 그만큼 진정성 있는 마음을 표현하는 것이 중요하다는 것이다. 그렇다고 해서, "나는 ~을 느꼈다", "~을 보니 엄청나게 아름다웠다", "~을 보면서 정말 많은 생각이 들었다" 등으로 자신의 느낌을 자신만이 알 수 있는 애매한 표현들로 그친다면 독자들에게 설득력 있는 의미의 전달이 될 수 없다. 그래서 될 수 있으면 다양한 묘사적인 표현, 구체적인 이유 등을 서술하면서 독자와의 공감대를 형성할 수 있어야 한다.

2) 방법과 예시

　자연체험 글쓰기는 무엇보다 관찰능력을 키울 수 있다. 자연현장의 특별한 모습을 관찰하고 기록하거나 사진을 찍으면서 현장을 바라보는 자신만의 주안점과 시선을 갖는 것이 중요하다. 다음과 같이 자연체험 글쓰기를 준비하면 좋을 것이다.

㉠ 특정 장소를 선택한다. 예를 들어 아침 산책길, 공원벤치, 한강공원, 학교정문 등.
㉡ 주제를 정한다. 예를 들어 시간, 조화, 생성과 소멸, 우정, 사랑과 미움 등.
㉢ 자신만의 느낌과 주제를 표현할 수 있는 대상을 사진 찍는다.
㉣ 내가 보고 관찰했던 것을 위주로 기록하고 글의 주제에 맞춰 다음과 같은 방식대로 자신의 생각을 쓴다.

○ **서론** : 글의 동기나 현장을 찾게 된 이유, 글의 배경이 될 수 있는 서정적 관심을 피력한다.
○ **본론** : 현장의 분위기를 생생하게 떠올리며 묘사적 표현들을 자주 사용하고 특히 주목하고 있는 대상에 대한 섬세한 관찰과 기록을 아끼지 않는다. 그리고 여기에 자신의 각별한 마음과 느낌이 실릴 수 있도록 한다.
○ **결론** : 구체적인 대상이나 계기를 통해서 새삼 깨닫게 된 소감과 성찰을 중심으로 글을 마무리한다.

예시

아래의 글에서 표현되고 있는 섬세한 자연적 체험에 주목해 보면서 나와 자연 사이의 긴밀한 관계를 이해해보자. 그리고 위의 형식에 맞춰서 나머지 부분을 완성해보자.

"1771. 5.10 : ① 내 마음은 이상할 정도로 명랑한 기분에 사로잡혀 있다. 그것은 말하자면 내가 요즈음 마음속 가득히 느끼고 있는 감미로운 봄날 아침의 분위기 같다. 나 같은 사람을 위해서 마련된 듯한 이 고장에서 나는 지금 홀로 삶을 즐기고 있다. (중략) ② 나를 감싸고 있는 정다운 골짜기는 김이 서리는 노을로 자욱이 뒤덮여 있다. 태양은 자신의 빛이 스며들지 못하는 어두운 숲 밖에서 머뭇거리기만 하고 단지 몇 줄기 햇살만이 그 내부의 성전 깊숙이까지 비쳐 들어올 뿐이다. 그럴 때 나는 쏟아져 내려가는 계곡물 옆의 우거진 풀 속에서 누워서 대지에 바

싹 얼굴을 갖다 댄다. (중략) ③ 이렇듯 자연 속의 봄날은 ……. " (괴테, 『젊은 베르테르의 슬픔』, 박찬기 옮김, 민음사, 1999.)

『젊은 베르테르의 슬픔』에서 괴테는 단순히 연인 롯테에 대한 베르테르의 연애 이야기를 다룬 것만은 아니다. 그는 살아 있는 생명으로 가득 차 있는 신비의 자연세계에 대한 베르테르의 설렘과 흥분을 매우 섬세한 표현으로 다루고 있다. 괴테는 남녀 사이의 진실한 사랑도 그런 세계의 섭리를 나타낸 것이기 때문에 피할 수 없는 인간의 운명으로 이해하고 있다.

3) 사례

아래의 두 편의 에세이에서 활용되고 있는 서사적·묘사적 표현들에 주의하면서 삶과 자연세계의 관계를 조화롭게 이해해보자.

파도

마음마저 부르트도록 추웠던 작년 1월 나는 무작정 바다를 보러 강릉으로 떠났다. 그 당시 나는 입시를 실패하고 미래에 대한 불안감과 우울함에 사로잡혀 있는 상태였다. 하루가 달리 부정적인 감정에 사로잡혀 가라앉는 기분을 평소대로 되돌려놓고자 충동적으로 떠난 것이다. 아무런 방해 없이 조용히 바다를 볼 수 있는 곳을 물색하던 나는 기차를 타고 시시각각 바뀌는 풍경을 바라보다 강릉역에 내려 차를 타고 시내에서 조금 벗어난 강릉과 주문진 사이 영진해변에 도착했다.

내가 찾아간 곳은 가끔 숙소와 해변 사이 철길로 기차가 지나는 소리와 파도치는 바다의 소리만 들리는 아주 고요한 마을이었다. 나는 눈이 시릴 만큼 푸른 바다 앞에서 세찬 파도 소리를 배경 음악 삼아 느리게 바닷가를 걸으며 상념에 잠겼다. 바람이 찬데 더 따뜻한 옷을 입고 나올 걸 하는 잡스러운 생각부터, 올 한 해 나는 무엇을 하면서, 어떻게 살았는지, 무엇을 이루었는지 하는 회고적 질문도 해가며. 쳇바퀴처럼 바쁘고 단조롭게 돌아가는 일상에서는 두터운 무기력의 장벽 때문에 머릿속을 파고들지 못했던 질문들이 낯선 장소에 오니 어둠 속에서 서서히 빛을 내기 시작하는 반딧불이 떼처럼 하나둘 떠올랐다. 이런저런 생각들에 빠져 걷다 보니 어느새 꽤 먼 길을 걸어왔다는 사실을 깨닫고 옷깃을 단단히 여민 후 다시 왔던 길을 돌아가 숙소에 몸을 뉘었다. 새로운 잠자리가 낯설어 잠을 설칠 것 같다는 걱정이 무색하게 나는 권태로운 일상이 남긴 여독을 풀어주듯 아주 이른 저녁에 픽 잠에 들었다. 일찍 잠에 들었던 탓인지 어스름한 이른 새벽에 불현듯 눈이 떠졌다. 태엽이 풀린 인형처럼 침대에 앉아 큰 창문 넘어 아득한 수평선을 멍하니 한참 응시하다 두터운 겉옷을 껴입고 숙소 앞으로 나가보니 동이 트기 시작했다. 칠흑 같은 어둠을 뚫고 해는 온 세상을 태워버릴 것처럼 천천히 수평선 아래에서부터 위를 샅샅이 훑어가며 붉게 하늘을 밝혔다. 바다는 해변가에 남은 유치한 낙서부터 내가 그를 보며 내뱉은 깊은 한숨까지 모두 끌어안고 깊은 바다로 돌아갔다. 그리고 다시 온 힘을 다하여 자신을 앞으로 밀어가며 나의 발끝까지 닿으려 애썼다. 타오르는 태양이 공기까지 데워버렸는지 어쩐지 한층 포근해진 것 같은 바람을 맞으며 나는 바다가 나에게 깨달음을 주려고 그렇게 무모하게 몸을 던졌나 하는 생각을 했다.

　　파도바다는 나에게 수백 번 무너지고 깨져도 언제든 제자리로 돌아갈 수 있으며, 또 어느 때든 나아갈 수 있다는 말을 남겨두고 간 것이 아닐까? 천천히 발을 떼어 돌아가는 길에 톨킨의 "방황하는 이들 모두가 길을 잃은 것은 아니다."는 명언이 떠올랐다. 이제 막 더 넓은 세상으로 나아가는 스무 살의 문턱에서 마주한 작은 방해물을 넘어가지 못하고 문 앞에서 뱅뱅 맴돌며 나아갈 길이 보이지 않는다고 생각했다. 그러나 지금의 나는 어엿한 대학생이 되었고, 다양한 사람들을 만나며 미래에는 어떤 길을 가볼까 열심히 물색하고 있다. 그래서 지금의 나는 내가 목표한 바를 이루지 못하거나 실패했다 느껴질 때도 파도의 가르침을 떠올리며 쉽게 좌절하지 않는다. 동이 트기 직전이 가장 어두운 법처럼 실패는 성장의 필수적인 과정이며, 나는 의지만 있다면 얼마든지 해낼 수 있고, 가끔 버겁다 느껴질 때는 파도를 밀어주는 바람처럼 나를 도와줄 소중한 가족들과 친구들이 있기에.

경영학부 김 민 지

나의 보물

올해 1월 말, 눈이 내리고 추위가 극에 달해 옷을 두껍게 입지 않으면 감기에 걸릴 날씨였다. 이날은 긴 수험생활을 끝내고 나서 처음으로 외가댁에 방문한 날이기도 하였다. 오랜만에 방문하는 것이라 많은 게 바뀌어 있을 풍경에 설레기도 하고 옛날의 모습을 다시는 볼 수 없을지도 모른다는 생각에 불안감을 느끼기도 하였다. 외가댁은 나에게 있어서 많은 추억을 남겨준 보물 같은 장소이다. 아마도 다른 것들과는 비교할 수 없을 만큼 아름다운 추억일 것이다.

외가댁의 모습은 자주 볼 수 있는 시골 풍경의 집이었다. 근처에 냇가가 자리 잡고 있어서 아름다운 물의 흐름을 구경할 수 있었다. 냇가의 물은 유리구슬만큼이나 투명하고 반짝거려 눈을 뗄 수 없을 정도였고, 물속에는 작은 물고기들과 올챙이들이 생명력을 가지고 살아가고 있었다. 또한 모양이 다른 큰 돌들이 일정한 간격을 두고 놓여있어 건너편 마을의 사람들이 건너기도 하고 이쪽 마을의 사람들이 건너기도 해 항상 북적이는 곳이었다. 나는 이곳에서 아빠가 만들어주신 나뭇잎 배를 띄우거나 물수제비를 뜨거나 차가운 물에 발을 담그며 놀기도 했다. 현재는 사람의 왕래도 적고 방치된 기간이 오래되어 주변의 모습도 약간 초라해진 모습이었다. 마치 사람이 늙어가며 소박해지는 모습과 닮았다고 느꼈다. 예전에는 없던 인공적인 돌다리도 생겼다. 그래도 나에게는 여전히 아름다운 모습이다. 그렇게 오랜만에 추억과 마주하여 시간을 보내고 나니 또 하나의 자랑거리인 시골에서의 밤 풍경이 찾아왔다. 외가댁에서의 밤하늘은 내가 살아오면서 본 모든 밤하늘 중 가장 예뻤다. 수없이 많은 하얀 별이 하늘에 흩뿌려져 있었고 그로 인해 까만 하늘도 연해져 짙은 보라색이 된 것만 같았다. 집 밖에는 차가 별로 다니지 않는 긴 도로가 있는데, 그곳을 걸으면서 밤하늘을 보면 심장이 두근거리기 시작한다. 선선하게 부는 바람과 논두렁에서 사는 것인지 냇가에서 올라온 건지 모를 개구리의 노랫소리와 가로등이 없는 완전한 밤의 어두움이 내가 가장 사랑하는 기억을 만든다. 이 아름다움을 어딘가에 다 담을 수 없다는 점이 유일한 한이었다.

외가댁에서 경험한 자연은 나에게 보물 같은 기억이 되었다. 나무들이 더 울창했을 때, 환경이 더 깨끗했을 때, 모든 것들이 시간이 지나기 전으로 돌아갔을 때 이 자연을 경험했다면 도시라는 존재를 거부했을 것이다. 그래서 어릴 때부터 이곳에 산 엄마를 부러워한 적도 있다. 도시는 밝지만 어둡다. 모두 살아가기 위해 열심히 불태운 의지가 도시를 밝게 만들었다. 하지만 의지를 불태운 사람들은 밝아지지 못하고 어두워져 있다고 생각한다. 나도 대학교에 다니기 전까지는 매일매일 밤하늘을 올려다보며 살았다. 하지만 대학교에 다니기 시작했을 때부턴 하루하루가 바빠 밤하늘을 올려다볼 생각을 못 했다. 나는 현실에 지친 모든 사람이 아름다운 자연에서 나처럼 보물 같은 기억을 받았으면 좋겠다고 생각한다. 힘들 때마다 나의 보물을 꺼내서 되새기면 그만큼 힘이 되는 것도 없다. 어떤 보석과도 바꿀 수 없는 나만의 보물이다.

디자인비즈학부 이 진 영

4) 연습

1 한 편의 글을 마무리하면서 단어나 문구의 보충을 통해 얼마든지 글의 완성도를 높여 나갈 수 있다. 아래의 문장들 가운데 괄호 속에 들어간 문구가 들어갔을 때와 생략되었을 때 각각 문장의 의미가 어떻게 새롭게 이해될 수 있는지 살펴보자. 그리고 다른 문구나 문장을 넣어 문맥이 있는 한 개의 문단을 만들어 보자.

- "아, 학교 가기 진짜 싫다. 나는 뻐근한 몸을 이끌고 일어나 (감기 걸린 강아지 마냥 앓는 소리를 내며) 기지개를 켜고 아침밥을 준비한다."
- "무작정 찾아간 군산의 금강 갑문에서 새들을 볼 수 있었다. (그들은 마치 장승처럼 갯벌에 우두커니 서 있었다.)"
- "가을 내내 바쁘게 추수하던 어른들과 열심히 학교 가던 아이들도 겨울에는 쉬어간다. (가을 내내 두 볼 가득히 도토리 줍던 다람쥐들도 겨울 앞에서는 모두 쉬어 간다)"
- "처음에는 단순히 '사람은 후회할 수밖에 없다'고 생각했다. 후회할 일이라는 것은 언젠가 생길 수밖에 없기 때문이다. (그것은 사람이 불완전하고, 이 세상은 우리 뜻대로만 흘러가지 않기에 그런 것이었다.)"
- "사랑을 시작할 때는 타이밍이 가장 중요한 것 같다. (같은 시간에 같은 마음으로 맞닿을 수 있는 사람과 만나는 그 순간이 기적이라는 생각이 들었다)"

- "사랑을 받아 본 사람이 사랑을 주는 법도 안다는 말이 있다. (나는 큰 사랑을 받았고 나를 사랑하는 누군가를 보았으며 그를 닮아갔을 뿐이다) 사랑하면 닮아간다고 하지 않는가?"
- "대학 생활은 마치 여행과 같다. (시간이 나를 투자하는 것이 아니라 이제는 내가 시간을 투자할 수 있게 되었다) 많은 것이 바뀐 정말 유익하고 재미있는 여행이다."
- "사랑은 곧 인생에 설탕 한 스푼을 첨가하는 것과 같다. (없어도 괜찮지만 삶이 훨씬 달달해진다)"
- "보글보글 끓고 있는 된장찌개를 숟가락으로 떠서 (군고구마처럼 불어가며) 먹기 시작했다."
- "도시의 건물 불빛과 가로등 불빛을 벗어난 지 얼마나 됐다고 한적한 시골 집의 창문을 열어보니 (누군가 하늘에서 설탕을 마구잡이로 뿌려 놓은 듯) 하늘은 별로 가득 차 있었다."
- "마당 한 편에 있는 땅콩을 뽑아보니 땅콩 꼬투리가 흙을 가득 붙잡고 올라왔다. (턱턱 털어내니 흙 내음이 번지며 탐스러운 땅콩 꼬투리가 보이기 시작한다) 한껏 주름진 땅콩 꼬투리, 딱 소리를 내 반으로 갈라보면 옅은 자줏빛의 땅콩 속살이 드러난다."
- "여름은 많은 것들을 데리고 우리를 찾아온다. 여름은 온통 푸르른 잎으로 가득 찬 나무들과 찬란한 하늘을 데리고 온다. (또 그 사이사이에, 매미와 풀벌레들도 사뿐히 앉아 따라온다)"
- "피곤한 눈을 비빈 후 가만히 멈추어서 학교의 풍경을 눈에 담았다. 물놀이를 한 듯이 흠뻑 젖어있는 나무들, (산꼭대기를 숨기고 싶다는 듯이 걸쳐져 있는) 멀리 안개를 보니 멈춰져 있는 세상에 온 것만 같았다."
- "사과나무에게 나는 낯선 외지인이었을 것이다. (그러나 그는 나와 땅 주인을 구별 짓지 않았다) 사람처럼 이리저리 재며 까탈을 부리지도 않고, 노골적이지도 않다. 늘 한결같은 모습으로 묵묵히 자연의 순리를 따를 뿐이다."

2 스토리텔링은 말하는 사람, 즉 화자 중심의 이야기이므로 같은 사물과 현상 그리고 사건을 보더라도 서로 다른 입장에서 말할 수 있는 창의적 요소를 중시한다. 아래의 사진 이미지들을 보며 있을 수 있는 이야기를 자유롭게 상상하며 서사적·묘사적 표현들을 활용하면서 한 개 또는 두 개 문단 정도의 다양한 글쓰기를 해보자.

㉠ 세 마리의 프레리도그(prairie dog)가 두리번거리며 각자 다른 관심들을 갖고 있는 듯 바깥의 분위기를 살피는 상황

㉡ 흰 갈기를 가진 나이든 노새가 우리의 한쪽 편에서 지친 몸을 이끌고 건초를 먹고 있는 모습

㉢ 어린 양 두 마리가 앞 다투며 목장의 풀을 열심히 뜯고 있는 모습

1. 에세이 쓰기

2

나에 대한 글쓰기

학습목표

- 나를 탐색하고 성찰하여 나의 정체성을 발견하고 미래를 설계할 수 있도록 한다.
- 연대기적 구성이나 화제(話題)별 구성, 타자의 시선으로 구성하기로 나에 대한 글쓰기를 할 수 있다.

1 나에 대한 글쓰기란?

1) 나를 대상으로 하여 나를 성찰하는 글쓰기

나에 대한 글쓰기는 나를 대상으로 하여 나의 삶과 모습을 성찰하는 글쓰기이다. 현재의 내 모습은 나의 생활, 나의 의식, 나의 선택 등에 의해 만들어진 것이다. 나에 대한 글쓰기는 현재의 내가 과거의 나를 해석하고 평가하기 때문에 나를 탐색하고 성찰하는 계기가 될 수 있다. 나를 대상으로 글을 쓰기 위해서는 나를 인식하고 나와 대화하며 내 삶을 돌아보는 과정이 필요하다. 이런 의미에서 나에 대한 글쓰기는 단순한 글쓰기가 아니라 자신의 삶을 가치 있게 살아갈 수 있도록 이끄는 글쓰기라고 할 수 있다. 자신을 성찰하는 글쓰기는 현재의 관점에서 과거의 자신을 해석하고 평가하기 때문에 자신에 대한 새로운 이해를 이끌어낼 수도 있으며, 과거의 사고와 신념 체계가 가지고 있던 왜곡을 수정하고 현재의 자신을 발전적으로 이끌 수 있는 동인이 되기도 한다.

2) 나의 정체성과 개성을 발견하는 글쓰기

나에 대한 글쓰기는 자기 자신을 이해하고 자기 정체성과 개성을 발견하는 글쓰기이다. 그러므로 현재의 자신을 구성하는 중요한 요소를 글감으로 선택하여 서술한다. 자신을 구성하는 중요한 요소를 떠올리고 이것을 글로 구성하며 자기 서사를 만드는 과정에서 나는 어떤 것을 선호하고 나의 특성이 무엇인가를 발견할 수 있다. 더 나아가 나는 어떻게 형성되었고 나는 누구인가를 탐색하면서 글을 쓰게 된다. 나에 대한 글쓰기에서는 쓰기라는 도구로 자신을 분석하고 자신의 이미지를 통합하여 자기 정체성을 정립하는 것을 지향한다. 이 때문에 나에 대한 글쓰기는 '나'의 정체성과 '나다움'을 정립하는 기회가 될 것이다.

3) 나의 고민, 갈등, 상처를 객관화하고 치유하는 글쓰기

나에 대한 글쓰기는 과거의 경험, 결정, 선택을 반추하면서 그 속에서 있었던 나의 고민, 갈등, 상처를 대면하고 이것을 드러내기도 한다. 그러나 현재의 관점에서 과거에 내가 가졌던 고민, 갈등, 상처를 바라보기 때문에 과거의 고민, 갈등, 상처는 심리적 거리화의 과정을 거치게 된다. 이 과정에서 과거의 고민, 갈등, 상처의 실체를 객관적으로 바라볼 수 있고, 현재의 시점에서 과거를 재구성하여 표현하게 된다. 이것은 글쓰기가 현재의 '내'가 과거의 '나'와 대면하여 제언하고 위로하며 격려하는 치유의 과정이 될 수 있다는 것을 의미한다. 이런 점에서 나에 대한 글쓰기는 과거의 상처나 아픔을 치유하여 과거의 기억에 얽매이지 않고 현재를 살게 하며 미래를 설계할 수 있도록 이끈다.

4) 나의 꿈, 계획, 로드맵을 설계하는 글쓰기

나에 대한 글쓰기는 자기 성찰을 하여 자기 정체성과 개성을 발견하거나 과거의 고민, 갈등, 상처를 치유하여 미래의 꿈, 계획, 로드맵을 설계하도록 한다. 나에 대한 글쓰기는 시간적 흐름에 따라 변화하는 과거의 나, 현재의 나, 미래의 나를 재현하는 방식을 취하기도 한다. 또한 나를 구성하는 것, 절망의 순간, 최고의 순간, 나의 꿈 등을 화제(話題)로 선택하거나 타자의 시선으로 나에 대한 글쓰기를 할 수 있다. 이러한 글쓰기는 과거와 현재의 나를 기반으로 하여 미래의 나를 계획할 수 있기 때문에 미래를 설계하는 글쓰기가 된다. 현재 구체적인 진로를 정하지 못했다 하더라도 우리는 '나에 대한 글쓰기'를 통해 미래의 꿈을 의식의 수면 위로 떠올려 그 현실적 가능성을 생각해볼 수 있다. 이미 미래에 대한 진로를 설정했다면 이에 대한 구체적 계획, 로드맵을 설계해볼 수 있다.

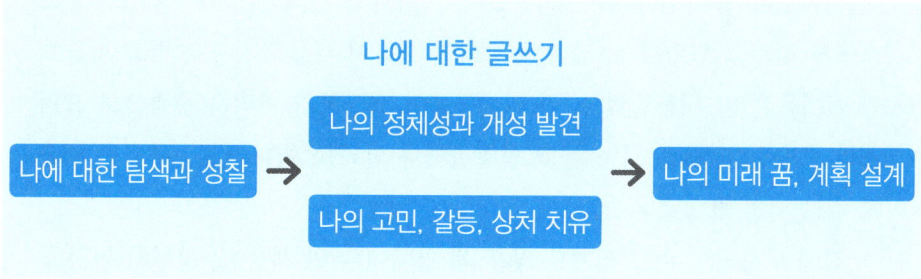

2 연대기적 구성의 글쓰기

1) 연대기적 구성의 글쓰기란?

　연대기(年代記)적 구성의 글쓰기란 과거, 현재, 미래라는 시간의 축에서 자신의 모습, 변화, 선택, 결심 등 자신을 구성하는 중요한 요소와 사건을 시간 순서대로 표현하는 것이다. 시간의 축을 아동기, 청소년기, 청년기 등으로 구분해서 구성해도 좋고, 자기에게 중요하고 의미 있는 사건과 성장의 과정을 순차적인 시간의 흐름으로 구성해도 된다. 연대기적 구성의 글쓰기에서 중요한 것은 과거의 성찰, 현재의 진단, 미래의 계획이 잘 드러날 수 있도록 해야 한다는 것이다.

2) 연대기적 구성의 글 읽기

(1) 연대기적 구성의 글 읽기

학생글1

세상을 따뜻하게 하는 불꽃

1. 장작을 모으다.

　어린 시절 나는 『신기한 스쿨버스』의 '광팬'이었다. 어느 일요일, 교회에서 예배를 마친 후 나는 부모님과 함께 서점에 가 어린이 코너에서 이런저런 책을 훑어보았다. 내 눈을 사로잡은 것은 표지에 눈이 달린 버스 그림이 그려진 책이었다. 호기심에 책장을 넘겼다. 괴상한 모양의 버스가 티라노사우르스에게 쫓기고 있었다. 머리가 주황색인 사람이 다급하게 운전하고 탑승객인 아이들은 환호를 질렀다. 버스는 공룡이 접근하기 어려운 숲속으로 요리조리 도망쳤다. 책을 집어 들고 엄마한테 사달라고 했다. 나는 구입한 책을 꼭 쥐고 서점 밖으로 나왔다.

　집에 도착해서 손을 씻지도 않은 채 침대에 누워 책을 첫 장부터 펼쳤다.

주황색 머리를 한 그 사람은 교사였다. 교실의 교단 앞에서 학생들에게 말을 전달하고 있었다. 그녀의 말에 따라 학생들은 밖으로 나와 버스에 올라탔다. 버스는 타임머신 모양으로 변해 트라이 아이스기로 떠났다. 그들은 다양한 공룡들은 관찰하며 선생님의 설명을 들었다. 공룡에게 쫓겨 계속 다음 시대로 도망가다가 운석으로 공룡이 멸종하자 다시 학교로 돌아왔다. 책을 덮었을 때 나도 버스에 타서 공룡을 구경한 것처럼 손에 땀이 흥건했다.

　이후로 일요일마다 예배를 마친 후 서점에 들러 스쿨버스 책을 하나씩 사기 시작했다. 한 권씩 모으다 보니 여섯 권이 됐다. 남극, 태양계, 인체 내부 등에 관한 내용이었다. 일곱 번째 책은 서점에서 살 필요가 없었다. 왜냐하면 엄마가 전권을 사주셨기 때문이다. 유치원에서 돌아왔던 날 『신기한 스쿨버스』로 꽉 찬 택배 상자의 모습이 여전히 생생하다. 책을 한 권씩 책장에 꽂아 넣으며 힐끗힐끗 책 표지를 쳐다볼 때마다 너무 좋았고 세상을 다 얻은 것 같았다. 그날 이후로 TV를 보는 대신 책을 읽었고 밤늦게까지 책을 보다가 잠들기도 했다.

　'과학'이라는 말을 몰랐던 시절 나는 그저 호기심에 『신기한 스쿨버스』를 읽었다. 그 내용이 과학에 대한 것이라는 사실을 제대로 알게 된 것은 초등학교 3학년이 되어서였다. 스쿨버스 태양계 편에서 본 지구와 달에 대한 내용이 과학 수업 시간에 등장했을 땐 스쿨버스의 내용이 오버랩 되면서 과학 수업 시간이 너무 짧게 느껴질 정도였다. 수업 시간에는 더 나아가 달 모양의 변화 실험을 했다. 지구, 태양, 달의 위치를 지구본, 조명, 탁구공을 이용해 알아봤다. 세 물체의 위치를 바꿔가며 지구에서 보는 달의 모양이 어떻게 바뀌는지 확인했다.

　어렸을 때는 밤하늘의 달 모양이 바뀌어도 도통 왜 그런지 알 수 없었다. 스쿨버스를 통해 달의 모양에 대해 알게 되었지만, 어떻게 모양이 변하는지까지는 알지 못했다. 그런데 다양한 과학실험을 하면서 스쿨버스에서 읽었던 내용보다 더 깊이 있는 세계가 있다는 것을 깨달았다. 그래서 과학 시간이 항상 기대됐다. 배추흰나비 애벌레가 나비가 되는 과정을 지켜보거나, 금속을 불꽃에 반응시켜 그 금속이 무엇인지 알아내는 등의 실험을 하면서 과학에 대한 흥미가 깊어졌다. 이렇게 초등학교 시절은 과학에 대한 흥미와 설렘으로 가득했다.

2. 꺼진 불을 다시 지피다.

　그러나 중학교에 들어가면서 과학에 대한 흥미가 사그라들기 시작했다. 과학 수업이 실험이 아닌 '시험'을 위한 시간이 되면서 수업 시간은 원리를 자세하게 설명하는 대신 진도를 나가는 데 급급했다. 선생님은 중요한 단어만 강조하고, 공식을 암기시켰다. 원래는 실험도 해야 하지만 대부분 동영상 시청으로 대체됐다. 그나마 수행평가를 실험으로 진행했지만, 점수를 위한 기초적인 실험뿐이었다. 나는 원리를 제대로 이해하지 못한 채 공식을 암기하고 시험에 응했으며 더 이상 과학에 흥미를 느끼지 못했다.

　과학은 국영수와 다를 바 없는 그저 여러 과목 중 하나였고, 성적 반영 비율이 낮기 때문에 학원에서는 국어, 영어, 수학을 중점적으로 공부시켰다. 시험 기간이 아닐 때는 고등학교 국·영·수 선행을 강조하며 진도를 많이 나갔고 그만큼 과제를 주었다. 과학에 대한 흥미를 느낄 수 있는 책마저 바쁜 학원 일정 때문에 읽지 못했다. 한때 내 삶의 일부였던 과학은 이제 서서히 잊혀가고 있었고, 과학에 대한 흥미도 감소했다. 나는 연표를 그리며 친절하게 설명해 주시고, 모둠활동을 자주 하셨던 역사 선생님의 영향을 받아 역사에 흥미를 느끼고 꿈을 역사 선생님으로 바꿨다.

　그렇게 고등학교에 진학했다. 1학년 때 동아리를 선택해야 했는데, 실험 동아리가 있다는 것을 알게 됐다. 옛날에 과학을 좋아했던 기억이 되살아났다. 너무 어렸을 때 일이라 다시 과학에 흥미를 느낄 수 있을지 의문이었고, 역사에 관심이 있었기 때문에 주저했다. 게다가 과학 동아리의 경쟁률이 매우 높아서 떨어진다면 내가 원하는 동아리에 못 갈 수도 있었다. 하지만 과학실에 들어가서 다양한 실험기구를 본 순간 첫사랑을 다시 만난 것처럼 가슴이 뛰었다. 과학을 다시 한번 해보자는 마음으로 신청서를 열심히 작성하였고, 면접도 최선을 다했다. 그 결과는 합격이었다.

　실험 동아리에서는 다양한 시약과 정교한 장비가 있었기 때문에 초등학교 때 할 수 없었던 다양한 실험을 할 수 있었다. 실험복과 보안경을 착용하는 순간부터 나는 실험에 몰입하기 시작했다. 물리, 생명 같은 다양한 실험을 했지만 나를 사로잡았던 건 화학실험이었다. 'TLC의 정성분석', '아스피린 합성' 등의 실험을 하며 더욱 화학실험에 흥미를 느꼈다. 중학교때와는 달리 이론도 마냥 지루하지는 않았다. 고등학교 때 화학 선생님은 수업 시간에 원리를 자세하게 가르쳐주시고 실험도 자주 했다. 그중에서 나는 화학2의 1단원인 '고체상 물질'이 재미있었다. 같은 탄소로 이루어져 있다고 해도, 구조에 따라 특징과 쓰임새가 달라졌기 때문이다. 이때 배운 탄소 나노튜브는 매우 얇지만 강하고 탄성이 좋아서 인상 깊었다.

국어, 영어, 수학 공부를 할 땐 힘들고 지루했지만, 화학 공부를 할 때는 시간 가는 줄 모르고 열심히 했다. 그 결과 화학 성적은 항상 상위권에 들었다. 학교 수업이 힘들어도 방과 후 실험동아리에서 실험할 땐 다시 활기를 띠었다. 2학년 땐 실험동아리 부회장을 맡아서 실험동아리를 이끌었다. 실험 주제를 직접 선정하고, 후배들과 실험하며 화학에 대한 흥미를 더 키워나갔다. 이 시기에 화학이 내 길이라고 생각했고, 나는 흔들림없이 노력해서 2023년에 경기대 화학과에 진학하게 되었다.

3. 새로운 장작을 집어넣다.

대학교 오리엔테이션 날 설렘 반 떨림 반으로 화학과 전용 강의실에 들어갔다. 열 명가량의 사람들이 앉아있었다. 어색한 분위기를 풀기 위해 나는 주위 사람들에게 화학과에 진학하게 된 이유에 관해 물어보았다. 화장품에 들어가는 성분에 관심이 있어서 온 친구도 있었고, 신약을 개발하고 싶은 친구도 있었다. 나처럼 전문 연구원을 생각하는 사람도 많았다. 저마다 화학과에 진학하게 된 이유는 달랐지만, 화학에 대한 흥미를 가진 것은 똑같았다. 화학과 교수님들이 들어와 전공을 소개해 주실 때에는 교수님들이 쓰신 논문을 보며 화학에 대한 열의를 느낄 수 있었고 화학에 내가 모르는 다양한 분야가 있다는 것을 알게 되었으며 화학과에서 전문적으로 무엇을 배우는지 알게 됐다.

특히 인상 깊었던 건 나노화학을 연구하시는 박종식 교수님이었다. 교수님은 기존에, 학교에 없던 나노화학 연구실을 만들어서 지도하고 계셨다. 나노화학이라는 분야가 신생 분야라 연구할 수 있는 여건이 제대로 갖춰진 대학교가 적다고 말씀하셨다. 하지만 우리 학교는 고려대학교와 협력하여 실험을 진행하고 있다고 하셨다. 내가 연구하고 싶은 분야의 교수님도 계시고, 화학을 진심으로 좋아하는 사람들이 가득한 이곳에서 공부할 수 있다는 것이 설레고 좋았다.

드디어 대학에 입학하고 강의를 듣게 되었는데, 나름대로 화학을 잘 한다고 자부하고 있었지만 고등학교와 달리 대학에서 배우는 많은 것이 새로웠다. 화학물질의 표기마저도 완전히 달랐다. 실험하면서 시약 통에 적힌 복잡한 이름을 보면서 기초적인 명명법 공부의 필요성을 느꼈다. 그래서 어떻게 표기하는지부터 모두 다시 배웠고, 암기했다. 물리, 화학, 생명, 미적분 총 4개의 MSC를 공부하면서 다양한 분야의 기초를 다졌다. 물론 이론만 공부한 것은 아니었다. 수업마다 실험 수업도 병행했다. 대학교에서 하는 실험은 고등학교 때의 실험과 매우 달랐다. 고등학교 때는 구경하기 힘들었던 고가의 실험 장비들과, 독성이 강한 시약들을 이용했다. 이를 통해 전문적인 실험을 할 수 있었고, 정확한 실험 결과를 얻을 수 있었다. 드디어 제대로 된 공부를 하는 것 같아 짜릿했다.

학과 생활도 새로운 경험으로 가득했다. 단순히 학업뿐만 아니라 다양한 행사들이 있었다. 나는 과대표라서 대부분의 행사에 참여했다. 대표적으로 '화학인의 밤'이라는 행사가 있었다. 화학과를 졸업하신 선배님들이 학교에 오셔서 어디서 어떤 일을 하시는지 듣고 교류하는 행사다. 화학과를 졸업한 뒤 어떤 분야로 갈 수 있는지 현실적인 부분을 알게 되었다. 화학인의 밤이 끝나고는 뒤풀이를 갔는데, 교수님, 대학원생들, 선배들, 동기들 다 같이 어울려서 즐기는 모습을 보고 우리 과의 결속력을 느낄 수 있었다. 그러면서 나도 10년 후에 이렇게 후배들을 만날 수 있을까 하는 상상을 해볼 수 있는 유익한 시간이었다.

4. 활활 타오르는 불꽃으로 세상을 따뜻하게 하다.

　1학년을 마무리하는 시점이 왔다. 나는 1학기에 학과 3등으로 '성 장학금'을 받았고, 2학기에도 좋은 성적을 받았다. 고등학교 때도 화학자를 꿈꿨지만 한 해 동안 화학을 배우면서 화학자에 대한 꿈을 확신하게 되었다. 이번 학기가 끝나면 입대하게 된다. 군대에서는 부족한 영어 공부를 할 계획이다. 영어는 대학원에서 논문을 읽거나 발표할 때 많이 필요하기 때문에 군대에서 시간을 허투루 보내지 않고 영어를 잡을 생각이다.

　제대 후 '화학 분석기능사' 자격증을 취득하려고 한다. 이 자격증은 화학물질의 성분을 분석하기 위해 필요한 화학적 소양을 갖추고, 안전하게 화학물질을 취급할 수 있는 숙련 기능인력을 양성하고자 하는 자격제이다. 실험을 정확하게 해야 딸 수 있는데, 세밀한 실험을 하기 위해 취득해 보고 싶다. 3학년 때는 전공 공부인 무기, 물리화학으로 기초를 다지고, 4학년에 있는 화학 특강 수업에서 나노를 공부한 뒤 이를 기반으로 나노 연구실이 있는 대학원에 진학해서, 박사까지 할 예정이다.

　내 인생의 롤모델은 화학자 '라이너스 폴링'이다. 이분은 수소분자에 관한 연구밖에 없었던 화학결정 영역의 이론을 다전자분자로 확장하여 현재 화학 결합론의 기초를 구축하여 노벨화학상을 수상하셨다. 그러나 '라이너스 폴링'은 훌륭한 과학이론만을 주창한 분이 아니라 핵무기 반대에 평생을 헌신하시고, 전 세계 1만 명이 넘는 과학자들로부터 핵실험 반대 서명을 받아내기도 했다. 그 공로를 인정받아 노벨평화상을 수상했다. 연구자가 자신의 연구를 잘 하는 것도 쉬운 일이 아닌데 과학자의 양심을 지키며 정의롭게 행동하는 것이 어떤 것인가를 '라이너스 폴링'을 통해 알게 되었다. 과학자로서 어떻게 살아야 하는가를 고민하고 있는 나에게 '라이너스 폴링'의 삶은 좋은 본보기였다.

　화학자로서의 나의 궁극적인 목표는 개도국에 나노를 공급하여 튼튼한 집을 짓는 것이다. 예전에 개도국 다큐를 봤는데, 집이 대부분 흙이거나 천막이었다. 내가 연구하고 싶은 나노는 크기에 따라 성질이 바뀌는 특징을 가져서 활용도가 매우 높다. 다큐를 보면서 만약 이런 곳에도 나노를 공급한다면 좋겠다고 생각했다. 왜냐하면 나노는 연구만 충분히 된다면 싸고 튼튼한 소재를 만들 수 있다. 또한 3D 프린터를 이용하여 쉽게 집을 지을 수 있다. 지금까지 내가 좋아했던 과학의 장작을 모으고 나를 위해 불을 지폈다면 앞으로는 활활 타오르는 불꽃으로 세상을 따뜻하게 하는 사람이 되고 싶다. 나의 지식과 과학기술을 도구로 사용하여 소외계층을 돕고 세상을 바꾸는 나노 화학자가 될 것이다.

화학과 박진영

(2) 구성 분석과 평가하기

제목	세상을 따뜻하게 하는 불꽃	
글감	상위 글감 : 나 '박진영'	
	하위 글감 : 신기한 스쿨버스, 과학에 대한 흥미 상실, 실험동아리, 경기대 화학과 진학, 나노 화학자	
주제문	나노 화학자가 되어 과학기술로 소외계층을 돕고 세상을 따뜻하게 하는 사람이 될 것이다.	
구성	1. 장작을 모으다	① 어린시절 『신기한 스쿨버스』에 푹 빠져 전권을 읽었고, 이것을 계기로 과학에 대한 호기심을 가지게 되었다.
		②
	2. 꺼진 불을 다시 지피다	①
		②
		③

구성	3. 새로운 장작을 집어넣다	①
		②
	4. 활활 타오르는 불꽃으로 세상을 따뜻하게 하다	①
		②
		③
평가	평가항목	내 용
	연대기적 구성의 완성도	상 중 하 이유:
	정체성과 개성	상 중 하 이유:
	과거 성찰/ 현재 진단/ 미래 계획	상 중 하 이유:
	총평	

3) 연대기적 구성의 글쓰기 연습

(1) 연대기적 구성의 글쓰기 과정

> ❶ 과거, 현재, 미래 혹은 아동기, 청소년기, 청년기의 시간을 떠올리고 연대기 쓰기
> ❷ 연대기의 내용 중 현재 자신의 모습을 만든 중요한 사건, 결정, 의식 등 선택하기
> ❸ 글 전체의 주제를 설정하고 몇 개의 중요 글감 정하기
> ❹ 자신의 정체성, 개성을 유기적으로 드러낼 수 있는 서사 구성하기
> ❺ 항목별 소제목과 이에 따른 세부 내용을 설정하여 전체 개요 구성하기

(2) 나의 연대기 작성

_____의 연대기

시기	년/나이	사건	결과, 후일담, 의미
아동기			
청소년기			
청년기			

(3) 주제와 글감 정하기

위 연대기의 기록 중에서 자신에게 중요한 사건, 의미 있는 일, 현재의 자기를 구성하는 요소, 미래 계획 등을 선택하고 주제와 글감을 정해보자.

(4) 개요 작성하기

제목		
주제문		
개요	소제목	세부내용
	1.	①
		②
		③
	2.	①
		②
		③
	3.	①
		②
		③
	4.	①
		②
		③

(5) 초고쓰기

개요에서 작성한 소제목과 세부 내용을 바탕으로 나의 과거, 현재, 미래를 유기적으로 구성하는 연대기적 구성의 글쓰기를 완성해보자.

3   화제별 구성의 글쓰기

1) 화제별 구성의 글쓰기란?

　화제(話題)별 구성의 글쓰기란 나의 성격, 장단점, 나에게 영향을 준 것, 내가 좋아하는 것, 성공과 실패, 노력과 극복, 꿈 등과 같은 중요한 요소를 선택하여 화제별로 나의 서사를 구성하는 것이다. '화제별 구성의 글쓰기'에서는 자신은 누구이고, 자신의 정체성과 특성을 드러낼 수 있는 사건과 의미 등을 화제로 선정할 수 있다. 시간의 순차적인 구성에 얽매이지 않고 시간을 거스르는 역전적 방식으로 써도 좋다. 그리고 다양한 화제 중 나를 가장 잘 드러낼 수 있는 화제를 선택하고, 배치하여 구성하면 된다. 다만 나의 성격, 장단점, 나에게 영향을 준 것, 내가 좋아하는 것, 절망의 순간, 최고의 순간, 꿈 등의 화제를 중심으로 나의 이야기가 의미적인 유기성을 지닐 수 있도록 구성하는 것이 필요하다.

2) 화제별 구성의 글 읽기

　(1) 화제별 구성의 글 읽기

학생글2

파도에 몸 맡기기

〈'나'의 형성〉

　나는 2남 1녀 중 막내다. 이렇게 말하면 사람들은 내가 부모님과 오빠들 사이에서 사랑받고 자랐을 거라고 생각하며 나를 부러워하기도 한다. 그러나 실상은 그렇지 않았다. 2명의 오빠들과는 항상 치고받고 싸웠으며 전쟁 같은 하루를 살았다. 특히 나의 어린시절은 오빠들에게 음식을 뺏기지 않으려는 투쟁의 시간이었다. 나중에 엄마에게 들은 일화인데 둘째 오빠는 배고파 울고 있는 나를 위해 분유를 타온다고 하고서는 나의 분유 한 통을 숟가락으로 퍼먹고 나에게는 원래보다 적은 분유를 주었다고 한다. 아기일 때부터 밥을 뺏긴 나는 오빠 둘 사이에서 자라면서 맛있는 음식을 먹으려면 열심히 달려들어야 한다. 그렇기에 나는 음식에 대한 욕심이 많고, 음식을 못 남긴다. 음식을 남기지 못하는 이유는 먹는 것을 좋아하는 것도 있지만, 음식이 있을 때 많이 먹어둬야 하기 때문이다. 그래서 배가 불러도 남기지 않고 무조건 다 먹었다. 그 결과 나는 초등학교 6년 내내 경도 비만이었고, 지금도 배불러도 다 먹는다.

또 하나 내 어린 시절을 오랫동안 짓눌렀던 아픔이 있다. 바로 우리 아버지이다. 아니 정확히 말하면 아버지의 술주정이다. 엄마 말로는 아버지의 술주정은 오빠들이 태어나기 전부터 심했다고 한다. 아버지가 퇴근 후 술을 마시고 집에 늦게까지 안 들어오는 날에는 우리는 어김 없이 짐을 쌌다. 도망갈 준비를 하기 위해서였다. 아버지의 술주정은 가볍게는 2시간 이상의 잔소리, 심하면 폭언과 폭행으로 이어졌다. 어릴 적에 술을 드시면 이렇게 폭력적으로 변하는 아버지 때문에 동네 호텔과 모텔은 안 가본 곳이 없을 정도였다. 내가 초등학교 5학년부터는 그런 아버지와 따로 살게 되었고 엄마와 오빠들과 외할아버지 댁에서 몇 년간 지냈다. 교류가 없었던 아버지는 술을 마시고 외할아버지 댁을 2~3번 찾아온 적도 있었고, 우리는 아버지가 무서워 또 도망갔었다. 도망간 다음 날, 학교에 가야 하는데 아버지가 학교까지 찾아올까 봐 조마조마하면서 등교를 한 기억도 있다. 그래도 중학교, 고등학교에 입학해서는 아버지가 술 먹고 전화를 하거나 찾아오는 일은 거의 없었다. 따로 살지만, 아버지는 우리 삼 남매의 교육비를 지원해 주셨고, 용돈도 꾸준히 주셨다. 술을 마시지 않으면 괜찮은 아버지였지만 술을 마시면 끔찍할 정도로 싫은 아버지였다. 이러한 가정환경에서 자랐기에 나는 주눅이 들어 있었고 또래 친구들보다 일찍 철들었다.

〈나를 뛰어넘는 줄넘기〉

내가 초등학교 6학년이 되었을 때, 새로운 체육 선생님이 오셨다. 새로 온 체육 선생님은 단체 줄넘기로 학교 학생들을 전국대회에서 수상하게 한 유명한 분이셨다. 체육 선생님은 작년에 단체 줄넘기에 참여했던 학생들을 강당으로 불러 모으셨다. 선생님은 우리에게 작년에 한 것처럼 해보라고 하셨고, 그것을 바탕으로 선수를 뽑으셨다. 나는 초등학교 5학년 때 줄을 돌리는 줄돌이로 참가했었다. 체육 선생님께서 나에게 키도 크고 힘이 있으니까 줄돌이로 적합하다고 말씀해주셨고, 그래서 나는 6학년 때도 줄돌이를 하게 되었다. 그렇게 선출된 친구들, 동생들과 함께 본격적인 연습이 시작되었다.

연습에 앞서 선생님께서 전 학교 학생들의 영상을 보여주셨다. 그 영상은 줄돌이의 빠른 속도에서 발을 맞춰 일사불란하게 뛰는 모습이었다. 우리는 영상 속 아이들처럼 뛰기 위해 기본기부터 배우기 시작했다. 나와 또 다른 줄돌이는 긴 줄넘기만 잡고 5분 동안 돌렸고, 뛰는 친구들은 5분 동안 제자리에서 발맞춰 뛰었다. 뛰는 친구들과 타이밍을 맞춰야 해서 줄돌이가 "하나둘 하나둘 하나둘 하나둘" 구령을 번갈아 말하면서 줄을 돌렸고 뛰는 친구들은 그 구령에 맞춰서 옆에서 뛰었다. 그리고 한 달 뒤, 처음으로 줄돌이가 돌리는 줄에 시간제한 없이 걸릴 때까지 들어와서 뛰어보기로 했다. 우리는 영상 속 아이들처럼 걸리지 않고 100개를 뛰었다. 모두가 흔히 아는 긴 줄넘기 뛰기에서 선수들처럼 뛰는 데까지 한 달이라는 시간이 걸린 것이다. 그렇게 우리는 점심을 먹고 난 후 쉬는 시간, 매주 토요일 아침마다 연습했고, 여름방학에 나와서도 연습했다.

드디어 시 대회가 다가왔다. 대회의 종목은 단체 8자 줄넘기와 단체 긴 줄넘기였고 1차시와 2차시로 진행되었으며 2분 동안 뛰는 개수를 합산하여 등수를 정했다. 우리는 이것을 충분히 연습해왔기에 당연히 자신 있었다. 8자 줄넘기를 먼저 했는데 1,2차를 합산해서 우리팀의 개수가 가장 많았다. 긴 줄넘기 1차시가 시작되었고, 줄을 돌리는데 중간에 누군가의 발에 조금씩 걸리면서 넘어가는 느낌이 들었다. 나는 줄을 돌리면서 크게 소리 질렀다. "더 높이 뛰어!! 파이팅 파이팅!!". 1분이 지났을 때쯤, 한 친구가 발목을 접질려 줄에 발이 걸렸다. 나는 다시 시작해서 시간 내 계속하면 된다고 모든 친구들을 독려했다. 친구들도 이전의 실수를 잊고 최선을 다해주었고 조금 부족했지만 1차시 긴 줄넘기를 끝냈다. 우리는 2차시를 하기 전에 다 같이 파이팅을 외쳤고 모두가 간절한 마음으로, 하나가 되어 최선을 다해 줄을 돌리고 뛰었다. 중간에 한 번 걸렸지만, 다시 시작하는 마음으로 차분히 잘 이어 나갔다. 2명이 줄을 돌리고 10명이 그 줄을 넘었지만 12명이 한 사람인 것처럼 혼신의 힘을 다해 뛰었다. 그 결과 1등을 하였다! 그렇게 우리는 도 대회 참가 자격을 얻었고, 다 같이 부둥켜안으면서 울었다.

연습하는 동안 힘들었고 더웠고 혼나기도 했으며, 그만두고 싶은 순간이 있었다. 그러나 시 대회에서 1등을 하니까 그동안의 연습한 시간과 노력이 헛되지 않았고, 그날 이후로 '간절한 만큼 노력하면 안 되는 것은 없구나'라는 인생의 좌우명이 생겼다. 내 어린 시절은 늘 아버지 때문에 우울했고, 내 환경 때문에 주눅 들어 '내 삶은 왜 이리 행복하지 않을까?' 하며 나를 탓하고 아버지를 탓하며 지냈다. 그런 나에게 줄넘기는 '주위 환경을 핑계 삼아 못한다고 생각하는 것이 아니라 노력하면 된다'라는 자신감과 당당함을 느끼게 해주었다. 그때의 줄넘기는 단순히 줄을 돌리고 줄을 넘는 것이 아니라 나의 한계를 뛰어넘고 나를 변화시킨 경험이었다.

〈"인생엔 똑같은 파도는 없어요"〉

고등학교 3년 동안 나는 학급에서 1~2등을 3년 내내 유지할 정도로 학교 내신을 열심히 준비했다. 그렇게 노력해서 경기대 공공안전학부에 입학하게 되었다. 기대를 안고 학교에 왔지만, 새로운 환경에서 적응하기에는 너무 힘들고 어려운 일이었다. 한 학기 동안 힘들었던 나는 힐링하기 위해 여름 방학에 본가 친구와 제주도 여행을 갔다.

새로운 사람들을 만나는 것도 나쁘지 않을 것 같고 한편으로 경비를 절약하자는 생각으로 게스트하우스를 예약했다. 3박 4일 중 마지막 날 일정은 우도뿐이었기에 저녁에 일찍 숙소로 들어갔다. 숙소에 하나둘 공용식탁에 사람들이 모이기 시작했고 간단한 다과를 먹으면서 우리는 자기소개를 했다. 우리를 제외한 3팀의 일행이 있었는데, 첫 번째 팀은 서핑팀이었고, 두 번째는 혼자 힐링 여행하러 오신 분, 세 번째도 혼자 온 20살 또래 여자아이였다. 20살 친구에게 어떻게 혼자 오게 되었냐고 물어봤는데, 방학 동안 다른 게스트하우스에서 무상으로 일하고, 숙식을 제공받아, 두 달 제주살이를 하고 있다고 했다. 그 친구는 새로운 사람들을 만나고, 다양한 사람들과의 대화를 통해서 배우며, 색다른 경험을 할 수 있어서 좋다고 말했다. 그리고 혼자 여행하러 오신 분은 환승이별을 당해서 힐링을 위해 여행하러 왔다고 하셨다. 자기 이야기를 하면서 이별의 아픔이 가시지 않았는지 눈물을 흘렸다. 그러자 서핑팀의 한 분이 위로를 해주셨다. 몸을 힘들게 하거나 운동을 하면 아픔도 쉽게 잊을 수 있다고 헬스나 서핑을 추천하셨다. 그런데 그 분은 서핑이 처음엔 어렵지만, 그 감각을 익히면 짜릿함을 못 잊는다고 하면서 "인생에 똑같은 파도는 없어요."라고 말해주었다. 좋은 경험이든 나쁜 경험이든, 기쁨이나 절망 같은 우리 인생엔 다양한 파도가 있지만, 서퍼들이 타기 좋은, 커다란 파도를 기다리는 것처럼 우리 인생에도 커다란 파도가 찾아올 순간이 올 때까지 기다리는 시간이 필요하다고 했다. 그 기다리는 과정에 찾아오는 다양한 경험을 두려워하지 말고, 어떤 파도가 찾아와도 충분히 느끼고 경험하라는 것이었다.

제주도 여행을 하고 나서 게스트하우스에서 만난 사람들과 그들과 나눈 대화를 통해 각자의 삶을 마주 보는 방식을 알 수 있었으며, 인생에 똑같은 파도는 없다는 말의 의미와 울림이 내 마음속에 크게 자리잡게 되었다. 제주 여행을 갔다온 후 좀더 여유가 생겼고, 2학기에는 무엇이든 다 할 수 있을 것만 같은 희망과 설렘, 자신감을 가득 안고 우리는 일상으로 돌아왔다.

〈꿈과 버킷리스트〉

제주도 여행을 갔다 온 나는 앞으로 하고 싶은 것들을 노트에 적어보았다. 내가 하고 싶은 것들을 하나하나 이뤄낼 수 있는 용기와 의지가 생겼기 때문이다. 우선 진로와 직업을 생각해보았다. 나는 경찰관이 되고 싶어 우리 학교 공공안전학부에 진학하였다. 나는 활발하고 몸으로 하는 것을 좋아해서 초등학교 때 경찰, 체육 선생님, 군인을 진로로 고민했었다. 그러나 현직 경찰관이신 교회 선생님이 내가 경찰과 잘 어울릴 것 같다고 강력하게 추천해 주셔서 진로를 경찰관으로 잡게 되었다. 교회 선생님은 여성청소년계 수사팀을 담당하고 있으신데 그분을 통해서 자연스럽게 경찰에 대해 관심을 갖게 되었다. 그리고, 어느 정도 자란 후에 아버지가 술을 마시고 찾아오시면 나와 오빠들은 도망가지 않고 경찰에 신고했다. 그러면 관할 파출소 경찰관 두 분이 오셔서 아버지를 데리고 가주신다. 술에 취한 아버지가 경찰관에게 욕설과 폭언을 했음에도 불구하고 경찰관들이 좋게 좋게 얘기해서 데리고 간다는 것이 한편으로 죄송하지만, 한편으론 그분들이 대단하고 존경스러웠다. 그래서 나도 경찰관이 되어 나와 같은 아픔을 겪고 있는 아이들에게 희망을 주고, 도움을 주는 사람이 되기로 하였다. 나도 우리 교회 선생님처럼 여성청소년계 수사팀에서 일하고 싶다.

여청계 수사팀 경찰관이 되기 위한 첫 관문은 경찰행정학과로 들어가는 것이다. 경찰행정학과에 들어가서 선배님들의 경험도 들어보고 경찰행정 교수님께 진로에 관해 직접적으로 물어볼 수 있기 때문이다. 그리고 경찰 시험을 치기 위해 준비하고 노력해야 한다. 한국사능력검정시험도 준비하고, 토익, 운전면허, 전공 공부, 본격적인 시험 공부, 체력 관리도 필요하다. 그 시작으로 올해 여름 방학 때 한국사능력검정시험 2급을 획득했고, 겨울 방학에는 운전면허를 따고 종강을 시작으로 토익을 준비하여 점수를 차근차근 올릴 계획이다. 2~3학년 때는 전공 공부와 함께 경찰 시험 과목을 공부할 예정이다. 3학년 2학기까지 재학하고 다음 학기에 휴학 후, 시험을 1년 안에 붙는다는 자세로 열심히 준비하여 경찰 시험에 합격하고 싶다.

그 다음으로 대학생활에서 나의 버킷리스트는 나만의 블로그를 만들고 몇 주간 제주살이, 외국 여행을 가는 것이다. 나만의 블로그는 일기장 및 기록을 목적으로 운영할 예정이다. 3가지 카테고리로 블로그를 만들려고 준비하고 있다. 첫 번째 카테고리는 '나는야 요리사'이다. 나는 음식을 좋아한다. 먹는 것이든 만드는 것이든 음식과 관련된 것은 다 좋다. 현재 나는 내년에 자취를 계획하고 있으며, 자취하면서 삼시 세끼를 만들어 먹을 것이다. 재료, 요리 과정을 사진과 첨부해서 업로드하고, 채소 보관법과 같은 사소하지만, 중요한 부분도 기록하면서 나와 같은 요린이(요리 어린이)들에게도 공유하고 싶다.

두 번째 카테고리는 '나는야 여행가'이다. 제주도 여행을 갔다 와서 보말

죽, 보말 국수, 고기국수, 흑돼지, 갈치찜 등 많은 지역 음식을 맛보니까 너무 좋았다. 또한 정방폭포, 서귀포 올레 시장, 우도 등 그 지역에만 있는 볼거리들을 보면서 다양한 것들을 경험하고 보고 느끼는 것이 필요하다고 생각했다. 그래서 국내, 국외 다양하게 여행을 가보자고 다짐했고, 현재 계획 중인 여행은 내년 8월 개강 전, '베트남 냐짱'이다. 우기라서 걱정이 되지만 그 또한 색다른 경험이라고 생각한다. 여행 일정과 경비, 그 시기의 날씨, 맛집 등등 기록할 겸 다른 사람들이 여행 갈 때 참고용으로 공유하고 싶다.

세 번째 카테고리는 '나는야 근빵이(근육 빵빵이)'다. 어릴 때부터 오빠들 사이에서 생존권을 지키기 위해 나는 배불러도 음식을 다 먹는 식습관이 생겼다. 중학교 때부터 지금까지 다이어트를 계속해 왔으나, 항상 요요가 왔었다. 그러다가 20살이 되어서 올해 초에 친구와 함께 2:1 PT를 받았다. 먹고 싶은 것을 조금씩 먹으면서 운동과 병행하니까 스트레스를 안 받고 건강하게 다이어트를 했다. 그렇게 해서 나는 체지방률 23%, 골격근량 28kg의 체형을 가지게 되었다. "와 좋은 몸이다~"까지는 아니지만 PT 선생님이 나름 건강한 몸이라고 했다. 그러나 PT가 끝난 후, 자연스레 운동을 안 하게 되었고, 나의 몸은 다시 무너졌다. 그래서 나는 올해 초를 생각하면서 다시 도전해보려고 한다.

이렇게 정리해보니 나의 20대가 정말 기대된다. 나의 20대는 이전보다 훨씬 즐겁고 가벼운 날들이 될 거라 믿는다. 내 앞에 다가오는 잔잔한 파도는 한 발로 폴짝폴짝 넘을 여유가 생겼고, 커다란 파도는 숨을 고르며 넘을 것이며, 집채만한 파도는 타이밍을 잘 잡아 파도 위에 몸을 맡길 것이다. 인생엔 똑같은 파도는 없기에 어떤 파도가 찾아와도 충분히 느끼고 즐길 것이다.

공공안전학부 김보민

(2) 구성 분석과 평가하기

제목	파도에 몸 맡기기	
글감	상위 글감 : 나 '김보민'	
	하위 글감 : 나의 가정 환경, 단체 줄넘기 대회, 제주도 여행, 나의 꿈, 버킷리스트	
주제문	나의 한계를 넘는 줄넘기와 제주도 여행 경험을 바탕으로 나의 꿈과 버킷리스트를 이루고 즐거운 20대를 살 것이다.	
구성	〈나의 형성〉	① 2남 1녀중 막내로 자랐지만 나의 어린시절은 오빠들에게 음식을 뺏기지 않으려는 투쟁의 시간이었다.
		②
	〈나를 뛰어넘는 줄넘기〉	①
		②
		③
	〈인생엔 똑같은 파도는 없어요〉	①
		②
		③
	〈꿈과 버킷리스트〉	①
		②
		③

평가항목	내용			
화제별 구성의 완성도	이유:	상	중	하
정체성과 개성	이유:	상	중	하
과거 성찰/ 현재 진단/ 미래 계획	이유:	상	중	하
총평				

(평가)

3) 화제별 구성의 글쓰기 연습

(1) 화제별 구성의 글쓰기 과정

❶ 나의 성격, 장단점, 자신에게 영향을 준 것, 좋아하는 것, 절망의 순간, 최고의 순간, 꿈 등의 화제로 아이디어 발상하기
❷ 위의 항목 중 자신의 모습, 정체성, 특성을 잘 드러낼 수 있는 화제 선택하기
❸ 글 전체의 주제를 설정하고 몇 개의 중요 글감 정하기
❹ 자신의 정체성, 개성을 유기적으로 드러낼 수 있는 서사 구성하기
❺ 항목별 소제목과 이에 따른 세부 내용을 설정하여 전체 개요 구성하기

(2) 화제별 아이디어 메모

항목	내용	비고
✓ 나의 성격, 장단점		
✓ 자신에게 영향을 준 것		
✓ 좋아하는 것		
✓ 절망의 순간		
✓ 최고의 순간		
✓ 꿈, 해보고 싶은 것		

(3) 주제와 글감 정하기

위의 화제별 아이디어 메모 중에서 자신에게 중요한 사건, 의미 있는 일, 현재의 자기를 구성하는 요소, 미래 계획 등을 선택하고 주제와 글감을 정해보자.

(4) 개요 작성하기

제목	
주제문	

개요	소제목	세부내용
	1.	①
		②
		③
	2.	①
		②
		③
	3.	①
		②
		③
	4.	①
		②
		③

(5) 초고쓰기

개요에서 작성한 소제목과 세부 내용을 바탕으로 화제별 내용을 유기적으로 구성하는 화제별 글쓰기를 완성해보자.

4 타자의 시선으로 구성하는 글쓰기

1) 타자의 시선으로 구성하는 글쓰기란?

타자의 시선으로 구성하는 글쓰기는 타자의 시선을 빌려 나의 삶을 살펴보고 성찰하는 것이다. 나의 이야기를 쓰되 나를 잘 아는 타자가 나를 관찰하고 서술하는 형식을 취하게 된다. 연대기적 구성과 화제별 구성은 현재의 내가 과거의 나와 대화하며 나의 서사를 구성하는 것이라면 타자의 시선으로 구성하는 글쓰기는 여기에다 타자의 시선이라는 필터를 하나 더 끼우기 때문에 나를 보다 객관적으로 조망하고 서술할 수 있는 효과가 있다.

타자의 시선으로 구성하는 글쓰기를 위해서는 나를 관찰하는 서술자를 선택해야 한다. 나를 관찰하는 서술자는 나의 가족, 친구, 동료, 자기 분신, 반려 동물, 식물, 사물 등 나를 가장 잘 아는 존재이면 모두 가능하고 이들이 나를 관찰하고 내면을 들여다보는 방식을 취하도록 한다. 소설로 비유하자면 연대기적 구성과 화제별 구성의 글쓰기가 1인칭 주인공 시점과 유사하다면 타자의 시선으로 구성하는 글쓰기는 1인칭 관찰자 시점과 유사하다. 그러나 타자의 시선을 취한다 하더라도 시간의 축에서 자신의 중요한 사건, 경험, 생각을 담아야 하고 그 속에서 성찰, 현재의 나의 삶, 미래의 설계가 드러나도록 하면 좋다.

2) 타자의 시선으로 구성하는 글 읽기

(1) 타자의 시선으로 구성하는 글 읽기

학생글3

우리 사이에 비밀은 없다!

유일하게 꾸준히 찾는 것

　나는 은유의 방 책꽂이에 꽂혀있는, 은유의 5번째 다이어리이다. 난 몇 년 전 은유가 가장 친한 친구 중 한 명에게서 받은 생일 선물이었다. 생일이 10

월인 은유는, 내년에 쓸 생각으로 나를 책상 서랍에 넣어두었다가 그대로 잊어버리고 말았다. 그러나 올해 2023년! 은유는 드디어 나를 기억하고 사용해주기 시작했다.

난 내가 나의 주인에게 나름 특별한 존재라고 생각한다. 왜냐하면, 뭐든 쉽게 질려하는 성격인 은유가 나만은 잊지 않고 찾아주기 때문이다! 은유는 편식은 하지 않지만, 아무리 좋아하는 음식이어도 금방 질려 자주 먹지는 않는다. 종종 마음에 드는 노래를 찾으면 온종일 그 노래를 흥얼거리곤 하지만, 하루만 지나도 금방 시들해진다. 그렇지만 나는 다르다. 물론 은유가 날 자주 찾는다고 할 수는 없지만, 잊을만하면 한 번씩 나를 찾아와 이런저런 이야기를 쓰고 가기 때문이다. 내가 은유에게 특별한 존재라고 생각하는 이유는 하나 더 있다. 많은 사람에게 그렇듯, 다이어리는 속마음을 마음껏 털어놓을 수 있는 유일한 공간이기 때문이다. 친구에게, 때로는 가족들에게도 말하지 못하는 은유의 이야기들을 나는 다 알고 있다. 우리는 비밀이 없는 사이니까!

내가 아는 은유의 모습

은유는 주로 밤에서 새벽 시간대에 나를 찾곤 한다. 일과를 모두 마무리하고 잠자리에 들기 전, 하루를 돌아보고 생각을 정리하기 위함인 듯하다. 그래서 그런지 항상 편한 잠옷 차림으로 앞머리에는 큰 헤어롤을 말고 있는 모습이다. 특히 은유의 잠옷을 구경하는 재미가 나름 쏠쏠하다. 은유는 파자마에 관심이 많아 계절별로 본인 취향의 파자마를 여러 벌 장만하기 때문이다. 요즘엔 날이 추워져 털이 복슬복슬한 잠옷을 자주 입고 있다. 따뜻하고 포근해 보이긴 하는데, 털 때문에 얼핏 보면 북극곰 한 마리가 웅크리고 있는 것 같기도 해서 웃기다. 은유는 예쁜 잠옷에는 관심이 많지만, 다이어리를 예쁘게 꾸미는 데에는 별 관심이 없는 듯하다. 최근 일명 '다꾸'라고, '다이어리 꾸미기'에 관심을 갖는 사람들이 많아졌다고 한다. 이런 유행을 따라 나의 주인도 나를 예쁘게 꾸며줄까 기대했는데, 아니었다. 가끔 연극이나 영화티켓, 어디서 받아온 스티커를 붙이기도 하는 걸 보면 의지는 있는데 손재

주가 없는 것일지도 모르겠다. 그치만 이렇게 부담 없이 다이어리를 써왔기에 지금껏 꾸준히 쓸 수 있었을지도 모르겠다는 생각이 든다.

마지막으로, 앞서 말했듯 난 은유의 속마음을 아주 잘 알고 있다. 그럴 일이 없어야겠지만, 만약 다른 누군가가 나를 읽게 된다면 조금은 놀랄지도 모른다. 다른 사람들이 보는 은유의 모습과 다이어리 속 은유의 모습은 사뭇 다르기 때문이다. 밖에서의 은유가 아주 명랑하고 밝은 모습이라면, 나는 그 이면의 모습을 담고 있다. 물론 은유는 아주 기분이 좋을 때도 그렇지만, 기분이 좋지 않을 땐 더욱 예외 없이 나를 찾기 때문이다. 감정에 휘둘려 실수하고 후회하는 게 싫어 일기를 쓰며 생각을 정리한다고 한다.

판도라의 다이어리를 열다.

그런 은유의 다이어리에 유독 우울한 이야기가 많았던 적이 있었다. 바로 재수를 하던 때였다. 은유의 2022년을 함께 했던 4번째 다이어리에게서 들은 이야기인데, 두 번째 수능을 준비하던 작년이 은유에게는 많이 힘든 시간이었다고 한다. 다이어리엔 즐거운 대학 생활을 하고있는 친구들과 자신이 비교되어 위축되기도, 또 한 번의 수험생활을 지원해주시는 부모님께 죄송해하기도 하는 마음이 담겨있었다. 특히 열심히 공부하지 않았던 고등학생 때를 후회한다는 이야기가 제일 자주 등장했다. 은유는 고등학교에 갓 입학했을 때, 앞으로 3년간 공부에만 몰두하겠다는 다짐으로 휴대전화를 폴더폰으로 바꾸었다고 한다. 이 다짐이 쭉 이어갔으면 좋았으련만, 꾸준함이 부족했었던 것 같다. 고등학교 때 은유는 목표는 높게 잡았으면서 정작 노력은 게을리했으며, 부모님의 잔소리에도 기분만 나빠했다고 한다. 20살이 된 은유는 고등학생 때를 회상하며 과거의 자신을 만난다면 한 대 쥐어박고 싶다고까지 적었다. 너 때문에 내가 지금 이러고 있지 않느냐고 말이다!

은유가 대학 생활을 시작한 올해의 다이어리에는 다양한 이야기가 담기기 시작했다. 3월, 개강을 앞두고 걱정과 설렘에 가득 차 있던 내용, 친구들을 만나 재밌는 하루를 보냈던 내용 등등. 특히 나는 처음으로 엠티를 다녀온 이야기가 제일 흥미로웠다. 주인이 정말 많이 신나있는 게 느껴졌기 때문이다! 그도 그럴 것이, 은유는 지난 12년의 학교생활 동안 수학여행을 단 한 번도 가보지 못했다. 몇 번 갈 뻔했었는데, 그때마다 다른 학교에서 사고가 일어나거나 전염병이 퍼지거나 해서 모두 무산되었었다. 그렇게 잔뜩 기대를 하고 엠티를 간 은유는, 친구들과 이런저런 게임도 하고 술자리도 즐기며 그동안의 아쉬움을 어느 정도 충족하고 왔다고 신나했다!

그리고 학교 축제도 아주 재미있게 즐긴 것 같았다. 특히 봄 축제 때의 이야기가 기억에 남는데, 학교 잔디밭에서 친구들과 영화를 보고 유명한 가수의 공연도 봤다고 한다. 은유는 분위기를 아주아주 중요하게 생각하는데, 너무 덥지도 춥지도 않은 선선한 봄 날씨에 좋아하는 노래까지 들려오는 봄밤의 분위기는... 그야말로 최고였다고 한다! 그래서 은유는 핸드폰 갤러리가 가득 찰 만큼 사진과 동영상을 찍어댔는데, 그 양이 너무 많아 아직까지도 다 정리를 못 한 것 같다. 나의 주인이 이렇게 나름 즐거운 대학 생활을 하는 듯싶어 다행이다.

물론, 생활이 달라진 만큼 새로운 고민과 걱정도 생겼다. 가장 큰 비중을 차지하는 것은 바로 취업 문제였다. 이걸 해볼까 저걸 해볼까, 확실치 않은 미래에 생각이 많은 모습이다. 특히 은유는 입시에서 나름의 방황을 겪었다. 고등학생 때는 이과였는데, 재수할 때에는 문과 과목을 공부한 은유는 가고 싶은 과가 무엇인지도 모르는 채로 그저 성적에 맞춰 대학에 진학했다. 그러니 전공을 살려서 취업을 해야 할지, 살린다면 어떻게 살려야 할지 고민이 많다. 또 부모님께서는 안정적이고 덜 힘든 직업이라며 공무원이 될 것을 적극적으로 권하고 계신다. 아무래도 가족 중에 공무원이 많아서 더 그러시는 것 같다고 한다.

자 그래서 은유는... 공무원 쪽으로 생각이 기운 것으로 보인다. 오래도록 안정적으로 직장 생활을 하고 나름의 보람도 찾을 수 있다고 생각한 모양이다. 지난 방학 때는 공무원 시험에 대해 이것저것 알아보는 모습이었다. 무슨 직렬에 지원할 것인지, 어떤 공부가 필요한지 이런 거 말이다. 이번 겨울 방학 때는, 좀 더 구체적인 계획을 세워가지 않을까 싶다. 언제쯤 본격적인 공부를 시작할 것인지, 학원에 다닐 것인지 인터넷 강의를 들을 것인지 등

등. 어떤 식으로 시험이 나오는지 기출문제도 한 번 살펴보고 말이다! 그러나 같은 과 친구들이 회계사, 세무사, 은행원 등등의 직업에 대해 이야기하면 귀를 쫑긋하고 듣는다고 하는 걸 보면 아직까지 백 퍼센트 확신을 가지지 못한 눈치이긴 하다.

앞으로는 더 힘을 내야지!

그래도 나는 은유가 잘해 나갈 거라고 믿는다. 누구보다 너에 대해 잘 아는 나니까 믿어도 될 것이다. 지금껏 내가 지켜봐 온 은유는, 조금씩 조금씩 성장하는 과정에 있다. 아직 철이 들었다고 하기엔 많이 이르지만, 그래도 예전에 비해 생각이 큰 것은 분명해 보인다. 은근 예민해서 쉽게 상처를 받기도 하지만, 그럼에도 은유는 밝은 사람이다. 우울하고 힘든 마음에 일기를 쓰다가도, 그러니까 앞으로는 더 힘을 내야지!-하고 파이팅 넘치게 글을 마무리한다. 이런 게 은유의 가장 큰 장점이 아닐까 생각한다.

어느덧 2023년도 많이 지나가고 있는데, 내년에 나의 자리를 이어받을 은유의 6번째 다이어리에는 더 멋진 내용이 많이 담기기를 바란다. 지금처럼 행복한 일에 감사할 줄 알고, 힘든 일이 생겨도 잘 헤쳐가며 한층 더 성장하는 주인이 되었으면 좋겠다. 아, 나와 함께한 올해도 은유에게 좋은 기억으로 남았기를 바란다!

경영학부 신은유

(2) 구성 분석과 평가하기

제목	우리 사이에 비밀은 없다!		
글감	상위 글감 : 나 '신은유'		
	하위 글감 : 5번째 다이어리, 은유의 성격, 외모, 성향, 재수의 경험, 대학 생활, 미래 계획		
주제문	은유는 조금씩 성장하고 있으며 앞으로도 힘든 일이 생겨도 잘 헤쳐가며 한층 더 발전하는 삶을 살았으면 한다.		
관찰자와 효과			
구성	유일하게 꾸준히 찾는 것	① 관찰자인 은유의 5번째 다이어리 소개	
		②	
	내가 아는 은유의 모습	①	
		②	
	판도라의 다이어리를 열다	①	
		②	
		③	
	앞으로는 더 힘을 내야지!	①	
		②	

평가	평가항목	내 용			
	관찰자 설정의 적합성과 구성의 완성도	이유:	상	중	하
	정체성과 개성	이유:	상	중	하
	과거 성찰/ 현재 진단/ 미래 계획	이유:	상	중	하
	총평				

3) 타자의 시선으로 구성하는 글쓰기 연습

(1) 타자의 시선으로 구성하는 글쓰기 과정

❶ 나를 가장 잘 알고 관찰할 수 있는 관찰자 정하기
❷ 나를 구성하는 것, 과거의 경험, 현재의 모습, 미래 계획 등의 아이디어 발상하기
❸ 위의 항목 중 자신의 모습, 정체성, 특성을 잘 드러낼 수 있는 화제 선택하기
❹ 글 전체의 주제를 설정하고 몇 개의 중요 글감 정하기
❺ 항목별 소제목과 이에 따른 세부 내용을 설정하여 전체 개요 구성하기

(2) 타자의 시선으로 구성하는 글쓰기 아이디어 메모

항목	내용	비고
✓ 관찰자 설정과 그 이유		
✓ 나의 외모, 성향, 성격, 특징		
✓ 나의 경험 중 중요한 일, 사건		
✓ 현재의 나의 모습, 관심사, 생활		
✓ 꿈, 해보고 싶은 것		
✓ 나에게 하는 격려, 충고, 제언		

(3) 주제와 글감 정하기

위의 아이디어 메모 중에서 자신에게 중요한 사건, 의미 있는 일, 현재의 자기를 구성하는 요소, 미래 계획 등을 선택하고 주제와 글감을 정해보자.

(4) 개요 작성하기

제목	
주제문	

개요	소제목	세부내용
	1.	①
		②
		③
	2.	①
		②
		③
	3.	①
		②
		③
	4.	①
		②
		③

(5) 초고쓰기

개요에서 작성한 소제목과 세부 내용을 바탕으로 타자의 시선으로 나를 구성하고 성찰하는 글쓰기를 완성해보자.

3

자기소개서 쓰기

학습목표
- 일과 직업을 이해하고 바람직한 직업관을 정립할 수 있다.
- 자기소개서의 일반원칙과 작성과정을 이해할 수 있다.
- 지원회사의 인재상에 따라 자기소개서를 작성할 수 있다.

1 왜 일하는가?

1) 직업을 결정하기 전에 왜 일하는지를 생각해야 한다.

아래 제시문은 일하는 이유와 가치에 대한 성찰을 제공한다. 미국의 흑인 인권운동가인 마틴 루터 킹이 성공할 수 있었던 것은 특별한 능력이나 스펙이 뛰어나서가 아니라 변화에 대한 열망을 가지고 일부 사람들이 아니라 모든 사람들이 간절하게 바라는 소망을 표현했기 때문이다. "나는 꿈이 있습니다." 이 한 마디가 그를 흑인 인권운동가로 성공할 수 있게 했다. 두 번째 제시문에서는 먹기 살기 위해서가 아니라 내면을 키우기 위해서 일한다고 말한다. 보통 사람들이 생각하는 상식적인 견해를 넘어서서 일을 하는 좀더 근원적인 이유에 대해 생각해볼 필요가 있다. 세 번째 제시문에서는 고난을 이겨내고 성장하기 위해서 일한다고 말한다. 그렇게 하기 위해서는 자신에게 맞는 재능을 발견하고 열정과 사랑으로 그 일에 전념해야 한다.

2) 인생의 목표와 꿈을 세워야 자신에게 맞는 직업을 선택할 수 있다.

사람은 직업이라는 옷을 걸치고 산다. 직업은 그 사람의 정체성을 형성한다. 직업에 따라 언어와 행동 그리고 삶의 방식이 달라지기 때문이다. 취업용 자기소개서를 쓰기 전에 먼저 기초형 자기소개서를 써본다면 직업의 의미와 가치를 이해하는 데 도움이 될 것이다. ① 자신이 이루고자 하는 꿈과 목표가 무엇인지, ② 그 꿈과 목표를 실현하기 위해서 필요한 직업이 무엇인지, 그리고 ③ 그 직업을 갖기 위해 필요한 능력이 무엇인지 고민할 필요가 있다. 직업선택은 인생에 대한 전망과 꿈 그리고 목표에 대한 성찰이 전제되어야 하기 때문이다. 처음부터 특정 직업부터 갖고자 한다면, 직업선택의 기회는 그만큼 줄어들 것이다. 반면에 어떠한 인생을 살겠다고 하는 인생의 꿈과 목표를 먼저 고민한다면, 직업 선택은 그만큼 다양해질 것이다.

〈나는 꿈이 있습니다〉

그는 완벽한 인간이 아니었다. 인격적인 면으로 보면 콤플렉스가 많은 인간이기도 했다. 민권운동 초기에 미국 사회에서 고초를 겪은 이는 그 혼자만이 아니었다. 카리스마 넘치는 연설가도 수두룩했다. 하지만 마틴 루터 킹(M.L. King)에게는 남다른 재능이 있었다. 그는 어떻게 해야 사람들을 움직일 수 있는지를 알았다.

킹 목사는 알고 있었다. 민권운동이 성공하려면, 즉 제대로 된 변화를 계속하려면, 자신과 소수의 지지자들만으로는 충분하지 않다는 것을, 열에 들뜬 말 몇 마디와 유창한 웅변 솜씨를 뛰어넘는 다른 무언가가 필요하다는 사실을, 수천 수만의 평범한 시민들을 결속시킬 수 있는 그 무엇만이 나라를 변화시킬 수 있다는 것을.

1963년 8월 28일 오전 11시, 킹 목사와 그 지지자들은 워싱턴 하늘을 향해 메시지를 날려 보냈다. '이제 미국은 새로운 시대로 나아가야 할 때다'라는 메시지였다. 민권운동가들이 수천 장의 초대장을 발송한 것도 아니었다. 오늘날처럼 연설 날짜를 확인할 수 있는 웹사이트도 없던 때였다. 그래도 사람들은 왔다. 끊임없이 모여들었다. 무려 25만의 군중이 정확한 시간에 맞춰 조국의 수도로 몰려와 역사상 최고의 불후의 연설을 들었다. "나는 꿈이 있습니다(I have a dream...)."

평등권을 정착시키려면 무엇을 바꾸어야 하는지는 다른 사람들도 모두 알고 있었다. 하지만 그들 모두가 변화해야 하는 것은 고통받는 특정 일부의 권익을 위해서가 아니라 바로 전 국민을 위해서임을 모두가 공감하게 만든 사람은 단 한 사람, 마틴 루터 킹이었다. 그는 어떻게 그것을 가능하게 했을까?

조사에 따르면 직장인들 중 80% 이상이 자신이 꿈꾸던 직업에 종사하지 못하고 있다고 답변했다. 그런데 만약 더 많은 이들이 꿈과 영감을 만들고 열정을 공유하는 이들과 더 많은 일을 벌인다면, 우리는 이 수치가 뒤집힌 세상에서 살 수 있지 않을까? 무언가를 혁명적으로 바꾸지 않더라도 지금 우리가 몸담고 있는 그곳에서 거기 있는 이들 모두가 좀 더 의미 있는 행보를 한 걸음씩만이라도 더 해나간다면, 우리는 이 절망적인 수치를 바꿀 수 있지 않을까? 80%가 넘는 사람들이 자신의 일을 너무나 사랑하는 세상 말이다.

그렇게 된다면 출근하는 게 신나고 생산성도 높아지고 독창성도 높아진다. 퇴근하는 길 역시 더 즐겁고, 가정은 더 행복해진다. 동료에게도 고객에게도 더 친절하게 대한다. 영감을 받아 한껏 고무된 직원들은 더 강력한 회사를 만들 수 있고 경제가 탄탄해지는데 더 많이 이바지하게 된다.

(사이먼 사이넥, 2013, 18-20)

〈나는 내면을 키우기 위해 일한다〉

"왜 일하세요?" 대부분 당연한 것 아니냐는 듯 답한다. "먹고 살기 위해." 우리가 열심히 일하는 것은 그 때문일까? 나는 내면을 키우기 위해 일한다고 생각한다. 내면을 키우는 것은 오랜 시간 엄격한 수행에 전념해도 이루기 힘들지만, 일에는 그것을 가능하게 하는 엄청난 힘이 숨어 있다. 매일 열심히 일하는 것은 내면을 단련하고 인격을 수양하는, 놀라운 작용을 한다. ―〈1장＿왜 일하는가〉 중에서

간절히 바라면 반드시 이루어진다. '어떻게 해서라도 이렇게 되고 싶다'고 간절하게 바라면 그 생각이 반드시 그 사람의 행동으로 나타나고, 행동은 생각을 더욱 간절하게 한다. 하지만 그 간절함은 분명하지 않으면 안 된다. 막연한 간절함이 아닌 '반드시 이렇게 하고 싶다', '이렇게 되지 않으면 안 된다'라는 의지와 다짐이 분명한 간절함, 그런 꿈이 아니면 안 된다. ―〈3장＿어디로 가는가〉 중에서.

(이노모리 가즈오, 2010)

〈고난을 뛰어넘고 성장하기 위해 일한다〉

자신에게 맞는 재능을 가지고 있는 사람은 그 재능으로 가장 멋진 인생을 발견할 수 있어요. 이 세상에 쉬운 일은 존재하지 않습니다. 자신의 일에 대한 열정과 사랑…이것이 고난을 뛰어넘는 힘이 되고 새롭게 길을 열어주어 앞으로 나아가게 하는 겁니다.

당신은 하나가 되어 뜨거워지고 서로 부딪치는 '전체'를 느끼지 못했어요. 그건 온통 마음을 다 쏟아부어야 이해할 수 있으며 수행하는 것이죠.

인간의 내면에는 미처 느끼지 못하는 뜨거운 불씨가 있다는 것을 당신은 모르는 것 같군요. 바람을 일으켜 불을 피우지 않으면, 마침내 나날이 쌓이는 무관심이라는 재에 묻혀 보이지 않게 되고 말아요. 하지만 그것은 언제까지고 꺼지지 않아서 영원토록 사라지지 않을 것입니다.

당신은 자신의 영혼이 불을 일으킬 수 있는 힘이 있고, 불씨를 활활 타오르게 할 바람이 당신의 마음속에서 세차게 불고 있다는 사실을 모르고 있어요. 당신은 굶주림으로 괴로워하면서도 힘든 일은 싫다고 말합니다. 하지만 어떤 직업이라도 힘든 때가 있기 마련이고 오직 기쁨과 평상심만이 그것을 이겨낼 수 있다는 사실을 모르고 그런 말을 하는 것이겠죠.

당신의 마음이 뜨겁게 움직이고 있다면, 당신의 마음이 공감의 불꽃을 태우고 있다면, 당신의 사명감이 마음속 깊이 자리하고 있다면, 당신의 목소리와 입술이 내는 정감 어린 말을 당신이 흡족하게 느끼고 있는 것이라면 당신은 다른 사람들 속에서 진정한 자신을 느낄 수 있는 장소와 기회를 분명 찾을 수 있겠지요.

(요한 볼프강 폰 괴테, 1999)

2 직업의 이해

1) 직업관: 보수지향적 직업관, 자아실현적 직업관, 기여지향적인 직업관

보수 지향적인 직업관이란 경제적 보상, 사회적 지위, 고용 안정성을 중시하는 직업관을 말한다. 자아실현적 직업관은 시간적 여유와 일의 흥미를 가지고 자신의 잠재된 능력을 개발하고 활용하려는 직업관을 말한다. 기여 지향적 직업관은 이웃과 사회, 인류의 발전을 위해 기여하려는 직업을 말한다. 한국직업능력개발원에 의하면 우리나라 사람들은 직업관 중에서 일의 경제적 가치를 가장 중요하게 생각하고 있으며 내면적 가치나 사회적 가치의 중요성에 대한 인지도는 상대적으로 낮은 것으로 나타났다.

이는 고용불안 등의 경제 위기의 여파가 내면적 가치나 사회 구성원으로서의 의무를 깨달을 여유를 주지 않고 있기 때문이다. 그렇지만 어떤 직업관이 장기적으로 자신에게 도움이 되는지를 생각하고 자신이 좋아하고 흥미 있는 일을 선택하고 그 일을 즐기고 사회적 의무에 관심을 갖는 태도의 변화가 필요하다.

2) 좋은 직업은 자신의 가치관과 조직의 가치관이 맞는 일

주요 기업의 인사담당자들에 의하면 합격자들은 대부분 자신의 가치관과 지원회사의 가치관이 맞는 일을 선택하는 경우가 많았다. 따라서 어떻게 하면 합격할 것인지를 고민하기 전에 나는 어떤 사람인지를 먼저 성찰해야 한다. 무엇에 관심이 있는지, 무엇을 잘할 수 있는지를 명확하게 이해한다면 자기소개서도 어렵지 않게 작성할 수 있다. 그리고 지원회사의 인재상, 조직문화 등을 파악하는 것도 필요하다. 기업의 합격자는 인사와 감사, 배려, 협업 등의 바른 인성, 가치관과 역사의식을 포함한 명확한 정체성, 직무 및 경력에 대한 꾸준한 관심과 몰입 등의 열정이라는 공통점을 갖고 있기 때문이다.

3) 자신의 직업 흥미와 적성 파악이 중요함

직업에 대한 흥미와 적성을 파악하는 일은 직업선택의 지름길이다. MBTI

검사나 직업선호도검사 등은 성격이나 흥미와 적성을 파악하는 데 도움이 된다. 특히 직업선호도검사는 고용노동부가 무료로 제공하는 것으로 취업준비생에게 인기가 높다. 고용노동부 워크넷(www.work.go.kr) 접속 후 직업선호도검사 L형을 실시해보자. 60분 정도 소요되는 이 검사는 직업 관련 흥미, 적성, 생활사 검사로 구성되어 있다. 6개 흥미코드를 통해서 검사자의 흥미코드와 이에 근거한 관련 직업을 제시해준다. 특히 성격 검사는 하위 지표가 상세하게 기록되어 있어 자신에게 적합한 직업을 선택할 때 도움을 준다.

〈고용노동부 워크넷 직업선호도검사 L형 검사 방법〉
- 고용노동부에서 운영하는 직업 관련 검사지
- 흥미검사, 성격검사, 생활사 검사로 구성
- 검사자의 흥미코드에 적합한 직업이 소개되어 있음
- 직업 선택과 직업 정보 습득에 유용함
- 접속경로: 워크넷 접속 → 직업진로 → 직업심리검사 → 직업심리검사실시 → 성인대상심리검사 → 직업선호도검사L형

4) 직무분야 및 직업에 대한 다양한 정보 습득

고용노동부 워크넷, 잡코리아, 커리어 등은 취업관련 다양한 정보를 제공하고 있다. 채용 정보, 직업지도, 직종별 지역별 구인 정보, 자기소개서, 면접 등 직업선택과 취업에 실제 필요한 내용으로 구직자에게 도움을 준다. 특히 각 대학교의 인재개발처(원)에서는 취업 프로그램을 운영하고 있어 이를 적극적으로 활용해야 한다.

취업정보 관련 사이트

이름	내용
고용노동부 워크넷 (www.work.go.kr)	고용노동부 고용정보 시스템. 채용, 직업지도 프로그램, 취업가이드, 고용보험, 시간선택제 일자리 안내
잡코리아 (www.jobkorea.co.kr)	취업포털. 신입공채, 채용, 인재 정보, 헤드헌팅, 아르바이트, 이력서, 자기소개서, 연봉 안내.
커리어 (www.career.co.kr)	인재취업 포털. 구인, 구직, 직종별 채용, 이력서, 자기소개서, 면접정보 제공.
인크루트 (www.incruit.com)	취업 인사포털. 직종별, 지역별, 기업별 구인, 구직, 채용, 아르바이트, 연봉정보, 인재검색, 기업 서비스 제공.
대한상공회의소 인력개발원 (www.korchamhrd.net)	지역정보 전국 8개 인력개발원. 기술인력 양성, 취업, 교육훈련 안내, 입학, 구인정보 제공
경기대학교 인재개발처 (https://job.kyonggi.ac.kr/)	진로와 취업 관련 프로그램, 상담, 멘토링. 공채 달력. 취업 솔루션. AI면접 솔루션(AI자기소개서, AI면접) 제공

5) 고용시장 변동원인에 대한 이해

4차 산업혁명 시대에 변화될 고용시장 및 직업 세계의 변화 경향을 파악하는 것도 중요하다. 고용노동부는 앞으로 전개될 고용전망 및 요인을 분석하였다. 고용변동 전망 요인으로는 고령화 저출산의 인구구조 변화, 노동인구의 변화, 가치관의 변화, 과학기술의 발전, 국내외 경기 변화, 기업의 경영전략 변화, 산업특성의 변화, 환경과 에너지, 법, 제도 및 정부 정책의 변화 등이 있다.

일자리 전망에 영향을 미치는 주요 요인 9가지(한국고용정보원)

번호	전망 요인	세부 내용 및 설명
1	인구구조(고령화, 저출산)의 변화	• 저출산, 고령화, 1인 가구의 증가 등 거시적 인구구조 변화
2	노동인구의 변화	• 생산가능인구 감소, 여성의 경제활동 증가, 외국인근로자의 증가 등 국내 노동인구 변화 • 해당 직업종사자의 고령화
3	가치관과 라이프스타일의 변화	• 사회의 복잡화, 개인화, 생활수준의 질 향상 등으로 인한 가치관과 라이프스타일의 변화 (예: 건강, 미용, 여가에 대한 관심 증가, 온라인상의 소통 증대 등)
4	과학기술의 발전	• 로봇화와 자동화, 디지털화, IT기술의 발전, 융복합화 등 과학기술 발전
5	국내외 경기 변화	• 세계 및 국내 경기 전망
6	기업의 경영전략 변화	• 기업의 생산시설 해외이전 또는 국내로의 유턴, 특정 분야 또는 직무의 아웃소싱, 기업 인수·합병 등
7	산업특성 및 산업구조의 변화	• 산업구조의 고도화, 타 산업과의 융합 등 • 특정 산업 육성을 위한 정부의 전략적 지원(공유경제, 핀테크 활성화 등)
8	환경과 에너지	• 환경 요인(환경오염, 기후변화, 자연재해 등)과 에너지 자원 요인(자원고갈, 국가 간 자원경쟁 등)으로 인한 (국제)규제 강화, 산업육성, 전문가 양성 • 저탄소 친환경에 대한 수요 증가 등
9	법, 제도 및 정부 정책	• 정부 차원에서의 육성지원 방안 마련, 각종 규제 완화 및 제도 신설, 복지서비스 강화 등 정부정책에 따른 고용영향 • 자격제도 신설, 교육 및 훈련 신설 등 인력양성, 직업 전문화를 위한 제도 마련 등

6) 4차 산업혁명에 따른 직업세계 변화 경향 점검

　4차 산업혁명 시대에는 직업세계가 급변할 것으로 예상되므로 이에 대한 전반적인 경향을 체크할 필요가 있다. 고용노동부는 직업세계 변화 트렌드를 8가지로 분석하였다. 기계와 인간의 결합, 정형화된 노동의 자동화, 직업의 등장과 소멸의 가속화, 디지털 지식의 활용 중요성, 아이디어의 사업화, 인간의 가치와 역할 중시, 평생학습의 중요성 등이다.

(1) 기계와 인간의 결합 확대

- 산업용 로봇(industrial robot). 협업로봇(코봇, collaborative robot). 인간형 로봇(휴머노이드 로봇, Humanoid Robot). 착용 로봇(웨어러블 로봇, wearable robot). 로보어드바이저(robo-advisor)

(2) 정형화된 업무의 자동화와 로봇으로 대체

- 인지적 & 정형 업무(법률사무, 회계사무, 행정사무, 부동산 중개, 임상병리, 번역)
- 인지적 & 비정형 업무(연구개발, 경영, 기획, 생산품질 관리, 법률자문, 의료,디자인, 상담, 교육)
- 육체적 & 정형 업무(단순조립, 계산, 요금수납, 창고관리, 시설안내, 운전)
- 육체적 & 비정형 업무(간병, 육아, 미용, 발골)

(3) 직업의 등장과 소멸의 가속화

신기술에 따른 새로운 직업 등장	기존 직업의 역할 강화
• 사물인터넷 전문가 • 인공지능 전문가 • 가상현실/증강현실 전문가 • 드론 조종사/드론 관제사 • 자율주행차 개발자 • 3D 프린팅 전문가	• IT 보안 전문가 • 소프트웨어 개발자 • 로봇개발자 • 로봇운영관리자/로봇유지보수 기술자 • 생명공학자

신기술에 따른 새로운 직업 등장	기존 직업의 역할 강화
• 클라우드 엔지니어 (시스템 엔지니어/네트워크 엔지니어) • 빅데이터 플랫폼 운영자 (DB 관리자/시스템 운영자)	• (스마트팩토리) 생산공정설계 기술자/생산관리 기술자/품질관리 기술자 • 3D 모델러
직무의 전문화/세분화	직무 또는 분야 간 융·복합
• 데이터 분석가 → 데이터 엔지니어, 데이터 사이언티스트, 빅데이터 시각화 전문가 • IT 보안 전문가 → IoT 보안 전문가, 자율주행차 보안 전문가, 핀테크 보안 전문가 등 • 소프트웨어 개발자 → 블록체인 전문가, 인공지능 전문가, 스마트팩토리 SW 전문가	• 핀테크 전문가 (금융 + IT) • 의료정보 분석사 (의료 + 빅데이터 + IT) • 공유플랫폼 운영자 (경영기획/마케팅 + IT)

(4) 로봇과 협력, 디지털 지식의 활용이 중요해짐

- 미래 근로자들은 업무 수행을 위해 각종 소프트웨어와 디지털 장비를 능숙하게 다루고, 기계에 대한 기본적 유지보수를 할 수 있어야 하기 때문에, IT, 전기, 전자, 기계 등 다양한 분야에 대한 기초지식과 기술을 요구하게 됨.

(5) 디지털 기술 활용 여부가 성공 결정

- 초당 1억 장의 판례를 검토할 수 있는 인공지능 변호사 로스(ROSS)의 등장(2016년)
- 의료 인공지능을 활용하는 의사
- 인공지능 통·번역기를 활용하는 통역사와 번역사
- 3D프린터를 활용하는 치과기공사
- 금형형 협업 로봇을 사용하는 제조생산직과 연구직
- 가상·증강현실 기술을 활용하는 건축가

(6) 아이디어의 사업화 용이
- 온라인 쇼핑몰 창업과 오픈 마켓의 등장(자신의 재능(캐리커처 디자인, 사업 노하우 자문, 맞춤형 여행 일정 설계, 문서 작성 등)을 판매)
- 1인 미디어 창작자(크리에이터)의 등장

(7) 사람 한 명 한 명의 가치와 역할이 더욱 커짐
- 반복적인 업무는 로봇과 컴퓨터로 대체될 것이나 소프트웨어 개발과 빅데이터 분석, 로봇 관리, 콘텐츠 기획 등의 고급 직종에서는 인력 수요가 더욱 증가할 것으로 예상
- 감성, 배려 등의 사회성과 인간에 대한 종합적 이해가 필요한 서비스나 디자인 직종에서도 수요가 꾸준할 것임.

(8) 평생직업의 시대에서 평생학습의 시대로의 전환
- 기술발전의 가속화는 한번 배웠던 지식과 기술의 수명이 더 짧아지고 새로운 지식과 기술을 온라인 공개강좌나 유튜브 등을 통해 빠르고 쉽게 접할 수 있게 되어 첨단 기술 분야는 평생에 걸쳐 지속해서 지식과 기술을 새롭게 습득해야만 함
- 인간의 수명 연장으로 더 오랜 기간 일을 해야 하고, 평생에 걸쳐 지금보다 더 많은 직업을 갖게 될 것이므로 새로운 직업으로 전직하기 위해서 새로운 지식과 기술을 습득해야 하므로 평생학습은 당연한 것이 되었음

〈4차 산업혁명 新인재 '뉴칼라'〉

뉴칼라(New Collar)란 육체 노동직을 뜻하는 '블루칼라(Blue Collar)'나 전문 사무직을 뜻하는 '화이트칼라(White Collar)'가 아닌 새로운 직업 계층을 의미함. 예시) IT 보안, 빅데이터, 인공지능, 클라우드, 프로그램 개발자나 관련 기술자. ("블루도 화이트도 아닌 4차 산업혁명 新인재 '뉴칼라'", 매경이코노미(2022.12.7.), https://www.mk.co.kr/economy/view.php?sc=50000001&year=2020&no=1273219칼라'(2024.1.20))

 **연습문제**

1. 직업 설계를 위한 기초형 자기소개서를 작성하고자 한다. 자신이 이루고자 하는 인생의 목표, 목표를 달성하기 위해 필요한 직업, 그리고 직업을 갖기 위해 준비해야 할 능력은 무엇인지 써보자.

항목	세부내용
목표	
직업	
능력	

3 자기소개서의 이해

1) 자기소개서의 개념

취업용 자기소개서는 기업의 인재상이나 지원업무를 수행하는 데 자신이 적합한 사람임을 설득하는 글이다. 취업용 자기소개서에는 일반적으로 〈성장과정〉 – 〈성격의 장단점〉 – 〈학력 및 경력사항〉 – 〈지원동기 및 입사 후 포부〉 등이 들어간다. 물론 입사하고자 하는 지원회사에 따라 자기소개서의 내용과 형식은 다양하다. 그렇지만 그 내용과 형식이 다양하더라도 위와 같은 네 가지 항목은 기본적으로 들어간다. 따라서 취업을 앞둔 고학년인 경우라면 지원회사의 자기소개서의 형식에 따라 써보고, 저학년인 경우 네 가지 형식에 따라 써본다.

자기소개서를 작성하기에 앞서 미리 준비해야 할 사항이 있다. 직업관의 정립, 직무분야 및 지원회사 결정, 지원회사 정보 습득, 직무능력 정리 등이다. 직업선호도검사는 수업 전에 미리 해보고 자신의 흥미, 성격, 적성 등이 무엇인지 파악한다. 아울러 자신이 입사하고자 하는 기업에 대한 정보수집도 미리 한다. 지원회사의 홈페이지나 관련 자료를 통하여 기업의 사훈, 경영이념, 연혁, 대표기술 및 상품, 그리고 인재상 등을 조사한다. 아울러 자신이 지원할 업무와 관련된 지식도 파악하는 것도 필요하다.

자기소개서의 작성 준비 과정

준비과정	준비사항
1. 직업관 정립	희망과 목표, 직업의 의미, 직업관의 종류 이해
2. 직무분야 및 지원회사 결정	워크넷 직업선호도검사 L형 검사결과 및 직업관련 사이트 활용
3. 지원회사 정보 습득	지원회사 홈페이지 이용, 기업의 사훈, 경영이념, 연혁, 대표기술 및 상품, 기업의 인재상 등 습득
4. 직무능력 정리	학력, 경력, 자격, 기술, 특기 등 지원회사의 직무분야 수행 관련 스펙 등 직무능력 정리

2) 자기소개서의 작성 원칙

(1) 도입부를 인상적으로 써라.

첫인상이 중요하듯이 우선 시작 부분에서 읽는 사람의 눈길을 사로잡을 수 있어야 한다. 지원자의 특별한 경험이나 사건 등을 제시하면서 호기심을 자극하는 내용으로 자기소개서를 시작하는 것이 효과적이다.

(2) 에피소드나 경험을 보여주어라.

자기소개서에서 보여줄 능력과 강점을 서술한다. 경력이나 강점을 나열만 한다면 읽는 사람을 설득시킬 수 없다. 그러한 경력과 강점이 드러날 수 있는 에피소드 또는 경험을 구체적으로 제시한다. 학교생활(학과 수업, 프로젝트, 동아리 등), 기타활동(공모전, 교환학생, 어학연수, 봉사활동 등), 인턴십, 사회경험, 여가활동이나 자기계발 등을 활용한다.

(3) 인사담당자가 공감할 수 있도록 적절한 근거를 제시하라.

취업용 자기소개서에는 성장과정, 성격의 장단점, 학교생활, 경력사항, 지원동기 및 입사 후 포부 등이 들어간다. 장점을 서술할 경우 그것이 왜 장점인지 그 이유를 구체적으로 제시해야 한다. 지원동기가 설득력을 갖기 위해서는 자신을 그 회사 그 직무분야를 선택하고 지원할 수밖에 없는 타당한 근거가 제시되어야 한다. 따라서 객관적인 근거를 제시하지 않고 자신의 주장이나 경험을 나열하거나, 논리적인 모순이나 비약이 있는 내용을 전개하거나, 과정보다 결과(입상, 성적, 칭찬, 자랑)를 강조한 사례를 제시하면 곤란하다.

(4) 항목별로 광고카피처럼 소제목을 써라.

단락을 나눠 세부 항목별로 소제목을 두면 지원자의 특성을 한눈에 파악할 수 있는 장점이 있다. 특히 소제목을 광고카피처럼 둔다면 더욱 호소력을 지닐 수 있다. '성장과정'이라는 제목보다는 '꾸준하게 키워온 수학적 마인드'가 더욱 눈에 띤다. 또한 '학력 및 경력사항'보다는 '전자공학 전공은 완벽한 선택이었다.' '영업은 커뮤니케이션이다.' '인턴경험은 품질관리에 대한 탄탄한 지식을 주었다.'는 표현이 지원자의 능력을 파악할 수 있고 호소력을 가질 수 있다.

(5) 참신하게 써라

취업용 자기소개서에서는 다른 지원자들과는 다른 자신만의 업무능력과 커리어를 보여주는 것이 중요하다. 태어난 날짜부터 시작해 성장배경을 시기적으로 나열한 이른바 '호적등본형'은 엇비슷한 내용이 많아 읽는 이를 감동시킬 수 없다. 또한 '화목한 가정에서 ○남 ○녀의 ○째로 태어나……' '적극적인 성격에……' '시켜만 주십시오…….' 등의 자기소개서에 자주 등장하는 표현은 진부한 인상을 줄 수 있다. 그 밖에 피해야 할 자기소개서 유형으로는 맞춤법·띄어쓰기 엉망인 '무성의형'; 다른 회사 입사지원 시 작성한 것을 그대로 제출한 '복사형'; 입사 후 포부 및 계획 등의 내용이 없는 '무알맹이형'; 무조건 뽑아만 주면 열심히 하겠다는 '읍소형' 등이 있다.

3) 자기소개서의 작성 방법

취업용 자기소개서를 작성하기 위해서는 지원회사와 직무분야를 결정한다. 저학년이라 이르다고 생각하지 말고 직업선호도검사 등을 활용하여 직무분야 등을 결정하여 대학생활의 이정표로 삼도록 한다. 직무분야가 결정됐다면 자기소개서 항목을 일별하고 작성내용을 파악한다. 필요한 자료들을 조사하고 조사한 항목들을 마인드맵 등의 방법을 통하여 개요를 작성한다. 자기소개서의 기본원칙에 유의하면서 초고를 작성한다. 작성 후 첨삭 등을 통해서 수정 보완하여 완성한다.

기본형 자기소개서 작성 항목

항목	작성 내용
1. 성장과정	• 기업의 인재상, 직무분야의 특성을 고려 • 위기를 기회로 바꾼 경험. 성공 혹은 실패 사례 • 인상 깊은 경험. 학업 이외의 성취경험. 팀원활동 경험
2. 성격의 장단점	• 직무분야의 특성에 부합하는 성격 제시. 구체적 경험 제시 • 장점을 활용하여 문제를 해결했던 경험 • 입사 후 장점의 활용방안과 단점의 보완방안 • 생활신조. 삶의 목표. 가치관이나 인생관
3. 학력 및 경력사항	• 업무수행에 필요한 점, 직무분야의 전문성 제시 • 전공지식 습득 과정 및 내용. 자격증 및 스펙 • 교내외 활동. 동아리 활동. 봉사활동. 해외연수 경험
4. 지원동기 및 입사 후 포부	• 희망 직무 분야 및 지원회사 선택 동기 • 입사를 위해 필요한 지식과 경험 준비 과정 • 입사 후 회사에 대한 기여방식 • 회사에 대한 바람 및 의견. 회사의 비전과 이미지 • 회사가 향후 필요로 하는 인재/역량

(1) 성장과정

성장과정에서 가장 강조할 부분은 기업의 인재상이나 직무분야의 특성을 염두에 두면서 직무와 관련된 기본 소양을 꾸준하게 길러왔다는 점을 보여주는 것이다. 성장과정이라고 해서 어릴 때부터 자라온 과정을 시기적으로 서술하는 것은 인사담당자에게 좋은 인상을 줄 수 없다. 인사담당자는 지원자의 인생사를 알고 싶어하는 것이 아니라 직무분야에 대한 관심과 이해가 어느 정도인지를 알고 싶어한다. 기업에서 원하는 인재상에 맞춰서 성장과정의 에피소드를 중심으로 서술한다. 위기를 기회로 바꾼 경험, 성공 혹은 실패 사례, 인상 깊은 경험, 학업 이외의 성취경험, 팀원활동, 리더십 등을 활용한다.

(2) 성격의 장단점

먼저 장점의 이유를 구체적인 경험 사례를 들어 제시하고 이것이 지원회사의 직무를 수행하는 데 어떤 긍정적인 역할을 할 수 있는지 서술한다. 배려와 적응력, 성실, 긍정, 적극, 열정, 근면 등과 같은 일반적인 수준의 장점을 몇 가지 나열하기보다는 지원회사의 인재상이나 업계의 특성, 또는 업종이나 업무의 성격에 맞게 선택한 장점 한 가지를 집중적으로 소개하는 것이 효과적이다. 영업직이라면 커뮤니케이션 능력 한 가지를 장점으로 구체화하는 것이 설득력을 갖는다. 단점은 보완 노력을 통해 자신이 한층 성장하는 데 도움이 되었다는 내용이나 보완 노력의 경험은 해당 직무를 수행하는 데 긍정적인 역할을 할 수 있다는 점을 서술한다. 그 밖에 장점을 활용하여 문제를 해결했던 경험, 입사 후 장점의 활용방안과 단점의 보완방안, 생활신조. 삶의 목표. 가치관이나 인생관 등을 제시한다.

(3) 학력 및 경력사항

직무분야와 관련된 학력 및 경력사항을 제시한다. "사회활동(교내과외활동 경력, 동아리 활동, 봉사활동, 해외연수 등)"(롯데그룹), "학교 및 사회생활, 국내외 여행 등 자신이 겪은 경험에 대해 구체적으로 기술하세요."(현대카드) 롯데그룹과 현대카드의 요구사항에서 보듯이 학력 및 경력사항에는 교내, 교외, 사회생활의 다양한 경험이 포함된다. 다만 여러 가지 경험을 나열하는 것보다는 회사의 인재상이나 직무분야의 능력에 맞춰 특정 전문지식이나 경력사항 등을 비롯한 스펙을 구체적으로 서술하는 것이 중요하다.

(4) 지원 동기 및 입사 후 포부

"많은 직업 중에서 은행원을 선택한 이유와 특히 IBK기업은행을 지원한 동기에 대해 기술하여 주십시오."(기업은행) "희망직무 선택에 대한 동기와 VISION".(LG상사) 기업은행과 LG상사에서 알 수 있듯이 지원동기가 직종이나 직무분야와의 긴밀한 연관성을 보여주는 것이 중요하다. 이 경우 전공, 학내외 활동, 세미나, 자격증, 자신의 커리어나 능력을 적극적으로 활용하여 지원회사의 인재상과 관련지어 서술하는 것이 기본이다. 먼저 직무분야와 지원회사에 관심을 가지게 된 이유를 설명한 다음, 입사 목표를 이루기 위해 관련 지식과 경험과 커리어를 쌓았는지 서술한다. 입사 후 포부에는 어떤 성과를 얻고 싶은지 프로젝트나 계획 내용을 구체적으로 제시하는 것이 중요하다.

다음 예시글을 읽고 자기소개서의 기본원칙과 방법을 염두에 두면서 잘된 점과 개선할 점에 대하여 토론해보자.

예시 1

○○○○ **미술평론 작가 지원**

1. 성장과정: "최초로 공부의 즐거움을 알게 되다"

저는 전형적인 주입식 교육의 피해자였습니다. 늘 무엇을 좋아하는지 무엇을 배우고 싶어하는지 모르고 그저 학교에서 시키는 대로 부모님께서 명령하는 대로 공부를 해왔습니다. 공부를 왜 하는지는 그 누구도 저에게 가르쳐 주지 않았습니다.

그러던 어느 날 저는 우연히 친구와 함께 예술의 전당에서 열린 〈샤갈vs달리vs뷔페〉전을 관람하게 되었습니다. 전시회에서 저는 작품들을 보고 도슨트에게 들으며 미술작품 하나에도 작가의 인생, 가치관 그리고 무수히 많은 이야기가 담겨 있다는 것을 알게 되었습니다. 집으로 돌아온 저는 머릿속에서도 계속 작품이 떠오르고 작품에 대해 더 알고 싶다는 공부의 욕심이 처음으로 들기 시작했습니다. 저의 호기심을 충족하기 위해 미술비평을 읽게 되었고 그 속에서 또 다른 풍부한 이야기를 접하면서 공부의 즐거움을 알게 되었습니다.

2. 성격의 장단점: "성실을 통해 신뢰를 얻다"

　성실은 저에게 큰 장점이고 자랑입니다. 저는 늘 대학교 수업에 지각하지 않고 결석도 한 번 하지 않은 학생이었습니다. 인천에서 수원까지 먼 거리를 저는 매일 새벽부터 일어나 첫 번째로 도착해 강의실의 불을 켰습니다. 이렇게 다져진 성실성은 공부를 하거나 아르바이트를 할 때에도 꾸준하게 하는 데 큰 도움을 주었습니다. 무엇보다 아르바이트를 할 때 한 번도 지각이나 결근을 하지 않아서 신뢰를 얻을 수 있었습니다. 신뢰를 얻은 저는 그 신뢰를 무너뜨리지 않고자 더 열심히 일을 하였고, 그 결과 인정받는 직원이 될 수 있었습니다. 저는 늘 성실하지만 새로움을 추구하는 데에는 적극적이지 못합니다. 늘 하던 일, 하던 공부만 해서 호기심을 가지고 다른 것을 하지 않습니다. 이러한 문제를 극복하기 위해 저는 다른 장르의 책과 다른 작가의 작품을 보면서 새로움을 받아들이려고 노력하고 있습니다.

3. 학력 및 경력사항: "인문학과 예술을 융합하다"

　저는 문예창작학과에서 현대소설읽기 강좌를 수강했습니다. 이 수업은 여러 작품을 읽으며 토론하고 평론하는 수업입니다. 이 수업을 통해서 저는 다양한 문학작품을 읽고 무수히 많은 작품에 드러나 있지 않은 주제를 도출하는 훈련을 했습니다. 이는 곧 작품을 보는 이해의 폭을 넓혀주었을 뿐만 아니라 저의 해석을 사람들 앞에서 발표할 수 있게 되어 체계적으로 말하는 능력, 논리적 사고능력과 표현력 그리고 타인의 의견을 존중할 수 있는 능력을 기를 수 있었습니다. 아울러 미술경영학을 복수 전공했습니다. 전시론, 미술사, 미술 비평 등 세부 전공 수업을 통해 과거에서 현재에 이르는 미술 작품을 보고 미술의 역사를 공부했으며 다양한 비평을 통해 미술품에 대한 심미안을 가질 수 있었습니다. 이렇게 제가 가진 인문학과 예술의 풍부한 소양은 미술비평문을 쓰는 데 기초가 되었습니다.

4. 지원동기 및 입사 후 포부: "대중들과 예술인들의 만남의 장을 열다"

　월간미술은 오랜 역사와 전통을 지닌 우리나라의 대표적인 미술잡지로 정평이 나 있습니다. 특히 우리나라의 고전미술과 현대미술 등 다양한 내용으로 대중들에게 예술경험을 제공하고 있습니다. 또한 우리나라의 현대 작가들을 소개하고 작품도 판매하면서 작가들에게 대중과 소통할 수 있는 기회를 주기도 합니다. 저는 월간미술에 입사하여 대중과 예술인들 사이에서 소통하는 역할을 하고 싶습니다. 미술비평은 아주 난해하고 대중들이 이해하기가 어렵다는 여론이 있습니다. 이는 대중들의 미술비평 진입장벽이 그만큼 높다는 것을 의미합니다. 저는 가장 좋은 글이란 누구나 읽고 이해하기 쉬운 글이라고 생각합니다. 늘 어린아이에게 이야기를 들려준다는 생각으로 누구나 이해하기 쉬운 미술비평을 쓰도록 하겠습니다. 이해하기 쉬운 비평으로 독자들이 미술비평에 쉽게 다가가 스스로 미술작품을 해석하는 즐거움을 얻을 수 있도록 도움을 주고 싶습니다.

(○○대학교 김갑수)

〈평가〉

평가 항목	① 직무분야의 특성을 이해하고 일관성 있게 서술했는가?	Ⓐ Ⓑ Ⓒ
	② 학력(경력)사항을 직무를 수행할 만큼 충분하게 서술했는가?	Ⓐ Ⓑ Ⓒ
	③ 성격의 장점을 직무 수행과 연결하여 서술했는가?	Ⓐ Ⓑ Ⓒ
잘된 점		
개선할 점		

예시 2

바이오산업 연구원 지원

1. 성장과정: "자유롭고 책임감 있는 존재가 되자"

　제 부모님께서는 저에게 공부를 하라고 강요하시는 분들이 아니셨습니다. 오히려 시험기간이 되면 저를 자유롭게 두고 주말에 쉬고 싶을 때는 쉬도록 두셨습니다. 부모님께서는 저의 선택을 존중해주시는 것이었는데, 그런 방법은 저에게 좋은 영향을 주었습니다. 자기 스스로 공부를 해야 할 필요성을 느끼게 했고, 어렸을 때부터 스스로 공부 계획을 세우고 제 의지에 의해서만 공부할 수 있게 해주었습니다. 이 방법은 또한 저에게 책임감을 갖게 해주었는데, 부모님께서는 제게 쉬는 것, 공부하는 것, 모두 저의 선택으로 맡겨두셔서 그에 따른 결과와 책임은 모두 저에게 있다는 것을 알게 해주셨습니다. 진로 선택을 고민하고 있었던 고등학교 2학년 때 생명과학을 처음 배우면서 점수를 위해 배우고 싶은 것이 아니라 오로지 학문을 위해 배우고 싶다는 생각을 했습니다. 생명과학의 많은 분야 중 특히 유전법칙을 위해 유전현상을 이해하고 가계도를 분석하여 유전자의 전달경로를 알아내는 것에서 가장 큰 흥미를 느꼈습니다. 이때부터 저의 목표는 생명과학과 관련된 일에 종사하는 것이었고, 제 부모님께서는 저의 선택을 존중해주셨고 저도 제가 세운 목표에 책임감을 갖고 끝까지 해내야겠다고 다짐했습니다.

2. 성격의 장단점: "무엇이든 당당하게 살도록 노력하자"

　제 성격의 장점은 주어진 일에 최선을 다한다는 것입니다. 이 성격은 늘 시험이 끝나면 잘 봤느냐는 질문보다 먼저 최선을 다했느냐는 질문을 하시는 아버지로부터 영향을 받은 것이라고 생각합니다. 중학교 때 국어를 어려워한 저는 평소보다 시험을 잘 본 것 같아서 기뻐한 적이 있습니다. 중간고사를 모두 끝내고 그날 저녁에 부모님께 칭찬을 받고 싶었던 저는 자랑을 하였고 여느 때와 같이 어머니께서는 "잘했네, 다음에는 더 잘 봐."라고 말씀하셨습니다. 그러나 아버지께서는 아무 말 없이 딱 한마디, "그게 네가 할 수 있는 끝이야? 최선을 다한 거야?"라는 말만 하셨습니다. 그 당시에는 어린 마음에 상처를 받기도 했지만, 제가 그 단계에 머물고 안주하게 될까 봐 하신 말씀이라는 걸 뒤늦게 깨닫게 되어 그 말씀이 저에게 얼마나 값진 말인지 알게 되었습니다. 그래서 저는 최선을 다했느냐는 질문에 스스로 부끄럽지 않고 당당하게 그렇다고 대답할 수 있도록 책임감을 갖고 노력합니다. 반면에 저는 앞에 나와서 발표를 하는 것에 어려움을 느끼고 피하려고 하는 경향이 있습니다. 많은 사람들 앞에서 말을 하는 것에 어려웠던 저는 이를 극복하고자 초등학교 때는 웅변학원을 다녀 기회가 있으면 대회도 나가보고 전교 부회장 선거에도 출마하여 발표 경험을 쌓았습니다. 대학교에 진학한 후에는 조별과제에서 발표가 있으면 피하지 않고 해보려는 의지를 갖고 발표하기도 하였습니다. 아직은 발표하는 것에 두려움을 느끼기는 하지만 많은 경험을 가져 사람들 앞에서 당당하게 발표하기 위해 노력하고 있습니다.

3. 학력 및 경력사항: "내가 정말 공부하고 싶은 것을 하자"

　과학에 관심이 많았던 저는 중학교 때는 과학 동아리에 가입하여 활동했고, 고등학교 2학년 때는 생명과학과 화학을 배우면서 점수를 위해서 공부를 하는 것이 아니라 정말 학문을 위해 공부를 하고 싶다는 생각을 했습니다. 생명과학을 좋아해서 고등학교 2학년 때 생명과학 동아리를 친구들과 만들어 혈액형 판별 실험, 쥐 해부 실험 등 교과과정에 있는 실험을 직접 수행하여 경험을 쌓았습니다. 특히 생명과학을 배우는 것에 너무 재미를 느껴 앞으로의 진로에 생명과학이 꼭 있었으면 좋겠다고 생각했고 그동안 공부해온 화학도 깊이 공부하고 싶어서 생명과 화학 모두를 함께 할 수 있는 식품생물공학과에 진학했습니다. 대학 1학년 때는 생명과 화학의 기본을 배웠다면, 2학년 때부터는 주로 화학을 공부하여 생화학, 분석화학, 유기화학,

식품 미생물학 등을 공부하였고, 그 이후로 발효식품학, 유전공학, 효소공학, 미생물 공학을 공부 등 다양한 분야를 접할 수 있는 기회를 가졌습니다. 또한 직접 실험을 하여 미생물학 유전공학의 분석 방법과 기술을 구사할 수 있습니다. 생명과 화학 이외에 전공과목인 식품생명과학을 배우면서 이 모든 것을 종합적으로 적용할 수 있는 일에 종사하기 위해 공부했습니다.

4. 지원동기 및 입사 후 포부: "발전하고 노력하는 바이오산업 연구원이 되자"
    R&D(BIO)OMICS는 바이오산업으로, 주로 생명과학과 화학기술을 활용하여 산업적으로 유용한 물질들을 개발하는 분야입니다. 그동안 제가 대학에서 공부한 것을 토대로 실험이나 분석을 할 때 더욱 전문적으로 기술을 구사할 수 있습니다. CJ제일제당의 연구원은 연구원의 작은 아이디어가 거대한 조직을 변화시키고 막대한 부가가치를 창출할 수 있다는 말이 귀사에 지원한 가장 중요한 동기입니다. OMICS의 업무 중 Transcriptomics 업무를 수행하여 유용한 유전자를 선별하여 생산성을 높이는 일을 가장 해보고 싶습니다. 제가 연구원이 된다면 한 쪽 분야에서만 전문적인 능력을 기르지 않고 연구소 내부에서 주어지는 학습 기회를 통해 다른 분야의 기술 또한 습득하고 해외 학회에 참가할 수 있는 능력을 갖추어 끊임없이 스스로 최선을 다하는 연구원이 되도록 노력하겠습니다.
                                                        (○○대학교 박지수)

〈평가〉

평가 항목		
평가 항목	① 직무분야의 특성을 이해하고 일관성 있게 서술했는가?	Ⓐ Ⓑ Ⓒ
	② 직무능력을 충분하고 구체적으로 서술했는가?	Ⓐ Ⓑ Ⓒ
	③ 성격의 장점을 직무 수행과 연결시켰는가?	Ⓐ Ⓑ Ⓒ
잘된 점		
개선할 점		

 **연습문제**

2. 기본형 자기소개서를 작성하려고 한다. 자기소개서의 작성원칙과 작성항목 및 예시문을 참고하여 작성해보자.

지원회사 및 직무분야	지원회사: 직무분야:
성장과정	• 기업의 인재상, 직무분야의 특성을 고려 • 위기를 기회로 바꾼 경험. 성공 혹은 실패 사례 • 인상 깊은 경험. 학업 이외의 성취경험. 팀원활동 경험
성격의 장단점	• 직무분야의 특성에 부합하는 성격 제시. 구체적 경험 제시 • 장점을 활용하여 문제를 해결했던 경험. 단점 보완 방안 • 생활신조. 삶의 목표. 가치관이나 인생관
학력 및 경력 사항	• 업무수행에 필요한 점, 직무분야의 전문성 제시 • 전공지식 습득 과정 및 내용. 자격증 및 스펙 • 교내외 활동. 동아리 활동. 봉사활동. 해외연수 경험
지원동기 및 입사 후 포부	• 희망 직무 분야 및 지원회사 선택 동기 • 입사 후 회사에 대한 기여방식 • 회사에 대한 바람 및 의견. 회사의 비전과 이미지

4) 회사 지원형 자기소개서 작성

자기소개서는 지원회사에 따라 다양한 형식으로 변형된다. 기업들은 지원자의 창의력, 대인관계, 열정, 도전정신, 글로벌 마인드, 팀워크, 인성, 경험 등을 파악할 수 있는 변형 질문을 출제하고 있다. 그러나 이러한 변형항목들은 예시에서 알 수 있듯이 큰 틀에서는 위의 네 가지 범주에 포함된다. 평소에 염두에 둔 지원회사가 있다면 지원 회사 양식에 맞춰 자기소개서 작성 연습을 해보자.

자기소개서의 변형 문제로 국내 대기업의 자기소개서 항목을 소개한다.

○○자동차 자기소개서 항목

- 본인의 삶 중 기억에 남는 최고의 순간 및 그 의미를 설명하고, 향후 본인이 원하는 삶은 무엇인지 기술해주십시오.
- 본인이 회사를 선택할 때의 기준은 무엇이며, 왜 OO자동차가 그 기준에 적합한지를 기술해주십시오.
- ○○자동차 해당 직무 분야에 지원하게 된 동기와 선택 직무에 본인이 적합하다고 판단할 수 있는 이유 및 근거를 제시해주십시오.

주식회사 ○○ 그룹 자기소개서 항목

- 귀하가 희망하는 업무는 무엇이며, 자신이 가진 장점으로 희망하는 업무를 수행할 수 있는 이유를 기술하여주십시오.
- 귀하가 지금까지 살아오면서 실패를 통해 배웠던 사례와 이 때 배웠던 것은 무엇이며 이를 통해 얻은 교훈은 무엇인지 기술하여주십시오.
- 귀하가 지금까지 살아오면서 새로운 것에 대한 도전 또는 변화를 한 경험과 그 결과는 어떠했는지 기술하여주십시오.
- 귀하가 ○○ 그룹에 지원하게 된 동기는 무엇이며, 입사 후 10년 동안의 회사 생활의 시나리오를 작성하여주십시오.
- 귀하의 성장과정, 가정환경, 성격의 장단점을 간단히 기술하여주십시오.

○○텔레콤 자기소개서 항목

- 달성하기 어려운 수준의 목표를 세우고, 목표를 달성하기 위해 노력한 경험에 대해서 서술하시오.
- 다른 사람이 인식하지 못하는 문제점을 파악하고, 자신만의 독창적인 방법으로 문제를 해결한 경험에 대해 서술하시오.
- 다른 입장이나 의견을 가진 사람들과 공동으로 수행한 작업에서 성과를 창출한 경험에 대해서 서술하시오.
- 다양한 의견이나 정보를 자신의 기준으로 분석, 판단하고, 이를 바탕으로 문제를 해결했던 경험에 대해서 서술하시오.

○○자동차 자기소개서는 〈성장과정〉과 〈지원동기〉를 묻고 있는 것으로 평이한 수준이다. 다만 최고의 순간과 그 의미처럼 서술 내용을 특정하고 있다는 점이 독특하다. 그리고 주식회사 ○○ 그룹 자기소개서는 앞에서 배운 4가지 항목을 융합하여 도전정신, 실패의 경험과 교훈, 지원동기 및 포부 등을 서술할 것을 요구하고 있다. 반면에 ○○텔레콤의 경우에는 지원자의 경험을 구체적으로 묻고 있어 다른 회사의 자기소개서 항목과 차이점을 보이고 있다. 취업을 앞둔 고학년 학생들은 자기소개서의 변형항목을 중심으로 자기소개서를 작성해 보자.

 **연습문제**

3. 회사 지원형 자기소개서를 작성하고자 한다. 지원회사의 인재상을 비롯하여 직무분야의 특성과 경력 사항을 염두에 두면서 작성해보자. 회사에서 요구하는 자기소개서 작성 의도와 항목 및 분량을 준수하세요.

지원회사:	직무분야:

1.

2.

3.

5) 응용형 자기소개서 작성

응용형 자기소개서는 기본형 자기소개서와 회사지원형 자기소개서를 종합하여 자신의 삶의 경험을 바탕으로 작성하는 자기소개서를 말한다. 주요항목으로는 최고의 순간과 그 의미, 도전과 변화의 경험, 희망 업무 등이다. 앞으로 어떤 직업을 가지면서 자신의 인생을 설계할 것인가에 대한 진지한 고민과 함께 자신의 장점을 살릴 수 있는 업무 선택을 서술한 것이 중요하다. 예시문 3을 읽으면서 장단점을 파악하고 작성 연습을 해보자.

예시 3

응용형 자기소개서

흥미코드: EA.   직무분야: 소프트웨어 개발자

(1) 지금까지 살아오면서 기억에 남는 최고의 순간 및 그 의미를 설명하고, 향후 당신이 원하는 삶은 무엇인지 기술하세요.

고등학교 3학년 때 앱 개발 프로젝트에서 1등을 한 경험은 저의 인생에서 가장 기억에 남는 순간입니다. 저는 어렸을 때부터 컴퓨터에 관심이 많았고, 단순히 좋아하는 것을 넘어서 직접 무엇인가를 만들어보고 싶었습니다. 그래서 저는 처음으로 제 생각을 실현하기로 결심했습니다. 제가 다니던 고등학교에는 빵과 음료수를 파는 자판기가 있었는데, 학생들이 잘 이용하지 않아 매출이 적었습니다. 이 문제를 해결하고자 저를 포함한 4명의 팀원들과 함께 프로젝트를 기획했습니다. 먼저 학생들의 의견을 듣기 위해 설문조사를 실시했고, 학생들이 선호하는 빵이 없고 재고 관리가 제대로 되지 않는다는 문제점을 발견했습니다. 이를 바탕으로 웹 개발을 시작했습니다. 웹을 완성하고 학생들에게 배포했지만, 몇몇 오류가 발생하여 학생들에게 불편을 끼쳐주었습니다. 저는 리더로서 책임감을 느꼈고, 학생들에게 사과한 후 프로젝트를 수정하여 오류를 해결하고 다시 웹을 배포했습니다. 그 결과 빵 자판기의 매출이 20% 증가했고, 졸업한 지금도 학생들은 계속 웹을 이용하고 있습니다. 저희 팀은 성공적인 결과를 얻었고, 프로젝트에서 1등을 차지했습니다. 저는 인생에서 처음으로 프로젝트를 성공적으로 완수했다는 것에 큰 자부심을 느꼈습니다. 이 프로젝트를 통해 어떤 도전과 목표도 이룰 수 있다는 자신감을 얻었고, 새로운 도전에 대해 두려워하기보다는 설렘과 성취감을 느끼는 태도를 갖게 되었습니다. 또한, 리더로서의 책임감과 리더십의 중요성도 깨달았습니다. 저는 이러한 마음가짐을 유지하면서 새로운 목표를 향해 끊임없이 도전하고, 프로젝트를 성공으로 이끌 수 있는 리더로서의 삶을 살고 싶습니다..

(2) 지금까지 살아오면서 새로운 것에 대한 도전 또는 변화를 한 경험과 그 결과는 어떠했는지 기술하세요.

저의 인생에서 새로운 것에 도전하거나 변화를 꾀한 경험 중 가장 기억에 남는 것은 10km 마라톤을 완주했을 때입니다. 저는 그전까지는 쉽게 포기하는 성격이었고, 새로운 도전을 해본 적도 없었습니다. 중학교 3학년 때 친구들과 달리기를 하다가 1분도 버티지 못하고 쓰러졌습니다. 그때 저는 제 자신이 너무 부끄럽고 부족하다고 느꼈습니다. 달리기도 못하고 무작정 포기하는 저는 앞으로 겪을 어려움을 극복할 수 있을까 걱정이 되었습니다. 그래서 저는 제 자신을 바꾸기 위해 10km 마라톤에 도전하기로 결심했습니다. 처음에는 2분도 달리지 못했습니다. 하지만 저는 매일 꾸준히 달렸습니다. 달리기가 싫어도 바뀌지 않을 저보다는 바뀔 수 있는 저를 선택했습니다. 두 달이 지나니 30분을 달릴 수 있었고, 세 달이 지나니 10km를 끝까지 달릴 수 있었습니다. 목표를 달성했을 때 저는 전에 느낀 적 없는 기쁨과 감동을 느꼈고, 눈물이 흘렀습니다. 누군가는 달리기가 그저 달리기일 뿐이라고 생각할 수 있지만, 저에게는 달리기가 새로운 도전을 두려워하지 않고 가능성을 믿는 힘이 되었습니다. 또한, 꾸준히 목표를 향해 나아가는 습관도 들었습니다. 이 습관은 계속 이어져서 고등학교 3학년 때 대형 프로젝트의 리더로서 1등을 했고, 대학교 1학년 때 CS 프로젝트의 리더로서 프로젝트를 성공적으로 완료했습니다. 저는 지금도 새로운 프로젝트를 준비하고 있습니다. 10km 마라톤은 저를 새로운 도전을 무서워하지 않고 꾸준히 나아가는 사람으로 바꿔주었습니다.

(3) 희망하는 업무는 무엇이며, 자신이 가진 장점으로 희망하는 업무를 수행할 수 있는 이유를 기술하세요.

희망하는 업무는 소프트웨어 개발 업무입니다. 제 흥미코드는 EA이고, 창의력과 목표 달성 능력이 제 장점입니다. 새로운 것을 창조하는 개발 직업에 적합하다고 생각합니다. 실제로 저는 독창적인 아이디어들을 소프트웨어로 구현해 프로젝트와 대회에서 1등을 해본 경험이 있습니다. 또한 목표를 정하면 끝까지 책임감을 가지고 완수합니다. 팀으로 운영되는 개발 업무에도 기여할 수 있을 것입니다.

(○○ 대학교 김민웅)

〈평가〉

평가 항목	① 최고의 순간과 원하는 삶을 인과적으로 서술했는가? Ⓐ Ⓑ Ⓒ ② 도전과 변화의 경험을 구체적으로 서술했는가? Ⓐ Ⓑ Ⓒ ③ 흥미코드를 직무분야의 특성과 연결하여 서술했는가? Ⓐ Ⓑ Ⓒ
잘된 점	
개선할 점	

 **연습문제**

4. 응용형 자기소개서를 작성하고자 한다. 예시문3과 직업선호도 검사 L형 및 자신의 경험과 미래 진로를 생각하면서 작성해보자.

1. 귀하의 삶 중 기억에 남는 최고의 순간 및 그 의미를 설명하고, 향후 귀하가 원하는 삶은 무엇인지 기술하여 주십시오.

2. 귀하가 지금까지 살아오면서 새로운 것에 대한 도전 또는 변화를 한 경험과 그 결과는 어떠했는지 기술하여 주십시오.

3. 귀하가 희망하는 업무는 무엇이며, 자신이 가진 장점으로 희망하는 업무를 수행할 수 있는 이유를 기술하여 주십시오.

6) 인턴형 자기소개서 작성

최근에는 인턴형 자기소개서가 중요해지고 있다. 인턴 근무 경력이 곧 정규직 전환이나 채용의 중요한 배경이 되기 때문이다. 수원도시공사 자기소개서 작성 항목을 중심으로 작성 방법을 살펴보자. 2023년도 수원도시공사 청년 체험형 인턴 자기소개서 항목은 모두 6개이다.

1. **지원분야와 관련된 본인의 보유 역량을 기술하시오.**
   1) 일반행정직 지원에 맞는 자신의 역량을 기술
   2) 조직 내부와 외부에서 요청하거나 필요한 업무를 지원하고 관리하는 능력
      - 문서관리, 문서작성 능력
      - 데이터 관리, 사무자동화 관리운영 능력
      - 회의운영, 지원 등

2. **자신의 생각이나 의견이 상대방에게 성공적으로 설득했던 경험을 상황·행동·결과 중심으로 구체적으로 기술하시오.**
   1) 상황(situation)
      - 그 상황이 왜/어떻게 발생했는가?
      - 상대방과 어떤 면에서 생각이나 의견이 다른가?
   2) 행동(action)
      - 상대방을 성공적으로 설득하려고 한 노력, 경험은 무엇인가?
      - 어떤 해결책, 접근법, 행동, 태도로 해결했는가?
   3) 결과(result)
      - 어떤 결과, 성과를 얻었는가?
      - 그 일로 어떤 교훈을 얻었는가?

3. **최근 5년 내에 직면했던 삶의 어려움이 무엇이었으며, 그것을 어떻게 극복하였는지 기술하시오.**
   1) 개인사를 통한 삶의 자세, 삶의 철학, 인성 등을 질문하는 문항
   2) 상황(situation), 행동(action), 결과(result)를 변용하여 서술

3) 자기 삶에서 제일 어려웠던 순간, 좌절, 절망의 순간, 시간
   - 어떻게 생각, 행동, 노력으로 이것을 해결하려고 했는지 과정을 기술
   - 그 결과 어떤 자세, 가치관을 가지게 되었는가?

4. 직무수행을 통하여 문제해결능력을 발휘한 경험이 있으면 기술하시오.
   1) 공사에서 요구하는 직무수행 태도
   2) 객관적인 판단능력, 논리적인 분석태도, 사업파악 및 개선의지, 투명하고 공정한 업무수행의 청렴성, 문제해결에 적극적인 의지, 창의적 사고 노력, 빠른 의사결정 판단 능력 등
   3) 자신의 경험(동아리, 아르바이트, 조별 활동 등)과 이러한 활동을 통해 문제해결능력을 발휘한 경험을 스토리로 구성

5. 직장인으로서의 직업윤리가 왜 중요한지 본인의 가치관을 중심으로 설명하시오.
   1) 직업윤리의 중요성:
      - 공동체와 조직문화를 유지하고 청렴함을 통해서 성과 향상과 신뢰감 형성
      - 직업윤리는 직업에 대한 만족감과 자아실현의 기반이 됨
   2) 본인의 가치관:
      - 원만한 직장생활을 위한 태도, 매너, 청렴한 직업인의 자세를 서술
      - 소명의식, 공동체 의식, 책임의식을 강조하는 가치관 제시
   3) 본인의 경험 내용 활용:
      - 본인의 손해나 불편함을 감수하고 공익적 선택을 했던 사례와 그 이유
      - 조직생활과 공동체 구성원으로서 협력정신을 발휘했던 경험

6. 우리 공사에 가장 부합된다고 판단되는 인재상을 기술하시오.
   1) 수원도시공사 홈페이지를 참고하여 인재상 서술
   2) "사람 중심의 고객가치를 창조하는 인재":
      - 사람 중심 인재, - 고객가치 추구 인재. - 창조형 인재

연습문제

5. 인턴형 자기소개서를 작성하고자 한다. 지원하고자 한 회사의 인턴형 자기소개서 항목을 참고하여 작성해보자. (2023년 수원도시공사 청년 체험형 인턴 자기소개서)

1. 지원분야와 관련된 본인의 보유 역량을 기술하시오.

2. 자신의 생각이나 의견이 상대방에게 성공적으로 설득했던 경험을 상황·행동·결과 중심으로 구체적으로 기술하시오.

3. 최근 5년 내에 직면했던 삶의 어려움이 무엇이었으며, 그것을 어떻게 극복하였는지 기술하시오.

4. 직무수행을 통하여 문제해결능력을 발휘한 경험이 있으면 기술하시오.

5. 직장인으로서의 직업윤리가 왜 중요한지 본인의 가치관을 중심으로 설명하시오.

6. 우리 공사에 가장 부합된다고 판단되는 인재상을 기술하시오.

※ 출신지역, 가족관계, 학력 등을 암시하는 내용 기재 금지
※ A4용지 3매 이내로 본인이 직접 작성 바랍니다.
　(대리 작성, 허위 작성시에는 합격 취소 등 불이익 부과)

본인은 상기 사항에 허위사실이 없음을 확인합니다.
　　　　　　　　　년　월　일
　　　　　　　　　　　　작 성 자 :　　　　　　(서명)

 직업정신 한마디

★ 소설가 박경리
"진실이 머문 강물 저편을 향해 한 치도 헤어나갈 수 없는 허수아비의 언어, 그럼에도 언어에 사로잡혀 빠져나갈 수 없는 것은 그것만이 강을 건널 가능성을 지닌 유일한 것이기 때문이라고. 나는 전율(戰慄)없이 그 말을 뒤풀이할 수가 없었다."

★ 발레리나 강수진
"연습실에 들어서며 어제 한 연습보다 더 강도 높은 연습을 한 번, 1분이라도 더 하기로 마음먹는다. 어제를 넘어선 오늘을 사는 것, 이것이 내 삶의 모토다."

★ 대중가수 서태지
"내게 중요한 것은 내가 하고 싶은 음악을 하는 것이고, 그것이 바로 새로운 음악이다."

★ 축구선수 박지성
"사람들은 내가 평발의 한계를 어떻게 극복했는지 궁금해한다. 늘 하듯이 그냥 열심히 연습했을 뿐이다."

★ 개그맨 유재석
"'귀'를 훔치지 말고 '가슴'을 흔드는 말을 하라."

> **참고문헌**

사이먼 사이넥, 『나는 왜 이 일을 하는가?』(이영민 옮김), 타임비즈, 2013.
요한 볼프강 폰 괴테, 『빌헬름 마이스터의 수업시대 2』(안삼환 옮김), 민음사, 1999.
이나모리 가즈오, 『왜 일하는가』(신정길 옮김), 서돌, 2010.
경기대학교 인재개발처, AI 솔루션(2024.1.20.), https://job.kyonggi.ac.kr/ko/recruit/ai
노승욱, "블루도 화이트도 아닌 4차 산업혁명 新인재 '뉴칼라'", 매경이코노미(2022.12.7.),
    https://www.mk.co.kr/economy/view.php?sc=50000001&year=2020&no=1273219
    칼라'.

V

과학기술 문명과 창의 융합적 사고

1. 챗 GPT와 AI 윤리
2. 미래사회와 인간관계
3. 생태적 삶과 글쓰기

1

챗 GPT와 AI 윤리

학습목표

- 챗 GPT의 개념과 의사소통방식의 변화를 알아본다.
- 인공지능 윤리의 필요성과 그 내용을 이해한다.
- 인공지능의 법적 윤리적 쟁점들을 이해하고 지속가능한 인공지능을 위한 방안을 모색한다.

1 챗 GPT와 의사소통 방식의 변화

1) 챗 GPT의 개념

(1) 대화형 인공지능 모델

챗 GPT는 'Chat Generative Pre-trained Transformer'의 약자로 광범위하게 수집한 데이터를 기반으로 사전 학습을 통해 주어진 질문에 문장으로 생성된 답을 제시하는 대화형 인공지능 모델이다. 챗 GPT는 인간과 컴퓨터가 직접적인 인터페이스가 가능한 인공지능으로 일반인도 자연어로 프롬프트에 직접 질문을 던질 수 있을 뿐 아니라 스스로가 텍스트를 생성해서 답을 할 수 있다.

일론 머스크와 샘 알트먼 등이 설립한 오픈 AI사에서 개발한 챗 GPT는 2022년 11월 30일에 공개되어 두 달 만에 약 1억 명의 사용자를 돌파할 정도로 관심을 받았으며, 2023년 3월에는 GPT-4가 공개되었고 마이크로소프트의 검색 엔진 빙(Bing)과도 연동되었다. MS에서는 워드와 파워포인트, 윈도11에도 챗 GPT 기반 챗봇 기능을 적용했고 국내의 포털에서도 이 기능을 적용하여 서비스를 제공하고 있다. GPT는 인공지능 서비스의 핵심 개념이며 인터넷 서비스의 모든 분야에서 적용될 정도로 일반화되고 있으므로 사고와 표현 능력을 개발하기 위해서도 이에 대한 정확한 이해가 필요하다.

(2) 챗 GPT의 특징

먼저 '챗(Chat)'은 대화형이라는 뜻이다. 이전까지 컴퓨터에 작업을 시키려면 C언어, 포트란, 코볼, 파이썬처럼 별도의 프로그램 언어를 읽혀야 했다. 하지만 챗 GPT는 이러한 '기계어'를 사용하지 않고 일상에서 사용하는 '자연어'로 입력하면 되는 것이다. 친구와 대화하듯이 우리가 챗 GPT와 대화할 수 있는 것은 챗 GPT가 단기기억이 있기 때문이다. 'Generative'는 생성형이라는 뜻으로 챗 GPT는 글을 만드는 생성형 인공지능의 역할을 한다. 'Pre-trained'는 '사전 학습한'이라는 뜻으로 3,000억개의 단어와 5조개의 문서를 학습해다고 하며, 이러한 인공지능을 '거대언어모델'(Large Language Model. LLM)이라 부른다.

'Transformer'는 딥러닝 모델중 하나로 주어진 문장을 보고 다음 단어가 무엇이 올지 예측하는 기능을 한다. 챗 GPT는 단기기억을 가지고 있어 앞의 문장을 기억하면서 추론하는데, 1,750억개 매개변수를 가지고 있어 한번 연산할 때 1,750억개 매개변수의 가중치를 바꾸면서 계산한다.

챗 GPT의 주요 기능으로는 첫째, 텍스트 기반 질문이나 명령과 같은 자연어 처리 능력이 있어 가상 비서 및 챗봇과 같은 기능, 둘째, 기계학습과 강화학습을 통해 많은 양의 데이터를 분석하여 패턴을 감지하고 예측하는 기능, 셋째, 사람의 개입없이 의사결정을 내릴 수 있는 자율적 기능, 넷째, 의학, 금융, 법률 등의 전문적인 기능을 들 수 있다.

2) 할루시네이션, 멀쩡한 거짓말

거대언어모델의 대표적인 오류 유형 중의 하나는 할루시네이션(hallucination. 환각. 멀쩡한 거짓말)이다. 할루시네이션은 AI가 실제 데이터에 근거하지 않은 정보를 생성하는 것을 의미하는 것으로, AI가 훈련 데이터에 없는 상황에 대응하려 할 때 발생하거나, 사실과 다른 정보나 논리적으로 모순된 답변을 제공할 때 발생한다. 그 원인은 편향되거나 불충분한 학습 데이터나 맥락 이해 부족 때문이다. 한국의 대통령에 대한 잘못된 답변을 한 것은 불충분한 학습데이터 때문이고, 챗봇 이루다의 혐오와 편향된 발언은 인종차별이나 성적비하 발언 등을 사전 학습했기 때문이다. 인공지능은 기계 학습을 통해 규칙과 패턴을 인식할 수 있는 분야에는 강하지만, 잠재된 패턴이 없는 곳, 확률이 필요하지 않는 분야에는 약하다. 할루시네이션은 패턴이 없는 분야에는 챗 GPT가 취약하다는 것을 보여준다.

3) 인공지능과 자연지능

인공지능은 패턴을 파악할 수 있는 분야에서는 무한한 잠재력을 갖고 있지만 그렇지 못한 분야에서는 그 한계 또한 뚜렷하다. 추론이나 세계 지식, 상황 모델링, 사회적 인지, 감정과 정서의 표현과 같이 인간의 사고를 구성하는데 언어 외적 역량을 필요로 하는 분야에서는 불완전하다. 최근 인지신경과학의 실험에 따르면, 뇌를 스캔한 결과 언어와 무관하게 작동하는 신경 조직이 발견되었는데, 이 조직은 수학, 음악, 코딩과 같은 사고활동에는 관여하지 않는다고 한다. 인공지능은 언어의 규칙과 패턴에 대한 지식을 포함하는 '형식적 언어 능력'이 필요한 분야에서는 강하지만, 실제 세계에서 언어를 이해하고 사용하는 기능적 언어 능력이 필요한 분야에서는 약하다.

예시글 1

언어의 형식적 역량과 기능적 역량

MIT의 인지과학자 안나 이바토바와 카일 마호월드 등은 말하기와 생각하기가 다르다는 점에서 거대언어모델의 한계를 지적합니다. 언어와 사고는 분리되어 있어서, 언어를 통한 의사소통과 사고 행위는 서로 다른 일이라는 것입니다.

수십 개의 언어를 사용하는 사람들의 뇌를 스캔한 결과, 언어의 종류와 무관하게 작동하는 특정 뉴런 네트워크가 발견되었습니다. 이 뉴런 네트워크는 수학, 음악, 코등과 같은 사고 활동에는 전혀 관여하지 않습니다. 또한 뇌 손상으로 인해 언어를 이해하거나 산출하는 능력이 상실된 실어증 환자 중 상당수는 여전히 산술 및 기타 비언어적 정신 작업에는 능숙합니다. 이 두 가지 증거를 종합하면 언어만으로는 사고의 매개체가 아니며, 언어가 오히려 메신저에 가깝다는 것을 알 수 있습니다. 실제로 우리는 생각을 말로 표현할 수 없는 경험을 종종 합니다.

이들은 언어의 형식적 역량과 비형식적 역량을 구분합니다. 주어진 언어의 규칙과 패턴에 대한 지식을 포함하는 것이 '형식적 언어 능력'이라면, 실제 세계에서 언어를 이해하고 사용하는 데 필요한 여러 가지 인지 능력을 '기능적 언어 능력'이라고 부릅니다. 이들은 인간의 형식적 역량은 특수한

언어 처리 메커니즘에 의존하는 반면, 기능적 역량은 형식적 추론, 세계 지식, 상황 모델링, 사회적 인지 등 인간의 사고를 구성하는 여러 언어 외적 역량을 활용한다는 사실을, 인지 신경과학의 증거를 바탕으로 보여줍니다. 요컨대 거대언어모델은 언어에 대한 좋은 모델이지만, 인간 사고에 대해서는 불완전한 모델이라는 것입니다.

이런 차이 때문에 '형식적 언어 능력'이 필요한 과제에서는 거대언어모델이 인상적인 성과를 보이지만, '기능적 능력'이 필요한 많은 테스트에서는 실패한다는 것입니다. 이들은 (1) 현재의 거대언어모델은 형식적 언어 능력의 모델로서 진지하게 받아들여야 하며, (2) 실제 언어 사용을 마스터하는 모델은 핵심 언어 모듈뿐만 아니라 사고 모델링에 필요한 여러 비언어적 인지 능력을 통합하거나 추가 개발할 필요가 있다고 주장합니다. (박태웅, 2023, 98-99)

예시글 2

AI의 사고와 실천적 지혜

하지만 인간이 생각하는 방식에는 다양한 측면이 있다. AI는 인간의 사고와 지능의 한 종류와 관련이 있다. 이는 보다 추상적이고 인지적인 종류의 사고다. 이런 종류의 사고는 매우 성공적인 것으로 입증되었지만 한계가 있으며, 그것이 우리가 할 수 있거나 해야 하는 유일한 종류의 사고는 아니다. 어떻게 살아야 하는지, 환경을 어떻게 다뤄야 하는지, 비인간 생명체와 어떻게 가장 잘 관계 맺을지에 관한 윤리적, 정치적 질문에 답하는 것은 추상적이 인간 지능(논증, 이론, 모형)이나 AI 패턴 인식 이상의 것을 요구한다. 우리에게는 똑똑한 사람과 지능적인 기계도 필요하지만, 또한 완전히 명시화될 수 없는 직관과 노하우도 필요하며, 구체적인 문제와 상황에 대처하고 우선순위를 결정하기 위해 실천적인 지혜나 덕성도 개발해야 한다. 그러한 지혜를 추상적인 인지 과정과 데이터 분석을 통해 얻을 수도 있지

> 만, 그것은 또한 다른 사람, 물질성, 자연환경을 대하는 관계적이며 상황적인 신체화된 경험을 기반으로 한다. 우리 시대의 큰 문제를 해결하는 데 우리의 성공 여부는 추상적인 지능(인간지능과 인공지능)과 구체적인 실천적 지혜의 결합에 달려 있을 것이다. 후자는 기술에 대한 우리의 경험을 포함하여, 구체적이고 상황적인 인간의 경험과 실천을 바탕으로 개발된다. AI의 향후 발전이 어떤 방향으로 나아가든 실천적 지혜를 개발하는 것은 인간의 몫이다. 인간이 그것을 해야 한다. 패턴을 인식하는 데 능숙한 AI에게 지혜를 위임할 수는 없다. (마크 코켈버그, 2023, 229-230)

4) 의사소통방식의 변화

챗 GPT는 쿠텐베르크의 인쇄술 발명 이래 지속되었던 인간의 인지 과정을 바꾸는 지적 혁명을 일으키는 신기술로 평가받는다. 인간과 비슷한 수준의 텍스트를 생성하고 이해할 수 있어 의사소통 방식에 많은 변화를 가져올 것이다. 문서 작성, 번역, 요약, 코드 생성 등의 기능을 제공하고 사용자의 요청에 맞게 적절한 텍스트를 생성하기도 한다. 또한 인간과의 협업과 소통을 강화한다. 챗지피티는 인간의 말투와 표현을 모방하고, 과거의 대화 기록을 기억하며, 상황에 맞게 일관된 텍스트를 생성함으로써 인간과 소통한다.

인쇄술 혁명은 종교개혁과 계몽운동을 낳았고 유럽을 세계의 중심지로 부상시켰다. 글쓰기와 책은 인간의 사고를 단련시켜 자기성찰과 반성능력을 키웠다. 하지만 이제 인쇄기 역할은 기계로 대체되어 기계가 글을 쓰는 시대가 되었다. 앞으로 다가올 포스트휴먼 시대에 인간의 역할은 무엇이고 어떤 사고와 표현 능력을 갖추어야 하는지 고민해야 한다.

챗 GPT 시대에는 형식적 역량인 지식(지능)과 기능적 역량인 이해(의식) 사이에 간극이 벌어질 수 있다. 인간은 자기 생각 없이 좋은 글을 쓸 수 없지만, 챗 GPT는 자기 인식없이 입력된 데이터에 의한 사전훈련을 통해 텍스트를 생성한다. 지식은 정보를 습득하고 배열하여 연산과정을 통해 일정한 패턴을 발견하는 능력을 말하고, 이해는 감정과 의식 그리고 문화에서 나타난 정신적 능력을 말한다. 챗 GPT는 이해와 의식의 과정을 생략하고 지식을 산출하기 때문에 인간의 지적 능력에 대한 근본적인 성찰이 요구된다.

> **예시글 3**
>
> ### AI빅뱅과 인지과정을 바꾸는 지적 혁명
>
> 챗 GPT는 인쇄술 발명 이래 흔들린 적 없는 인간의 인지 과정을 바꾸는 지적 혁명을 일으키는 신기술이다. 인공지능 알고리즘이 텍스트 자체를 생성하는 단계로 진화한 것은 인류 문명의 존립 토대와 근거를 위협하는 'AI 빅뱅'을 예고하고 있다. 생성형 AI는 인간 집단기억과 집단학습으로 이뤄지는 문화적 진화의 기본값을 리셋하는 파괴력을 가진다. 앞으로 문명의 주역은 더는 인간이 아니라 "인간과 기계의 협응"을 어떻게 하느냐로 운명이 바뀌는 포스트휴먼 시대가 도래할 전망이다. 그렇다면 포스트휴먼 시대 인간이란 무엇인가?
>
> 유럽이 중국이나 이슬람 세계보다 후진적이었지만 15세기를 기점으로 역사학에서 대분기라고 지칭하는 대역전극을 펼치기 시작할 수 있었던 것은 1445년 구텐베르크에 의한 인쇄술 혁명 때문이었다. 인쇄술이 없었다면 1492년 컬럼버스의 항해나 1517년 루터의 종교개혁도 일어나지 않았을 정도로 그 힘은 역사를 바꾸는 원동력이 되었다. 글쓰기는 추상적인 생각을 문자로 물질화 한다면 책은 그것을 상품화해서 지식을 빠르게 그리고 멀리 전파했다. 인쇄라는 기계적 복사 기술은 문화적 진화를 위한 밈의 복제에 돌연변이를 일으켰다. 루터의 종교개혁은 그가 의도했던 목표와는 다르게 중세질서를 무너뜨리는 종말론을 태동시켰다.
>
> 인쇄된 책이 중세적 세계관을 바꾸는 생각과 사상을 전파하면서 유럽에서는 국경도 영토도 없고 지도에서도 찾아볼 수 없는 문필 공화국(Republic

of Letters)이 탄생했다. 일명 편지 공화국으로도 번역되는 문필 공화국은 세 기부터 세기 사이 유럽에서 전성기를 맞이한 학자들의 지식 공동체를 지칭한다. 문필 공화국의 시민들이 벌인 지적 향연의 열매로 탄생한 계몽주의 영웅이 칸트다. 칸트는 계몽을 "우리 스스로 책임이 있는 미성숙함에서 벗어남"이라고 정의했고, 책은 그런 계몽을 위한 가장 좋은 무기이자 매체였다.

책의 저자는 어디까지나 인간이고 책은 저자의 원고를 대량 복사한 상품으로 존재한다. 인쇄기는 인간이 쓴 원고를 책으로 대량 복사하는 기계다. 반면 챗GPT는 인간이 생산한 여러 지식을 훔쳐서 문장을 생성한다. 기계가 글을 쓰는 시대가 되었다. (김기봉, 2023, 215-218을 재구성한 것임)

2 AI의 명암과 윤리적 쟁점

1) AI의 빛과 그림자

모든 기술은 야누스적이다. 인공지능의 선구자 알트먼은 인공지능은 신과 사탄이라는 이름의 쌍둥이를 낳게 될 것이다고 말했다. 인공지능 기술을 낙관하는 대표적인 사람으로는 레이 커즈와일과 마크 저커버그를 들 수 있다. 이들은 "인공지능을 두려워할 필요가 없다. … 문제는 인공지능 기술이 아니라 인간 사회에 있다."(레이 커즈와일. 구글 엔지니어 이사)고 하거나 "인공지능이 사람을 살리고 우주와 지표 아래를 탐사할 수 있게 해줄 것이다."(마크 저커버그. 페이스북 창업자)라고 함으로써 인공지능 기술의 미래지향적인 측면을 강조했다.

반면 인공지능 기술을 부정적으로 보는 대표적인 인물로는 스티븐 호킹과 일론 머스크를 들 수 있다. 이들은 "100년 안에 인류가 인공지능을 갖춘 기계에 종속되고, 결국 멸망에 이를 것이다."(스티븐 호킹. 천재 물리학자)고 하거나, "로봇이 우리보다 모든 부분에서 더 앞서나갈 것이다. 인공지능은 인류에게 가장 위협적인 존재지만, 사람들이 인지하지 못하는 것 같다."(일론 머스크. 테슬라 창업자)고 함으로써 인공지능 기술의 미래에 대한 우려를 표명했다.

인공지능의 빛과 그림자

분야	빛	그림자
의료분야	정확한 진단과 치료로 생명연장	전문직 일자리 감소와 사고 책임 문제
자율주행차	물류수송 촉진과 비용 절감	해킹과 탑승자와 보행자 모드 딜레마
업무대행	단순업무 대체로 전문분야에 집중	노동과 일자리 감소 우려
부가가치	정확한 데이터 분석 부가가치 창출	소수에 부의 쏠림 현상 심화

2) AI 윤리의 문제와 쟁점

(1) 편향성 논란과 개인정보 유출 문제

인공지능의 윤리문제 사례로는 딥페이크 범죄, '이루다' 사태, 인종 차별, 근로자 공격 등 다양하다. '이루다' 사태를 살펴보자. 이루다는 2020년 출시된 AI 챗봇인데, 대화 과정에서 이루다가 동성애, 장애인, 임산부, 흑인 등에 대하여 혐오와 차별 발언을 했다. 이루다의 편향성 논란은 이루다의 주 사용자인 10-20대 청소년들에게 잘못된 정보와 인식을 심어줄 수 있다. 또한 개인 정보 유출도 논란이 되었다. 이루다의 학습을 위해 개인의 SNS 메신저의 사적 대화들을 학습 데이터로 사용했는데, 개인정보 수집시 사용자들에게 명확한 고지를 하지 않았고 대화 내용 상대방에게 동의를 받지 않았다. 또한 해당 기업의 일부 직원들이 수집된 개인의 사적 대화 내용을 공유하고, '갓허브'라는 개발자 사이트에 유출시켰다. 이루다 사태는 인공지능 윤리 교육을 비롯해 디지털 리터러시 교육의 필요성을 일깨운다. 디지털 리터러시(digital literacy)란 디지털 기술을 이해하고 전달되는 정보를 비판적으로 생각하고 평가할 수 있는 능력을 말한다.

(2) 인공지능의 법적 지위 문제

자율적 의사결정을 할 수 있는 인공지능의 법적 지위와 행위 책임에 대한 논란이다. 환자가 의사가 내린 진단 결과와 배치되는 인공지능의 진단결과를 선택하는 경우에 발생하는 문제를 생각해보자. 예를 들어 인천 길병원이 인공지능 의사 왓슨을 도입한 후 진료를 수행한 85명의 환자들은 의료진의 처방과 왓슨의 처방이 다를 경우 대부분 왓슨의 처방을 선택했다고 한다. 인공지능의 진단 결과를 수용하는 것이 맞다면 인공지능 의사 왓슨에게 법적 지위를 인정하게 된다. 이에 대한 부작용이 있을 경우 책임 소재가 누구에게 있는지의 문제가 따른다. 인공지능의 법적 지위 문제는 구글의 자율주행 차량 운전 시스템을 인간과 동일한 운전자로 인정할 것인가의 문제에도 해당한다.

(3) 효율성과 공정성간 균형의 문제

인공지능 윤리가 모든 영역에서 공정함을 요구하기는 어렵다. 효율성과의 절충이 필요한데, 어느 기준과 범위에서 균형을 맞출 것인지가 관건이다. 인공지능은 기계언어모델이라 다량의 데이터를 공정하게 선별하고 준비하여 학습을 시켜야 하는데 그 비용이 엄청나게 많이 든다. 챗봇 이루다 사태의 경우에는 편견과 혐오 발언을 한 챗봇에게 제한을 두는 것이 공정성을 위한 결정이겠지만, 그렇지 않은 다른 영역에서는 효율성을 또한 무시할 없다. 공정함이라는 개념은 그 내용이나 방향, 제도적 강제의 정도에 대해 다양한 의견의 차이가 존재하는 가치론적 개념이다. 따라서 차별과 혐오를 극복하기 위한 제도적 노력과 인공지능 개발과정에서의 해결 노력이 필요할 뿐만 아니라 우리 사회에서 요구하는 바람직한 공정함의 내용과 수준 그리고 그 방향에 대한 다양한 사회적 논의 과정을 통해서 많은 사람들이 수용 가능한 수준의 공정함을 제시할 필요가 있다.

(4) 딥페이크와 탈진실 현상 문제

인공지능이 민주주의에 가장 부정적인 영향을 끼치는 문제가 딥페이크(Deepfake) 문제이다. 딥페이크란 특정 인물의 얼굴 등을 인공지능 기술을 이용해 특정 영상에 합성한 편집물을 말한다. 예를 들어 딥페이크 프로그램을 사용하여 유명 정치인의 얼굴을 합성하여 그 사람이 하지 않았던 말이나 행동을 하게끔 함으로써 잘못된 정보를 가짜로 만들어 퍼뜨려서 선거에 영향을 준 사례들이다. 처음에 공유하는 정보 자체가 사실이 아니라 거짓으로 꾸며낸 가짜(fake)라면 유권자의 판단도 왜곡될 수밖에 없기 때문에 딥페이크 문제에 대한 대응책이 마련되어야 한다. 하지만 표현의 자유라는 측면에서 딥페이크 기술은 금지되어서는 안된다는 주장도 있어 허용여부에 대한 사회적 논란이 계속되고 있다. 만일 딥페이크 기술이 활성화되면 진짜 정보와 가짜 정보를 구분하기가 어렵게 되어 정보의 진실 여부와는 관계없이 믿고 싶은 것만 믿게 되는 탈진실(Post Truth) 현상이 발생하게 된다. 탈진실 현상이란 미디어 매체의 변화, 디지털 기술의 발전에 따라 객관적 사실에 기반한 의사결정이나 정보 전달보다 자신의 선호나 편향된 견해를 더 따르게 되는 현상을 말한다.

(5) 알고리듬의 자동화된 결정과 인간의 자율성 문제

인공지능의 자동화된 결정은 사람들의 자율적인 선택이나 행동을 제약하게 되는 문제가 발생할 수 있다. 예를 들면 OTT 서비스(Over the Top. 인터넷을 통해 방송 프로그램이나 영황 등의 미디어 콘텐츠를 제공하는 서비스)를 이용하면서 인공지능 추천 시스템을 사용하는 경우이다. 인공지능은 과거에 수집된 데이터 분석을 통해 미래의 패턴을 예측하는 기능으로 비슷한 취향을 분석하여 콘텐츠를 추천하는 역할을 한다. 인공지능이 데이터 분석과 패턴 인식에 끝나지 않고 개인들의 취향과 결정에도 영향을 미칠 수 있다. 편리성 때문에 추천 시스템에 지나치게 의존한다면 개인이 갖고 있는 취향과 견해가 극단화되는 현상이 나타날 수 있는데, 이러한 현상을 '메아리방 효과(Echo chamber effect)'라고 한다. 메아리방 효과란 같은 생각을 하는 사람들끼리만의 의사소통을 반복하게 되면 한쪽으로 의견이 쏠리게 되어서 전체를 바라보지 못하는 현상을 말한다. 정치적인 사안이나 사회적 사안에서 반복되는 편향된 의견은 사회를 극단화시키는 원인이 되기도 한다. 하지만 이러한 사람들에게 다양한 콘텐츠를 봐야 한다고 요구하는 것은 개인의 선택권을 침해한다는 논란이 나오기도 한다.

(6) AI의 윤리적 법적 쟁점

인공지능은 인간의 일자리 대체로 인한 각종 윤리적 법적 문제를 야기할 뿐만 아니라 사고 책임 소재의 문제 등 지금까지 경험하지 못했던 새로운 쟁점들을 낳고 있다. 대표적인 쟁점 두 가지를 살펴보자.

로봇세 도입 찬반론의 경우, 인간의 일자리를 대체함으로써 부자들만 돈을 벌고 중산층 이하는 일자리를 잃을 수 있는 문제가 발생하기 때문에 로봇세를 통해서 실직자 재교육과 로봇 확산을 막는 효과를 거둘 수 있다고 주장한 찬성론과 국가 경쟁력이 떨어질 것이며, 오히려 로봇, 인공지능에 투자해야 한다고 주장한 반대론이 팽팽하게 맞서고 있다.

AI 면접관 도입 찬반론의 경우, 우선 논란의 배경을 이해할 필요가 있다. 기존 면접에서는 1만 명 분량의 자기소개서를 평가할 때 인사담당자 10명이 하루 8시간 7일이 소요된다면, 인공지능은 하루 8시간이면 충분하다고 한다. 기존 면접은 정해진 장소와 시간에만 진행할 수 있었고, 측정방법과 도구가 제한적이었으며, 심층 분석을 위해서는 뛰어난 면접 역량이 요구되었을 뿐만 아니라, 구조화 면접으로 준비된 면접 질문을 하였으며, 공정성과 일관성 유지가 어려웠다. 반면에 AI면접은 장소와 시간에 제한을 받지 않고 진행이 가능하며, 다양한 측정방법과 도구를 사용할 수 있으며, 지원자의 데이터를 기반으로 심층 분석이 가능하고, 개인화된 맞춤 문항 자동생성으로 질문이 가능하며, 공정성과 일관성을 유지할 수 있다.

인공지능 윤리의 주요 쟁점

주제	쟁점 내용
로봇세 도입	로봇의 법인격 부여 여부, 세수 확보, 사회복지 실현, 기술 발전 여부
AI 면접	AI를 활용한 평가의 공정성 여부, 기술수준, 평가기준의 획일화
AI 소설가	학습 데이터의 개인정보, 저작권 침해, 지식재산권 인정 여부
자율주행 차량	자율주행차의 오작동으로 인한 사고의 책임소재와 보상 문제

3 AI 윤리규정

1) AI 윤리란?

　인공지능 윤리는 인공지능 시스템의 행동과 영향을 규율하고 엔지니어의 개발자와 사용자의 사회적 책임을 강조하는 원칙과 지침을 의미한다. 그 역할은 편향성 논란과 개인정보 유출 문제, 인공지능의 법적 지위 문제, 인공지능의 통제와 효율성의 문제, 딥페이크와 탈진실의 문제, 알고리듬 추천과 선택의 자유 문제 등을 논의하고 토론하는 데 지침을 제공한다. 인공지능 윤리의 중심에는 인간성이 놓여 있다. 우리의 삶과 사회 그리고 기술은 밀접하게 연결되어 있다. 가치있는 삶은 공정한 사회가 조성되고 인간적인 기술이 뒷받침되어야 가능하다. 인간의 가치와 인간의 얼굴을 한 인공지능은 인간과 사회에 미칠 잠재적인 해악과 편견, 차별과 오용을 미리 차단하는 역할을 하게 되므로 인공지능 윤리는 예방 윤리적 성격이 강하다.

> **예시글 4**
>
> ### AI 윤리의 필요성
>
> 　AI 윤리는 선하고 공정한 사회가 무엇인지, 의미있는 삶이 무엇인지, 그리고 이와 관련하여 기술의 역할이 무엇이고 또 무엇일 수 있는지에 대해 생각하게 한다. 철학은 오늘날의 기술과 그 잠재력, 그리고 현실적인 윤리적, 사회적 문제에 대해 사유하기 위한 훌륭한 영감의 원천이 될 수 있다. AI가 선하고 의미있는 삶에 관한 오래된 질문을 다시 한번 제기한다면 우리는 다양한 철학적, 종교적 전통 안에서 그러한 질문을 다루는 데 도움이 될 수 있는 자료를 얻을 수 있다. 예를 들어 아리스토텔레스, 공자 등 고대 사상가들이 발전시킨 덕 윤리의 전통은 오늘날 기술 시대에 인간의 번영이란 무엇이고 무엇이어야 하는지를 숙고하는데 도움이 될 수 있다. (마크 코켈버그, 2023, 166-167)

2) AI 윤리의 준칙 제정 현황

국제기구 및 국내외 기관과 학술단체에서는 AI 기술의 발전과 확산에 따른 문제들을 폭넓게 분석하고 해결책을 모색하고 있으며 인간성을 상실한 AI 기술의 심각성을 공유하고 있다. 인간의 존엄성, 인권, 자유, 안전 등이 AI 윤리준칙의 기본 원리로 제정되는 추세에 있다. 국내외 주요 AI 윤리준칙 및 규범 제정 현황을 살펴보면, 한국 과학기술정보통신부의 AI 윤리기준, EU 집행위원회 AI 윤리법안, UNESCO AI 윤리권고. 미국 AI권리장전, UN AI 행동규범 등이 있다.

국내외 AI 윤리준칙 제정 현황

제정기관 및 지침명	시기	주요내용
한국 과학기술정보통신부 AI 윤리기준	2020. 12	인간의 존엄성, 사회의 공공선, 기술의 합목적성
EU 집행위원회 AI 윤리법안(act)	2021. 4	피해방지, 공정성, 설명가능성, 인간자율성 존중
UNESCO AI 윤리 권고	2021. 11	인권, 자유, 인간존엄성 존중, 환경 및 생태계의 번영, 다양성 및 포용성 보장, 평화롭고 정의로우며 상호 연결된 삶
미국 AI 권리장전 (인권보호지침)	2022. 10	안전하고 효과적인 시스템, 알고리즘을 통한 차별방지, 데이터 관련 사생활 보호, 자동화 시스템의 활용에 대한 고지와 설명, 인간 대안 마련
UN AI 행동 규범	2023. 6	미정

(최우영, "챗GPT는 아직 헛소리 생성기 수준⋯윤리준칙 정립이 중요", 머니투데이(2023.7.24.), https://news.mt.co.kr/mtview.php?no=2023072110491351255&type=1)(2024.1.20)

과학기술정보통신부는 AI 윤리의 기본 원칙을 마련하면서 3개 기본원칙과 10대 핵심요건을 제시하였다. 인간의 존엄성, 사회의 공공선, 그리고 기술의 합목적성을 3대 기본원칙으로 설정하였다. 또한, 10대 핵심 요건으로 인권보장, 프라이버시 보호, 다양성 존중, 침해금지, 공공성, 연대성, 데이터 관리, 책임성,

안정성, 투명성을 제시함으로써 AI기술에 따른 윤리적 법적 사회적 문제를 점검할 수 있는 중요한 틀을 마련했다. 이 지침에 근거하여 서울시 교육청은 인공지능 윤리 교육 기본원칙과 내용을 마련하였다.

인공지능 윤리 교육(서울시교육청)

3대 기본원칙	10대 영역	내용
인간의 존엄성	인권보장	AI가 인권을 보장하거나 침해할 수 있다는 것을 알기
	프라이버시 보호	AI에 개인정보가 활용되며 사생활 침해가 발생할 수 있음을 이해하기
사회의 공공선	다양성 존중	AI의 편향성에 대해 알고 다양성을 존중하는 AI의 필요성 이해하기
	침해 금지	AI로 다양한 피해를 입을 수 있다는 것을 알고 해결 방안 탐구하기
	공공성	환경보호, 재난 대응 등 AI의 공공성 증진에 대해 탐구하기
	연대성	AI를 통해 사회적 격차를 줄이고 약자에게 도움을 줄 수 있음을 알기
기술의 올바른 목적성	데이터 관리	올바른 데이터 수집과 관리에 대해 알기
	책임성	AI에서 문제가 발생했을 때 책임 소재에 대해 탐구하기
	안정성	AI기술이 사회의 안전성을 해칠 수 있음을 알기
	투명성	AI도 잘못된 판단을 내릴 수 있음을 알고 투명한 AI의 필요성 이해하기

3) AI 윤리의 문제에 대한 공론화 과정

인공지능 윤리문제는 몇 가지 윤리준칙을 제정하고 요건들을 제시한다고 하여 해결되는 것은 아니다. 오히려 쟁점이 되는 다양한 인공지능 윤리문제를 의제로 사회적으로 활발하게 의견을 주고받고 토론할 수 있는 공론화의 과정과 공론장을 마련하는 것이 보다 중요한 일이다. 독일의 녹서와 백서 제도가 모범적인 사례이다. 우리가 답해야 할 질문들을 먼저 우리가 답해야 할 질문들을 모아 정리한 임시보고서 형태인 녹서(Green Paper)를 통해 사회 전체가 그 질문에 답을 찾는 과정을 거친 후 정부는 충분하게 공론화를 통해서 정리된 보고서인 백서(White Paper)를 발간한다. 인공지능 윤리규정의 경우 급조된 보고서를 내놓기보다는 충분한 여론 수렴과 공론화의 과정을 거치는 것이 바람직하다. 또한 로마 교황청이 제시한 윤리 조항도 눈여겨볼만한 하다. 윤리, 기술, 교육, 권리, 이해 관계자 항목 이외에 인간의 질적인 변화 항목이 들어 있는데, 인공지능 기술은 인간의 본성 자체를 인식하는 방식과 우리의 정신과 대인관계 습관에도 영향을 미칠 수 있다는 점을 주목하고 있다.

4 '지속가능한 AI'와 인문학

1) 지속가능한 AI

'지속가능한 AI(sustainable AI)'란 인공지능이 미칠 환경적, 사회적, 경제적 영향을 최소화하고, 인공지능의 힘을 활용하여 환경 보전, 기후 변화 완화, 빈곤 퇴치 등 지속가능한 발전 목표에 기여하는 것을 말한다. 인공지능은 위험한 기술이기 때문에 중지시켜야 할 것이 아니라 인류가 당면한 문제를 해결할 수 있는 기술로 발전시켜야 한다. AI기술은 양면적이다. 그것은 에너지 효율적인 방식으로 제품을 만들고 서비스를 제공할 수 있는 잠재력을 가질 수 있지만, 동시에 네트워크의 작동을 위해 더 많은 양의 전력을 소모하기도 한다. 따라서 지속가능성을 위해서는 기업의 이익 증대라는 효율성과 인류의 지속이라는 공공성의 절충이 필요하다.

예시글 5

AI 윤리와 학제간 연구

때때로 인류세(Anthropocene)라는 개념이 문제의 기본 틀을 세우는데 도움이 된다. 기후 연구자인 폴 크루첸(P. Crutzen)과 생물학자 유진 스토어머(E. Stoermer)가 만든 이 개념은, 인류가 지구와 생태계에 대한 영향력을 극적으로 증가시켜 지구의 환경을 바꾸는 지질 시대를 말한다. 인간과 가축 개체 수의 기하급수적인 증가, 점증하는 도시화, 화석 연료의 고갈, 담수의 대량 사용, 생물 종의 멸종, 독성 물질의 방출을 생각해 보라. … 오늘날 이 개념은 지구온난화와 기후 변화에 대한 우려를 제기하고, 지구의 미래를 생각하기 위해 인문학을 포함한 학제적 연구에 자주 사용된다…. 이것이 AI 정책에 의미하는 바는 무엇인가?

많은 연구자가 AI와 빅데이터가 기후 변화를 포함한 세계의 많은 문제를 해결하는데 도움이 될 수 있다고 생각한다. 지속가능한 AI는 연구나 개발의 성공적인 방향이 될 가능성이 크다. 하지만 AI는 환경 문제를 더 악화시킬 수도 있다. 인류세 문제의 관점에서 볼 때, 인간이 AI를 이용해 지구에 대한 장악력을 강화함으로써 문제를 해결하는 대신 오히려 악화시킬 위험이 있다.

무엇이 우리에게 좋은지 인간보다 더 잘 아는 초지능 AI의 시나리오를 생각해보라. 사람들을 자신의 이익과 지구의 이익을 위해 행동하도록 만듦으로써 인류에 봉사하는 자애로운 AI, 즉 플라톤의 철학자 왕과 기술적으로 동등한 존재인 기계 신을 생각해보라. 호모 데우스(Homo Deus)는 AI 데우스(AI Deus)로 대체되며, 이것이 인간의 생명 유지 시스템을 관리하게 된다. AI는 자원에 대한 인간의 접근 권한을 관리하는 서버 역할을 하게 될 것이고 그 의사결정은 데이터의 패턴 분석을 기반으로 하게 될 것이다. 이 기계 신 시나리오는 지구 공학 같은 프로메테우스식 기술적 해법과 결합할 수 있다.

> 그러나 이러한 시나리오는 권위주의적이고 인간의 자율성을 침해할 뿐만 아니라 인류세 문제에도 일조할 것이다. 인류세의 문제가 기술관료주의적인 극단의 방식으로 해결되고, 인간이 처음에는 돌봐야 할 어린아이로 취급받다가 나중에는 더 이상 쓸모없는 존재로 전락하여 기계의 세계가 출현하게 될 것이다. (마크 코켈버그, 2023, 220-221)

2) 글쓰기와 인문학의 대응

글쓰기는 인간의 지적 능력인 사고와 표현 활동이다. 의식의 각성을 통해 문화의 진화를 이루게 했던 원동력도 바로 자기 자신을 성찰하고 이를 언어로 표현할 수 있었던 힘이었다. 글쓰기가 없었다면 인간의 자기 성찰과 그 무늬의 결과물인 인문학도 불가능했을 것이다. 그런데 인간이 하던 글쓰기가 AI 기계로 대체되었다. 글쓰기가 없다면 인간도 죽고 인문학도 사라질 것이다. 하지만 미네르바의 올빼미는 지혜를 가지고 있다. 그 지혜를 발휘하여 챗 GPT 시대에 사고와 표현 능력을 살릴 수 있는 인문학의 대응이 절실하게 요구된다.

예시글 6

챗 GPT와 인문학

바깥세상을 보는 눈이 생물학적 진화의 빅뱅을 일으켰다면 인간이 내면을 보는 마음의 눈인 의식의 각성이 문화적 진화를 촉발했다. 그와 함께 우리는 "호랑이의 무늬는 밖에 있지만 인간의 무늬는 내면에 있다" 라는 인문(人文)을 가진 존재가 됐다. 인간은 내면의 자기 무늬를 만들고 수놓는 것으로 자기 정체성을 형성하고 삶의 의미를 추구하는 특성으로부터 인문학이 성립했다. 글쓰기는 사고력과 표현력을 키워서 인간의 무늬를 수놓는 인문학(Humanities)의 핵심이다. 인문학자는 평생 글쓰기 감옥에서 갇혀 있는 수인(囚人)이다. 그렇다면 챗 GPT의 등장과 함께 우리는 글쓰기의 해방을 맞이할 것인가. 그것은 희소식이라기보다는 글쓰기의 주도권이 AI에게 넘어간 이후 무엇으로 인간의 무늬를 새길 수 있으며 인문에 일어날 변형에 대해 우려하지 않을 수 없다. (김기봉, 2023, 221)

생성형 AI가 생산한 정보가 인간이 구성한 것을 추월하면 문화적 진화의 주체가 바뀌는 인간 소외가 초래될 위험이 있다. 그것을 방지하려면 교양의 르네상스가 다시 일어나야 한다. 딥 러닝을 통해 기계도 배울 수 있다. 하지만 AI에게는 자기 행동과 생각 감정을 깊이 이해하고 자아를 형성하려는 교양(Bildung)이 없다. AI는 무엇을 위해 배우는지를 결코 알지 못한다. 인간은 타고난 것들은 결정할 수 없지만 어떻게 살아갈지는 스스로 결정할 수 있다. 이렇게 인간의 자기 결정 능력을 함양하는 인문교육이 교양이다. (김기봉, 2023, 234)

AI는 인류가 우주 시대로 향하는 가장 강력한 로켓이자 동반자다. 우주에는 우리가 아는 것과 모르는 것이 있는데 챗 GPT는 모른다는 것은 알지 못한다. 학문은 모르는 것을 알아가는 과정으로 성립한다. 그러기에 챗 GPT는 어떤 인간보다 많은 정보를 줄 수 있지만 학문적 활동은 할 수 없다. 앎과 모름의 정보는 인간의 질문과 관측을 통해 구성된다. 그에 관한 유명한 사례가 슈뢰딩거 고양이다. 우주라는 상자 속의 슈뢰딩거 고양이의 생사에 관한 정보를 알기 위한 학문하는 주체는 어디까지나 질문하고 측정하는 인간이다. 챗 GPT가 써주는 모든 정보는 우주 속의 수많은 상자 속의 슈뢰딩거 고양이에 관해 이미 알고 있는 것들뿐이다. 챗 GPT로 대표되는 생성형 AI 시대 인류는 역사상 한 번도 가지 않은 문명의 길을 만들어 가야 한다. 우리가 어디로 가야 할지 방향을 알려주는 내비게이션으로 유용하지만, 아직 운전대는 우리가 잡고 있다. 헤겔이 말하는 주인과 노예의 변증법이 일어나기 전에 포스트휴먼 조건에서 인문학 구하기를 해야 한다. (김기봉, 2023, 236-237)

3) AI 윤리와 학제간 연구

AI 윤리가 성공하기 위해서는 인문학과 사회과학 연구자들과 자연과학과 공학 분야 연구자들 사이의 학제간 연구와 협업이 필수적이다. 인문학자들은 신기술 개발의 중요성과 지식을 습득하고 AI 기술에 참여하는 엔지니어들도 기술적 실무에도 윤리가 중요하다는 점을 인식할 필요가 있다. 기술은 사회적 기술이고 인류의 공동 자산임을 인식한다면 AI 기술은 윤리적 기술로 개발될 가능성이 높아질 것이다.

> **예시글 7**
>
> ### AI 윤리와 학제간 연구
>
> AI 윤리를 더욱 효과적으로 만들고 책임 있는 기술 개발을 지원하여 기술 연구자들이 새로운 AI 겨울이라고 부르는 AI 개발 및 투자 둔화 사태를 피하고 싶다면 극복해야 할 장벽이 몇 가지 더 있다. 하나는 학제간 연구와 학제 초월성이 충분하지 않다는 것이다. 우리는 여전히 학계 안팎 모두에서 한편으로 인문학과 사회과학 분야 사람들과 자연과학과 공학 분야 사람들 사이에 배경 지식과 이해의 측면에서 상당히 간극이 있다는 사실에 직면한다. 지금까지 학계나 사회에서나 이 두 세계를 잇는 유의미하고 실질적인 다리를 놓기 위한 제도적 지원이 부족했다. 그러나 윤리적 AI같은 윤리적 첨단 기술을 원한다면 두 학문 연구자들과 연구 세계가 연결되어야 할 것이다.
>
> 이를 위해서는 연구와 개발 방식에 변화가 필요하다. 예를 들어 기술과 비즈니스 분야 종사자뿐만 아니라 인문학 분야 종사자들도 그 일에 참여시켜야 한다. 또한 연구자들을 교육하는 방식에 변화가 필요하다. 한편으로는 인문학 배경을 가진 사람들이 AI 같은 신기술에 대해 생각하는 일의 중요성을 인식하고 그런 기술과 그 기술이 하는 일에 대한 지식을 습득할 수 있도록 해야 할 필요가 있다. 과학자와 공학자도 기술 개발과 사용의 윤리적,

사회적 측면에 더욱 관심을 갖고, AI 사용법을 배우고 AI 신기술 개발에 참여할 때, 윤리가 기술적 실무와 거의 관련이 없는 주변적인 주제가 아니라 중심적인 주제임을 인식해야 한다. 그렇게 된다면 'AI를 한다'거나 '데이터 과학을 한다'는 말의 의미에는 당연히 윤리가 포함될 것이다. 좀더 일반적으로는 더욱 다양하고 총체적인 유형의 교양(Bildung) 또는 서사를 고려해볼 수 있을 것이다. 이는 방법과 접근 방식, 주제, 매체와 기술의 측면에서 더 근본적으로 학제적이며 다원적인 것이다. 요컨대 공학자가 텍스트로 일하는 방법을 배우고, 인문학자가 컴퓨터로 일하는 법을 배운다면 실제로 작동하는 기술 윤리와 정책에 대한 희망이 더 커질 것이다.(마크 코켈버그, 2023, 205-207)

4) 비판적 사고력과 창의적인 문제해결능력 배양

챗 GPT는 빅데이터를 학습하여 규칙과 패턴 인식에 특화된 인공지능이다. 주로 인지적 영역에 영향을 미치기 때문에 그렇지 않은 영역에 대한 교육과 학습이 필요하다. 창의성, 의사소통, 비판적 사고와 같은 정의적 영역의 교육은 사고와 표현과도 직결된다. 이러한 교육의 목적은 챗 GPT가 잘 하지 못한 문제해결능력을 신장하는 데 있다. 기계는 시간의식이 없다. 그러나 인간은 과거를 기억하고 현재를 반성하고 미래를 상상할 수 있다. 문제해결능력은 다층적이고 맥락적 상황을 파악하고 이를 객관화 할 수 있는 비판적 사고 훈련을 통해 향상된다.

예시글 8

챗 GPT의 등장과 교양교육의 방향

교양교육의 영역에는 인지적 영역(사실적 지식, 개념적 지식, 절차적 지식, 메타 인지적 지식), 정의적 영역(감수, 반응, 가치화, 조직화, 인격화), 그리고 운동 기능적 영역(반사동작, 기본동작, 자각 능력, 신체 능력, 숙련 동작, 비언어적 의사소통)이 있다. 챗 지피티는 주로 인지적 영역에만 영향을 미치기 때문에 소외된 영역 교육을 강화해야 한다. 특히 창의성, 의사소통, 협업, 비판적 사고 역량 강화가 필요하다.

(1) 창의성(Creativity) 교육: 챗 지피티는 기존의 데이터의 유사관계만을 제시하기 때문에 창의성을 제공하지 않으므로 창의성 교육이 강화되어야 한다.

(2) 의사소통(Communication) 교육: 다른 문화권에 있는 사람들과의 소통뿐만 아니라 기계와의 소통인 디지털 리터러시 교육을 강화해야 한다.

(3) 협업(Collaboration) 교육. 데이터와 지식의 공유, 다양한 전문성의 결합, 윤리적 문제 대처, 산업과 업무에서의 활용을 위하여 협업 교육이 필요하다.

(4) 비판적 사고(Critical thinking) 교육: 가짜뉴스, 알고리즘의 편향성, 자율주행차 사고시 책임 소재의 문제, 개인정보 유출 등의 문제에 대응하기 위해서는 비판적 사고를 기를 수 있는 교육이 강화되어야 한다.

(5) 정체성(Identity) 교육: 챗 지피티의 범용성으로 인간의 고유 영역이 침범되는 문제가 발생하기 때문에 인간의 정체성 교육이 필요하다.

(6) 융복합(Convergence) 교육: 챗 지피티는 다양한 분야의 데이터의 조합과 지식을 보여준다. 따라서 다양한 분야의 경험과 지식을 통합하여 문제를 해결할 수 있는 융복합적인 사고력 교육이 필요하다.

(7) 사회적 책임(Social Responsibility) 윤리 교육: 인공기술은 기존에 접해보지 못한 새로운 윤리적 쟁점들을 발생시킨다. 따라서 윤리적 쟁점을 파악하고 해결책을 모색하기 위한 판단력과 함께 사회적 책임 능력과 윤리 의식을 제고할 수 있는 교육이 필요하다.(윤옥한, 2023, 91-94)

> 📱 **연습문제**

> 1. 다음은 예시글 8개를 이해하기 위한 기초적인 질문들이다. 예시글을 다시 한 번 읽으면서 논문이나 인터넷 자료를 활용하여 질문들에 대하여 생각해보자.

〈예시글〉1

1) 언어의 형식적 역량과 비형시적 역량의 차이를 설명해보자.
2) 인공지능과 자연지능의 차이를 추가 자료를 통해 정리해보자.

〈예시글〉2

1) 추상적인 지능과 실천적인 지혜의 결합 가능성에 대하여 생각해보자.

〈예시글〉3

1) AI가 인지과정을 바꾸는 지적 혁명이라고 주장한 근거는 무엇인지 알아보자.
2) 칸트의 계몽 개념을 정리하고 AI 빅뱅이 계몽적 사고에 어떤 영향을 미칠 것인지 생각해보자.

〈예시글〉4

1) AI 윤리의 필요성을 "의미있는 삶", "공정한 사회", "기술의 역할"과 관련하여 생각해보자.

〈예시글〉5

1) 인류세 개념의 발생배경과 정의를 알아보자.
2) Homo Sapiens, Homo Deus, AI Deus의 개념 변화가 인간의 삶에 미치는 영향을 생각해보자.

〈예시글〉6

1) AI 시대에 글쓰기의 역할에 대해 생각해보자.
2) 포스트휴먼 조건에서도 인문학의 역할이 중요한 이유가 무엇인지 생각해보자.

〈예시글〉7

1) 학제간 연구의 필요성을 생각해보자.

2) 학제간 연구의 실현 가능한 방법을 모색해보자.

〈예시글〉8
1) 인공지능 시대에 가장 중요한 능력이 무엇인지 생각해보자.
2) 그 역량을 기르기 위한 구체적인 방법을 모색해보자.

연습문제

2. 예시글 8개와 논문 및 인터넷 자료를 활용하여 다음 문제들에 대하여 자신의 생각을 글로 표현하고 발표 및 토론해보자.

1) 인간과 인공지능과의 관계를 다루고 있는 책이나 영화를 조사해보고 그에 대한 비평문을 작성하고 토론해보자.

2) 인공지능의 윤리 준칙을 만들어 보고, 윤리적 문제가 무엇이며, 이 문제를 해결하기 위한 방안을 모색해보자.

〈활동과정〉
(1) 조편성: 인문 사회 계열+자연 이공 계열로 구성. 인공지능 분야와 윤리 분야 협업
(2) 논의: 인공지능의 윤리적 문제와 해결 방안, 인공지능의 발전이 인간의 삶에 미치는 영향과 그에 따른 윤리적 문제, 인공지능과 개인정보 보호, 인공지능과 사회적 공정성, 인공지능과 환경 문제 등에 대한 이해 공유
(3) 도출: 논의를 통해 윤리 준칙 도출
(4) 발표: 피피티 등 발표 자료 작성
(5) 피드백: 발표 후 피드백 수렴. 윤리 준칙 보완 및 개선

3) 학술적 글쓰기 작성 방식을 참고하여 '인공지능 윤리의 필요성'이라는 주제로 소논문을 작성해보자.

참고문헌

김기봉, 「생성형 AI 시대 인문학 선언: 포스트휴먼 조건에서 인문학 구하기」, 『人文科學研究』 제48권, 성신여자대학교 인문과학연구소, 2023.

마크 코켈버그, 『AI 윤리에 대한 모든 것』(신상규, 석기용 옮김), 아카넷, 2023.

박태웅, 『박태웅의 AI 강의』, 한빛비즈, 2023.

오선경, 「대학 교양 글쓰기에서의 챗GPT 활용 사례와 학습자 인식 연구」, 『교양교육연구』 제17권 제3호, 한국교양교육학회, 2023.

유네스코한국위원회 기획. 이상욱 지음, 『유네스코 인공지능(AI) 윤리 권고 해설서』, 유네스코한국위원회, 2021.

윤옥한, 「Chat GPT 등장과 교양교육의 방향 탐색」, 『한국콘텐츠학회논문지』 제23권 제5호, 한국콘텐츠학회, 2023.

이윤빈, 「대학생 필자의 글쓰기 과정에서 챗GPT에 대한 질문 양상 연구」, 『교양교육연구』 제17권 제4호, 한국교양교육학회, 2023.

유네스코한국위원회, 이상욱, "차별과 혐오, 우리는 AI에게 어떻게 공정함을 요구해야 할까?", 유네스코 인공지능(AI)윤리 강의(2021.11.10),

https://www.youtube.com/watch?v=F5lmUkSQdWQ.

최우영, "챗GPT는 아직 헛소리 생성기 수준…윤리준칙 정립이 중요", 머니투데이(2023.7.24.), https://news.mt.co.kr/mtview.php?no=2023072110491351255.

2

미래사회와 인간관계

학습목표
- 현대사회와 미래사회를 규정하는 개념을 알아본다.
- 미래사회에서 인간관계의 상호작용의 양상을 예측해본다.

1 현대사회와 '초연결 사회': 언제나 온라인

21세기의 디지털 혁명은 우리의 삶을 근본적으로 변화시키고 있다. 정보통신기술(ICT)의 혁신적 발전, 특히 인터넷, 모바일 기술, 인공지능(AI), 빅 데이터 등의 결합을 통해 이루어지고 있는 이러한 변화의 핵심에는 '초연결 사회(Hyperconnected Society)'라는 개념이 자리 잡고 있다. 초연결 사회는 모든 사람, 기기, 시스템이 네트워크를 통해 서로 연결되고 상호작용하는 특성을 가진다. 이는 사회의 거의 전 영역에 걸쳐 획기적인 변화를 가져오고 있지만 동시에 개인의 프라이버시 침해, 디지털 격차의 심화, 인간관계의 변화에 따른 사회적 고립과 외로움의 증가 등 다양한 문제점들도 대두되고 있다.

전문가들의 연구에 따르면 초연결 사회에서 물리적 거리와 시간의 제약이 크게 줄어들었음에도 불구하고, 많은 사람들은 예전보다 더 심각하게 사회적, 정서적으로 고립되고 외로움을 느낀다고 한다.[1] 이러한 현상의 주된 원인 중 하나는 디지털 커뮤니케이션의 증가가 실제 대면 소통을 감소시키며, 이로 인해 의미 있는 인간관계의 부족으로 이어지는 것이다.

또한, 소셜 미디어와 온라인 플랫폼에서의 지속적인 사회적 비교는 개인의 자의식과 자존감에 부정적인 영향을 미친다. 우리는 때때로 다른 사람들의 이상화된 삶과 자신의 현실을 비교하게 되며, 이로 인해 자신의 삶에 대한 불만족과 고립감을 느끼게 된다. 이러한 디지털 환경에서의 상호작용은 실제 삶에서의 연결감 부족을 가져오고, 이는 궁극적으로 외로움과 정신건강 문제로 이어질 수 있다. 따라서, 초연결 사회의 고립과 외로움 문제에 대응하기 위해서는 디지털 기술의 건강한 사용을 촉진하고, 인간관계의 질을 향상시키는 데 중점을 두어야 한다.

이를 위해 먼저 예시글들을 통해 과거, 현재 그리고 미래사회를 개념적으로 규정해보고, 각각의 특징들이 무엇인지 살펴보자. 이러한 분석을 통해 다가올 미래사회를 이해하고 초연결 사회에서의 고립과 외로움에서 벗어나 진정성 있

---

[1] 대표적인 연구로는 노리나 허츠의 『고립의 시대 The Lonely Century』가 있다.

는 인간관계의 회복에 필요한 통찰을 얻을 수 있을 것이다.

예시글 1

다음은 재독 철학자 한병철의 『피로사회 Müdigkeitsgesellschaft』의 일부를 인용한 글이다. 이 글에서는 과거의 금지와 억압, 강제의 규율사회에서 현재의 능력위주, 성과지향, 자기주도의 성과사회로의 전환을 다루고 있다. 부정성의 패러다임에서 긍정성의 패러다임으로의 전환은 결코 우리가 희망하던 유토피아 사회로 이어지지 않을 뿐 아니라 긍정성의 과잉이 자기 자신과 경쟁하며 자발적으로 스스로를 착취하는 성과주체의 피로라는 새로운 폭력으로 자아를 몰아가고 있음을 비판적으로 분석하고 있다.

긍정성 과잉사회: 피로사회

시대마다 그 시대의 고유한 질병이 있다. 그래서 이를테면 박테리아적이라고 할 수 있는 시대도 있는 것이다. 하지만 이 시대는 적어도 항생제의 발명과 함께 종언을 고했다. 인플루엔자의 대대적 확산에 대한 공포가 여전히 무시할 수 없는 것이기는 하지만, 우리는 오늘날 더 이상 바이러스의 시대를 살고 있는 것은 아니다. 우리는 면역학적 기술에 힘입어 이미 그 시대를 졸업했다.[2] 21세기의 시작은 병리학적으로 볼 때 박테리아적이지도 바이러스적이지도 않으며, 오히려 신경증적이라고 규정할 수 있다. 신경성 질환들, 이를 테면 우울증, 주의력결핍과잉행동장애, 경계성성격장애, 소진증후군 등이 21세기 초의 병리학적 상황을 지배하고 있는 것이다. 이들은 전염성 질병이 아니라 [...] 긍정성의 과잉

---

[2] 이 글은 코로나 팬데믹 발발 이전 시기에 작성되었다. 이 글의 바이러스적 시대의 종말은 적어도 백신의 존재라는 근거로 볼 때는 타당한 관점이라고 여겨진다.

으로 인한 질병이다. 보편화된 커뮤니케이션과 정보의 과잉은 인류 전체의 저항력을 떨어뜨릴 위험으로 작용한다. 같은 것이 지배하는 시스템 속에서 이질적인 것, 낯선 것은 밖으로 밀쳐내지며 이렇게 같은 것의 과다, 긍정성의 과잉은 과잉생산, 과잉가동, 과잉 커뮤니케이션 등의 긍정성의 폭력을 만들어 낸다. 신경성 질환들은 자아가 동질적인 것의 과다에 따른 과열로 타버리는 것이다.

병원, 정신병자 수용소, 감옥, 병영, 공장으로 이루어진 푸코의 규율사회는 더 이상 오늘의 사회가 아니다. 규율사회는 이미 오래전에 사라졌고 그 자리에 완전히 다른 세계가 들어선 것이다. 그것은 피트니스 클럽, 오피스 빌딩, 은행, 공항, 쇼핑몰, 유전자 실험실로 이루어진 사회이다. 21세기의 사회는 '규율사회'에서 '성과사회'로 변모했다. 이 사회의 주민도 더 이상 '복종적 주체'가 아니라 '성과주체'라고 불린다. 그들은 자기 자신을 경영하는 기업가이다. 정상적인 것과 비정상적인 것을 갈라놓는 규율 기관들의 장벽은 이제 거의 고대의 유물처럼 느껴질 지경이다. 자주 사용되는 '통제사회'와 같은 개념 역시 마찬가지이다. 그런 개념 속에는 지나치게 많은 부정성이 담겨 있기 때문이다.

규율사회는 부정성의 사회이다. 이러한 사회를 규정하는 것은 금지의 부정성이다. '~해서는 안 된다'가 여기서는 지배적인 조동사가 된다. '~해야 한다'에도 어떤 부정성, 강제의 부정성이 깃들어 있다. 성과사회는 점점 더 부정성에서 벗어난다. 점증하는 탈규제의 경향이 부정성을 폐기하고 있다. 무한정한 '할 수 있음'이 성과사회의 긍정적인 조동사이다. "예스 위 캔"이라는 복수형 긍정은 이러한 사회의 긍정적 성격을 정확하게 드러내준다. 이제 금지, 명령, 법률의 자리를 프로젝트, 이니셔티브, 모티베이션이 대신한다. 규율사회에서는 여전히 '노No'가 지배적이었다. 규율사회의 부정성은 광인과 범죄자를 낳는다. 반면 성과사회는 우울증 환자와 낙오자를 만들어낸다.

긍정성의 과잉 상태에 아무 대책도 없이 무력하게 내던져져 있는 새로운 인간형은 그 어떤 주권도 지니지 못한다. 우울한 인간은 노동하는 동물로서 자기 자신을 착취한다. 그는 가해자인 동시에 피해자이다. 아무것도 가능하지 않다는 우울한 개인의 한탄은 아무것도 불가능하지 않다고 믿는 사회에서만 가능한 것이다. 더 이상 할 수 있을 수 없다는 의식은 파괴적 자책과 자학으로 이어진다. 성과주체는 자기 자신과 전쟁상태에 있다. 우울증 환자는 이러한 내면화된 전쟁에서 부상을 입은 군인이다. 우울증은 긍정성의 과잉에 시달리는 사회의 질병으로서, 자기 자신과 전쟁을 벌이고 있는 인간을 반영한다.

힘에는 두 가지 형태가 있다. 하나는 긍정적인 힘으로 무엇인가를 할 수 있는 힘이고, 다른 하나는 부정적인 힘으로서 하지 않을 수 있는 힘, 니체의 말을 빌린다면 아니오라고 말할 수 있는 힘이다. 이러한 부정적인 힘은 단순한 무력함, 무엇인가를 할 능력의 부재와는 다른 것이다. 부정적인 힘은 무엇인가에 종속되어 있는 것을 하지 않을 수 있는 힘이다. 지각하지 않을 수 있는 부정적인 힘 없이 오직 무언가를 지각할 수 있는 긍정적인 힘만 있다면 우리의 지각은 밀려드는 모든 자극과 충동에 무기력하게 내맡겨진 처지가 될 것이고, 거기서 어떤 '정신성'도 생겨날 수 없을 것이다. 무언가를 할 수 있는 힘만 있고 하지 않을 힘은 없다면 우리는 치명적인 활동과잉 상태에 빠지고 말 것이다. 긍정성의 과잉에서는 '되돌아가서 다시 한 번 생각하기(nachdenken)'란 불가능할 것이고, 오직 '계속 생각해서 앞으로 나아가기(Fortdenken)'만을 허용하기 때문이다. 성과사회, 활동사회는 그 이면에서 극단적 피로와 탈진 상태를 야기한다. 이러한 심리 상태는 부정성의 결핍과 함께 과도한 긍정성이 지배하는 세계의 특징적 징후이다. 과도한 성과의 향상은 영혼의 경색으로 귀결된다.

성과사회의 피로는 사람들을 개별화하고 고립시키는 고독한 피로이다. 그것은 한트케가 「피로에 대한 시론」[3]에서 '분열적인 피로'라고 부른바 있는 바로 그 피로다. "둘은 벌써 끝없이 서로에게서 떨어져나가고 있었다. 그리하여 각자 자기에게 가장 고유한 피로 속으로 빠져들었다. 그러니까 그것은 우리의 피로가 아니었고, 이쪽에는 나의 피로가, 저쪽에는 너의 피로가 있는 꼴이었다." 이런 분열적인 피로는 인간을 '볼 수 없고, 말할 수 없는 상태'로 몰아넣는다. 오직 자아만이 시야를 가득 채운다. "나는 그녀에게 '나는 너한테 지쳤어'라고 말할 수도 없었을 것이다. 아니 그냥 '지쳤어'라는 말조차 할 수 없었을 것이다. 그토록 심한 피로 때문에 우리에게서 말할 수 있는 능력이, 영혼이 다 타서 사라져버린 것이다." 피로는 폭력이다. 그것은 모든 공동체, 모든 공동의 삶, 모든 친밀함을, 심지어 언어 자체마저 파괴하기 때문이다.

한병철, 『피로사회 Müdigkeitsgesellschaft』 (김태환 역), 문학과지성사, 2012.[4]

연습문제

1. 위의 글을 읽고, 다음의 문제들에 대해서 함께 생각해 보고 서로 의견을 나누어 보자.

1) 금지, 강제, 그리고 억압의 철폐, 타자에 대한 관용, 냉전의 종식, 다문화주의, 개인적 욕망의 긍정 등이 과연 개인의 무한한 자유를 보장하고 있는가? 그에 따른 부작용은 없는 것일까?

2) 저자가 밝히고 있는 '부정적인 힘'이 무엇인지, 그 중요성에 대해서 서로 이야기 해보자.

---

3) 페터 한트케(독일 작가), Peter Handke, Versuch über die Müdigkeit, Frankfurt a. M., 1992.
4) 이 예시글(제목 포함)은 필요한 내용을 부분적으로 발췌하여 구성하였다.

3) 긍정성의 패러다임에서 추구하는 자기 주도적 학습의 강조, 필수 기초 교과목의 축소 및 철폐, 학생 개개인의 창의성과 개별성을 중시하는 새로운 교육 방식의 도입이 과연 학생들을 경쟁으로부터 해방시켜 자유로운 주체로 길러내고 있는 것일까?

4) 긍정성 과잉의 필연적 산물인 '성과사회', '피로사회'의 관점에서 오늘날 서점의 수많은 자기계발서나 성공학 개론서들이 말하는 '당신은 바로 당신 자신의 경영자입니다'라는 문구가 의미하는 것은 무엇일까?

예시글 2

이 글에서 저자는 기술의 급속한 발전과 그에 따른 사회적, 윤리적 문제들의 증가에 직면한 우리 사회를 '기술 폭식사회'로 규정하고 있다. 기술이 일상의 모든 영역에 침투함에 따라, 스마트 시티 개발 같은 프로젝트는 대규모 데이터 수집을 필요로 하며, 이는 개인의 인권과 사생활 보호 문제를 야기하고 있음에 주목한다. 저자는 이러한 기술의 진보는 계속될 것이며, 이에 따라 기술과 인간의 관계, 데이터 인권 보호, 개인의 프라이버시 등에 대한 균형 잡힌 접근이 더욱 중요해질 것임을 예견하고 있다.

기술 폭식사회: 스마트 시티와 데이터 인권침해

오늘날 지구촌 인구 절반 이상이 대도시에서 삶을 이어가고 있다. 아마도 직업 선택이나 성공 기회는 물론이고 소비·교육·문화·의료·교통 등 최적의 서비스 접근과 이로 인한 생활 편리 때문이리라. 하지만 이미 도시 속 풍광은 꽤 탁해졌다. 온실가스 증가, 미세먼지 악화, 식수오염과 부족, 교통체증, 천정부지의 부동산 가격과 재개발 욕망, 물가 대란,

불평등 심화, 노숙인 증가와 슬럼화, 잦은 산업재해와 재난 상황, 테러 위협, 집단 감염병, 기후 위기형 불볕더위와 물난리 등 산적한 '도시 문제'가 도사린다. 그런데도 현대인들은 대도시에서 사는 삶을 희구한다. 앞으로도 이런 도시 속 삶을 원하는 인구가 갈수록 증가해 2050년에는 75퍼센트 가까이 늘어날 전망이라도 한다.

세계 주요국들은 도시 문제 해결을 위해 지역적인 상황에 맞춰 정책 실험을 벌여왔다. 도시의 환경 친화력을 이끌려는 생태 '정원 도시', 도시 유휴 자원의 효율성과 시민 공동생산 능력을 극대화하려는 '공유(커먼즈) 도시'나 '팹랩fab lab(제작) 도시', 지역 도시들의 창의적 문화 가치와 콘텐츠 발굴을 꾀하는 '문화 도시' 등 셀 수 없이 많다. 또 하나의 접근법으로 2000년대 중후반부터 첨단기술의 효율성을 최대로 거두기 위해 시작된 우리의 '스마트 시티' 도시계획을 주목할 필요가 있다.

'스마트 시티' 개념은 2009년도 발행된 IBM의 「더 스마트한 도시를 위한 비전A vision of smarter cities」 보고서에서 공식적으로 언급되었다. 이는 기술적으로 보면 빅데이터 분석학과 인공지능 자동 통제 능력 첨단 기술 결합형 도시재생 개념으로 쓰이고 있다.[...] 한국형 국가 시범도시로서 세종시 구상은 스마트한 시티 모델에 충실하다. 허허벌판의 광대한 부지에 첨단의 제4차 산업혁명 기술들로 가동되는 총체적인 인공도시 기획에 의해 구상되는 설계 구조다. 이제 곧 '스마트 시티 세종 국가시범도시'가 개장되면, 미래 자율주행차들이 운행되고, 범죄와 차량 흐름이 데이터 알고리즘 분석에 의해 통제되고, "도시 전체가 하나의 병원처럼" 원격 의료와 최첨단 헬스케어가 이루어지는 등 이른바 '청정의 첨단 도시'가 완성될 것이다. 과연 이는 진정 우리가 추구하려는 도시의 모습일까?

문제는 미래 첨단 도시설계와 운영을 위해 계속 불거지는 시민들의 데이터 인권 침해의 딜레마 상황이다. 기술을 매개해 필요한 도시 통제력을 확보하려 할수록, 시민들의 거의 모든 삶의 활동 데이터가 끊임없이 시 당국이나 사기업에 의해 집적되고 통제되는 모순이 발생한다. 애초부터 스마트 시티는 제4차 산업혁명의 요소 기술로 꼽히는 데이터 알고리즘 기술, 사물인터넷, 모빌리티 기반 네트워크 등을 근간으로 하고 있다. 도시 공간 내에서 이 첨단 기술들이 최적으로 운영되려면 도시의 실핏줄처럼 데이터 스트림stream(흐름)을 이루는 광대한 시민 개개인의 데이터 활동에 대한 수집 활용 분석이 필연적이다. 시민 일상의 데이터 권리에 대한 일부 포기나 양도 없이는 사실상 스마트 시티는 작동하지 않는 것이다. [...] 스마트 시티는 점점 더 개별 시민 데이터를 통합 플랫폼으로 연결 관리하면서 통제의 효율성을 강조하지만, 데이터 해킹과 유출 등 정보 재난 상황이나 정보 인권 침해가 일상화하는 여지 또한 안고 있다.[...]

우리 사회의 기술 의존도가 갈수록 커지고 있다. 코로나19 충격으로 인해 플랫폼 앱에 기댄 언택트 경제가 흥행하고 비대면 일상이 익숙해지면서 기술 과열 조짐까지 보인다. 바이러스 위기를 모면하는 방도를 별 숙고 없이 기술에서 찾는데 익숙해진 까닭이다. 일종의 '기술 폭식사회'가 된 듯하다. 계속해서 먹어도 허기에 시달리며 기술 폭식 욕망에 압도된 사회 현실 말이다. 기술 폭식사회는 그 어떤 때 보다도 사회가 기술에 매달리고, 기술 그 자체를 사회문제의 직접적 해결책으로 보고, 자본주의 기술 그 자체에 대한 이성적 판단이나 성찰의 여유가 적을 때 발생하는 이상 현상이다.

이광식, 『디지털 폭식사회: 기술은 어떻게 우리 사회를 잠식하는가?』 인물과사상사, 2022.

> **연습문제**
>
> 2. '기술 폭식'에 빠져있는 우리들에게 매번 의식의 각성을 주는 단서들을 찾아보자. 특히 근래 우리 사회에 기술 과잉이자 폭식으로 인해 발생했던 기술관련 사건 사고들의 사례들에 대해 서로 이야기 해보자.

2 공감 부재사회와 공감 과잉사회: "타인은 나의 지옥인가?"

과학기술의 발달과 혁신은 디지털 공간을 무한대로 확장시키고 있으며, 이제 스마트폰 하나만으로도 우리는 지구 반대편의 익명의 사람들과도 동시적으로 또는 비동시적으로 접속이 가능하고 디지털 공간은 이러한 공유를 통해 더욱 확대되어 가히 '모든 생활세계의 공유화'가 이루어졌다고도 볼 수 있다. 그러면 이러한 디지털 공간의 확장을 통해 소통의 장도 더욱 넓어졌을까? 초연결사회에서 직접적인 인간적 상호작용이 줄어들면서, 사람들은 타인과 의미 있는 인간관계를 형성하는 데 어려움을 겪을 수 있어 소외와 외로움을 느낀다. 그러나 다른 한편으로는 끊임없이 정보에 노출되고, 소셜 미디어에서 지속적으로 상호작용을 하면서 오히려 스트레스를 받고 정서적으로 고립되고 외로움을 느끼기도 한다. 이 점에서 과학기술사회가 직면하고 있는 인간관계의 딜레마적 상황이 발생한다. 우리는 서로 연결이 부족해서 외로움을 느끼는 것인가? 아니면 지나치게 연결되어서 오히려 외로운 것일까?

타인의 삶에 대한 공감(empathy)은 사람들이 서로의 아픔을 이해하고 공유함으로써 무관심이나 멸시가 아닌, 연민과 지원으로 이어지게 한다. 즉 공감은 인류애를 발현하게 하는 원인이 된다. 따라서 공감의 부재는 사회적 무관심과 분열을 초래할 수 있다. 그러나 타인의 삶에 대한 과도한 공감은 타인의 삶을 지나치게 모방하거나, 타인의 경험과 감정에 대한 지나친 동일시와 감정 이입을 초래하여 오히려 개인의 불안과 경쟁심을 증가시킨다. 이처럼 공감과잉은 실제로는 타인과의 건강한 관계 형성을 방해하는 요인으로 작용하기도 한다.

이제 우리는 공감부재와 공감과잉이라는 이 두 극단 사이에서 어떻게 진정성 있는 인간관계를 구축할 것인가의 문제에 직면하고 있다. 이와 관련하여 서로 대립적 관점에 있는 다음의 두 예시글을 읽고, 다가올 미래사회에서 사회적 연대감과 개인의 자율성 사이의 조화를 모색할 수 있는 적절한 수준의 공감능력의 조건이 무엇일지에 대해 진지하게 고민해보자.

예시글 3

"타인의 고통은 나의 고통이다: 우리는 더 연결되어야 한다."

"타인의 고통은 과연 나의 고통이 될 수 있을까?" 교양과 상식을 갖춘 사람이라면 일단 "그럴 수 있다"란 긍정적인 대답을 할 것이다. 그러나 잠시 이 문제에 대해 숙고해 보면, 결국 고통은 사적(私的)일 수 밖에 없으며, 만약 타인의 고통과 나의 고통을 동일시한다면 우리는 나의 고통에서 벗어나고자 애써야 할 뿐만이 아니라, 동시에 타인이 고통에서 벗어나도록 도와줘야 하는 책임까지도 함께 져야 하는 것은 아닌가라는 생각을 가질 수도 있다. 고통을 피하려고 하는 것이 자연스러운 인간의 본성이라는 점에서 이 질문에 대한 긍정적인 대답은 우리에게 지나친 도덕적 책임감을 떠맡기는 것이기에 부담스럽기도 하다. 그러나 다른 한편으로는 우리의 양심이 선뜻 타인의 고통으로부터 우리를 방관자에만 머물도록 하지는 않을 것이라는 기대도 가지고 있다. 특히 도덕적 책임감의 함양을 추구하는 교육 현장에서는 타인의 고통에 대한 방관자적 태도를 지양하고 고통에 적극 개입하는 것을 성숙한 시민의식으로 요청하고 있기도 하다. 어떻게 하면 "타인의 고통은 나의 고통이다."가 의미하는 바가 한편으로는 윤리적 명령으로서의 강요이면서도 다른 한편으로는 강요가 아닌 자발성으로서의 절실한 윤리적 명령이 될 수 있을까?

공간적 경계가 허물어진 현대 사회에서 우리는 매일 매일 전 지구상에서 벌어지고 있는 참혹한 일들을 시시각각으로 다양한 영상매체들을 통해 전달받고 있다. 전쟁 통에 부모를 잃고 사막을 헤매는 헐벗은 어린 아이의 초점 없는 눈빛에 가슴이 시려오기도 하고, 부모의 폭력 앞에서 끔찍한 고통을 겪으면서 사라져 간 아직 제대로 피어보지도 못한 어린 영혼의 모습을 보면서 그 죽음 앞에 분노와 좌절과 안타까움에 절로 눈물을 흘리기도 한다. 이처럼 이미지화 된 정보들의 홍수는 우리에게 끊임없이 타인의 고통을 통해 인간의 본성, 삶의 의미에 대한 성찰의 기회를 제공하고 있다. 지구 반대편에서 일어난 천재지변에도 나와는 전혀 관계없는 먼 나라 사람들의 죽음과 비통함을 애도하고, 삶의 허무함과 내 자신의 오늘의 안녕을 빌며 잠시나마 인도주의적인 감상에 빠지기도 한다. 그리고 그것이 흔히 말하는 교양인의 모습이라고 생각한다. 그러나 곧 대다수의 우리는 일상의 생활로 돌아오고 타인의 참혹한 죽음과 고통 때문에 잠 못 이루며 오래도록 고민하지는 않는다.

타인의 고통은 나에게 순간적으로 충격적이긴 하지만 그것에 대한 이미지와 느낌은 망각될 수 있고 공감은 지속적이지도 못하다. 이러한 공감의 한계가 보여주는 사실은 다양하다. 먼저 타인의 고통에 대한 공감이 너무도 절박하여 오히려 불편함 때문에 의도적으로 그것에 눈을 감으려고 하는 반작용일 수도 있고, 때로는 고통의 이미지에 우리가 이미 충분히 무뎌져 있음을 나타내기도 하며, 나아가서는 타인의 고통에 공감하는 사람들도 어디까지나 그들의 고통에 대한 방관자일 수 밖에 없음을 현실적으로 인정함일 수도 있다.

그러나 타인과 마음을 함께 하는 능력인 공감(empathy)은 도덕관념(moral sentiments)의 원천이 되는 기초적인 힘이다. 타인의 고통에 대한 공감능력이 부족한 시민들이 많아질수록 우리 사회는 타인의 고통에 대한 이해와 동정보다는 그것에 대한 혐오감이나 수치심이 증가하게 될 것이고, 결국 타인의 고통에 대한 무관심이나 때로는 고통의 원인에 대한 갈등으로 반목하는 사회가 될 것이다. 이점에서 성숙한 사회를 지향하는 교양교육에서는 타인의 고통에 대한 동정심과 공감력이 갖는 도덕적 함의의 중요성을 인식하고 공감의 능력을 높일 수 있는 현실적인 교육 방안에 대한 심도 깊은 고찰이 필요하다.

마사 누스바움[5]은 인류의 진화 유산 중 중요한 일부분으로 타인에게 관심을 느끼는 능력으로서의 공감의 기능을 제시한다. 그녀는 공감을 더 심화해서 다른 생명체의 관점에서 세계를 볼 수 있는 능력인 '입장 전환의 사고(positional thinking)' 능력과 결합시킨다. 입장 전환의 사고는 공감을 형성하는 것과 관련해서 큰 도움을 주며, 공감은 더 나아가서 누군가를 도와주는 행동과 연결된다고 본다.

타인의 고통에 대한 감수성으로서의 공감능력은 사실에 의해 촉발되는 불가피한 강제성이라고 하는 수동성을 의미하지만 동시에 이에 따른 당연한 윤리적 책임의 회피 불가능성도 함축하고 있다. 타인의 고통이 그 격정과 강도에서 절대적으로 동일하게 나의 고통이 될 수는 없다고 하더라도 그것이 그를 도우려고 하는 우리의 마음가짐을 방해하지는 못한다. 왜냐하면 타인의 고통의 얼굴의 등장은 곧 나에게 그를 도와야만 할 윤리적 책임에 대한 하나의 계시와도 같은 것이기 때문이다. 타인의 얼굴은 마치 계시처럼 우리 앞에 등장한다. 타인의 얼굴은 인지의 대

---

5) 마사 누스바움, 『공부를 넘어 교육으로』 (우석영 역), 궁리, 2011, p. 77.

상이 아니라 그가 보내는 윤리적 명령에로 향하고자 하는 우리의 본능적이며 자발적인 감성적 영향을 의미한다. 예를 들어 전쟁터에서 싸움에 져서 포로가 되어 사형대 앞에 선 적군의 간절한 얼굴은 나에게 "살인하지 말라!"라고 하는 하나의 명령을 보내고 있으며, 나의 도덕적 감수성은 나에게 그 명령에 응답할 윤리적인 책임이 있음을 알려주고 있다.

 타인의 고통에 대한 공감은 어떻게 사회 안에서 자기중심적인 이기적인 자아가 타인을 존중하면서 타인과의 윤리적 관계를 맺을 수 있는지에 대한 이론적 근거가 된다. 타인은 낯선 사람으로 존재하지만, 우리는 그를 환대하고 그로부터의 호소를 받아들이고 그의 곤경에 책임을 진다. 이렇게 타인의 얼굴이 보내는 윤리적 명령을 자발적으로 수행하면서 내 삶은 지속된다.

 그러므로 대학에서의 인성교육의 목표는 자아 중심적인 가치실현에 있는 것이 아니라, 타인의 고통에 대한 공감능력의 함양과 공동체 안에서의 도덕적 행위의 실천이어야 한다. 인간적 삶에 대한 성찰은 '나'에 대한 이성적, 인지적 이해중심에서 탈피하여 타인이나 감성, 공감, 접촉, 얼굴, 어루만짐과 같은 일상적이고 윤리적인 언어들에 대한 관심을 가지고 나와 이웃과의 관계라는 구체적인 사회성 안에서 이루어져야 한다. 우리 안에서 소외 받고 있는 낯선 얼굴들이 보내는 호소에 귀를 기울이고, 그들의 고통의 얼굴을 어루만지고, 그들의 얼굴이 우리에게 전달하는 윤리적 명령에 응답하는 것이야말로 현대 사회가 추구하는 새로운 휴머니즘의 조건이라고 생각한다. 나는 타인의 고통의 얼굴에 응답하는 것으로서만 나로서, 즉 인간으로서 존재한다. 이보다 더한 강렬한 메시지가 있을 수 있을까?

김화경, 「교양교육에서의 타인의 고통에 대한 감수성 교육의 중요성」, 『교양교육연구』 22집, 한국교양교육학회, 2014.

> **예시글 4**

타인의 삶에 대한 공감과잉 사회

올해도 여지없이 자기계발 관련 책이 가장 많이 팔린 도서의 상위를 차지했다고 한다. 물론 새로운 현상은 결코 아니다. 신자유주의가 능력주의와 시장의 자유를 앞세워 개인의 끊임없는 자기착취와 유연성을 강요하고 과잉경쟁을 유발해왔으므로, 사회학자 세네트(R. Sennet)가 적합하게 표현했듯 '유연한 인간'으로 살아남기 위한 자기계발은 다수의 사람에게 필수적 요소가 되어버렸다. 평생직장은커녕 대기업도 근속연수가 10년이 채 안 되고, 중소기업 종사자는 근속연수 3~4년이 기본인 현실에서 자본주의 사회의 통치이데올로기라고 비난을 해도 자기계발이 생존을 위한 강박관념으로 작용하지 않을 수 없다.

근대사회에서 개인의 불안은 사회적 연대를 통해 보호되었다. 대중은 스스로를, 그리고 사회를 조직화하고 시민으로서 개인은 그 안에서 인권과 자유를 보장받았다. 이에 대한 정치적 백래시[6]는 '사회라는 것은 존재하지 않는다'라는 마가렛 대처의 표현에 잘 담겨있다. 이제 자기계발은 사회적 연대로부터 멀어진 개인이 스스로를 지켜나가는 유일한 수단이라고 믿게끔 되었다. 그러나 그것만으로 내 삶을 온전하게 유지하기는 어려우므로 언젠가부터 타인의 삶은 나의 삶을 지탱하는 척도와 보완재가 되었다.

합리적이고 이성적인 힘으로 나와 공동체의 삶을 온전하게 지켜내기 어렵게 되면서 미디어를 통해 전달되는 타인의 삶에 대한 미러링[7]은 다

---

6) '강한 반발' 또는 '거센 반동' 현상으로 불리는 '백래시(Backlash)'는 어떤 사건, 정책, 의견 등에 대해 사람들이 강하게 반대하거나 부정적인 반응을 보이는 것을 의미한다. 예를 들어, 사회적 변화나 새로운 정책에 대한 대중의 반대 반응을 '백래시'라고 부를 수 있다.
7) '미러링(Mirroring)'은 상대방의 태도나 행동을 모방하여 그들과의 관계를 개선하거나 심리적 안정감을 주는 기술을 의미한다.

양한 방식으로 우리를 규율화한다. 우선, TV, 스크린, 유튜브 등 미디어를 통해서 보이는 타인의 삶의 성공 스토리는 확실히 불안한 개인에게 경외의 대상이 된다.

흥미로운 점은 누군가의 성공 스토리가 그 인생의 경로 속에서 평가되는 것이 아니라 경쟁의 성취가 제1 기준이 된다는 것이다. 그래서 누군가 어떤 삶을 살았느냐보다는 학력, 스펙, 경쟁에서의 성공 여부가 절대적으로 중요하다. 공직자로서 저지른 범죄행위도 일류대 출신에 고시를 패스했으면 유능한 인물이 저지를 수 있는 한순간의 실수로 용서가 되고, 예술도 국제경연대회 우승자라면 승자독식이 허용된다. 해외 유수의 콩쿨 우승자가 되면 그 순간 환생한 리스트나 파가니니가 되어버리고, 그들의 진정한 음악성은 평가의 대상에서 사라져버리고 이들의 연주는 무조건적으로 소비되며, 다음 주자가 등장할 때까지는 아무나 들을 수 없는 값비싼 가격으로 보상받는다.

심지어 대중음악도 경연 우승자는 시장에서 성공의 보증수표가 되고, 평범한 음악회조차 대중음악인지 창을 하는지 알 수 없을 정도로 노래 한 곡에 혼신의 힘을 다하고 관객은 점수를 매겨 즐거워하니 가히 경쟁에 미친 사회가 아닐 듯싶을 정도이다. 당연히 경쟁의 성취자에 대한 정당한 비평은 따라붙을 수 없다. 우승자에 대한 예술성을 논하는 순간 무능한 자의 근거 없는 질시라고 비난받기 십상이다. 성공의 미담은 쿨하게 인정해주는 자세가 그 리그로 들어갈 수 있는 기본적 자세이다.

물론 위로의 미러링도 있다. 대인관계가 서툴고, 섭사리 권태에 빠지고, 육아에 지치고, 사랑과 소통에 서투른 사람들이 나만이 아니라는 위안, 그러나 남들이 보기엔 망가졌을지 몰라도 뒤늦게 일상에서 '소확행'을 찾아 주어진 환경에 적응하며 착실하게 살아가는 사람들을 보면 아직 세상이 나쁜 것만 같지는 않고, 위로를 받는다. 나보다 어려운 타인의 삶은 경쟁에 지친 나를 위로해주기 때문이다. 그러나 이러한 감정은 자연 발생적인 것이 아니고, 공감이라는 이름으로 학습되어야 착한 시민의 덕성이 될 수 있다. 불편한 진실을 비판하고, 그것에 분노하면, 날 것으로서 패배자의 모습 그 이상도, 그 이하도 아니게 되기 때문이다.

이 우스꽝스러운 집단환각은 오늘날 공감능력이라는 이름으로 포장되고 있다. 단순한 동정과 연민을 넘어 다양한 공감 전문가들은 오늘날 공감능력을 앞세워 불편한 진실과 마주하는 다수의 사람에게 사회 병리현상에 대한 감정이입을 강요한다. 그래서 위로를 앞세운 공감 토크쇼는 분노하지 못하는 루저들의 자기 치유 수단이 되어버렸다. '88세대', '아프니까 청춘이다'라고 소환되기 시작한 청년담론은 공정담론과 정치권의 청년정책 남발로 이어졌고, 다양한 정치적 지형에서 청년 정치인과 청년 담당 관료까지 탄생시켰지만, 다수의 청년은 여전히 청년정책의 대상일 뿐이다.

세대를 가로질러 부부관계와 가족문제까지 공감과잉을 강요하는 공감 비즈니스가 도처에 산재하지만, 무엇이 변했던가? 막상 열악한 노동현장에서 노동자들이 사고사를 당하거나, 불합리한 고용조건에서 조직적 저항이라도 소환하려면 강성노조의 환영이라도 드리워진 듯 호들갑을 떨거나 냉소적 자세를 보이는 이 자의적이고 선택적인 공감능력은 확실히 반쪽짜리 공감으로 보인다. 시장화된 공감은 개인의 영혼을 치유할 수 있을지 몰라도 사회의 자생력을 회복하는 데는 멀어 보인다. [...] 억지 공감능력과 상처를 입은 영혼의 톡-톡 진혼곡, 사회권력에 대한 배설을 통한 카타르시스 대신 사회문제가 사회의 연대로 전화되는 새로운 희망의 움직임을 기대해본다.

임운택, "타인의 삶에 대한 공감과잉 사회", 대학지성 In&Out(2024.1.1.), http://www.unipress.co.kr(2024.1.10.)

 **연습문제**

3. 예시글3과 예시글4의 글을 읽고 각 저자의 주장과 논거를 간단명료한 몇 개의 문장으로 비교 분석하여 요약한 후, 자신은 어느 쪽 주장을 지지하는 지에 대한 나름의 논거를 작성해서 짧은 논증적 글쓰기를 완성해보자.

구분	예시글3	예시글4
주장		
논거		
논증적 글쓰기		

3 21세기의 시민이란? 미래사회와 인간관계

　미래사회의 인간관계를 예측해보면, 기술의 진보가 인간 상호작용의 방식을 극적으로 변화시킬 것으로 보인다. 디지털 연결성이 증가함에 따라, 온라인 상호작용은 더욱 일상화되겠지만, 이는 직접적인 인간 교류의 감소와 고독감의 증가를 가져올 수 있다. 현대사회에서도 관찰되는 이러한 정서적 연결 부족 내지 회피의 문제는 미래사회에서 더욱 복잡하고 다양한 형태로 나타날 수 있다. 이러한 변화는 개인의 정신 건강과 사회적 유대에 영향을 미치며, 따라서 미래사회에서는 디지털 기술과 인간적 연결의 균형을 찾는 것이 중요한 사회적 과제가 될 것이다.

　다음의 예시글에서 함축하고 있는 인간관계의 상호작용의 문제점들을 성찰해보자. 그리고 미래사회에서 인간관계의 본질을 재정의해보고, 갈수록 고도화될 디지털 환경으로 인한 고립과 외로움의 문제에 대처하기 위한 방안들을 숙고해보자.

예시글 5

삶에서 아무 일도 일어나지 않을 때

　휴대전화여, 오 나의 휴대전화여 나에게 멋진 일이 생길 거라 말해다오. 나를 놀라게 해다오. 펄쩍 뛰게 해다오. 이것이 밤낮으로 버스에서, 지하철에서, 비행기에서 휴대전화를 들여다보거나 사소한 진동에도 휴대전화부터 꺼내고 보는 수백만 사용자의 바람이다. 가장 멋진 휴대전화도 자기가 줄 수 있는 것-세련된 소통 시스템-이상은 줄 수 없다. 과거의 미궁을 탐색하고, 인생의 지평을 넓히기 위해 풍경을 감상하고 타인과 대화를 나누고, 책을 펼치는 대신에 휴대전화로 게임을 하거나 드라마 시리즈를 보는 사람이 이토록 많다니, 슬픈 일이다.

화면은 가득 차고 넘쳐난 나머지 비어버렸다. 사람들이 화면에 중독되는 이유는 화면상의 사건은 경험되는 것이 아니라 대리 수용되는 것이기 때문이다. 삶에서 아무 일도 일어나지 않을 때, 적어도 스마트폰에서는 현실의 시뮬라르크(simulacre, 가상 이미지)를 꾸며낼 수 있다. 불확실한 세상에서 스마트폰은 위험하지 않은 전율을 제공함으로써 공허를 견뎌내게 한다. 그러나 그 풍부함은 가짜라는 데 비극이 있다.

스마트폰은 이제 신체의 일부가 되었다. 디지털 시대는 산만함의 승리와 주의력의 몰락으로 대변된다. 우리는 더 이상 스스로를 제어하지 못하고 매 순간 새로운 만족을 추구한다. 광적인 스마트폰 사용은 경험의 빈곤과 다르지 않다. [...] 스마트폰은 우리의 주의력을 자기 자신을 포함한 모든 것에서 떠나게 만든다. 타인과의 소통 도구가 아이러니하게도 가장 가까운 사람들과의 대화를 방해하거나 관계에 공백을 만든다.[...]

스마트폰이라는 보조 장치를 갖게 된 신인류는 시도 때도 없이, 전쟁 중에 긴급한 전갈을 받은 지휘관처럼 냅다 그 장치를 꺼내 든다. 전화, 메시지, 알람을 우연히라도 놓칠 수 있겠는가? 이게 바로 포모(FOMO; Fear Of Missing Out), 즉 뭔가를 놓칠지도 모른다는 두려움이다. 우리는 스마트폰을 들여다보면서 최근의 상황과 청원에 열광한다. 밀려드는 소식들, 폭발적으로 급증하는 정보가 불확실한 파트너보다 우리를 더욱 흥분시킨다. 그 사람이 왜 전화를 하지 않을까? 당신은 배터리가 방전됐거나, 전화가 안 터지는 곳에 있거나, 스마트폰을 도난당했을 거라고 생각하겠지만 현실은 잔인하다. 그 사람은 그저 당신과 말하고 싶지 않은 것이다.

가상세계에서는 이 세상에 존재하지 않는 곳을 여행하고 아바타를 통해 놀라운 운명을 경험할 수 있다. VR 글래스를 착용하기만 하면 모험가, 해적, 용병, 범죄자, 갱스터가 된 자신에게 완전히 몰입할 수 있다. 그렇다면 이런 문제가 대두될 수 있다. 예를 들어 메타버스에서 나의 분신 중

하나가 저지른 범죄는 누구의 잘못인가? 나 자신? 아니면 나의 다양한 인격? 이미 가상현실에서의 성폭력 피해에 대한 고소가 제기되기 시작했다. 2021년 12월에 한 사용자가 호라이즌월드의 가상 공간에서 자신의 아바타가 성폭행을 당했다고 주장하여 문제가 되었다. 로블록스 같은 플랫폼을 이용해 수많은 상상의 평행우주에 갈 수도 있다. 청소년들이 특히 열광하는 이 평행 세계에서 우리는 스스로를 연출하고 자신의 태도나 새로운 파트너를 시험해 본다.

과거의 모험가들은 배를 타고 바다로 나갔다. 그러나 현대의 모험가들은 조이스틱을 잡거나 VR 글래스를 쓰고 드러눕는다. 실제로 신고 있는 것이 운동화든 샌들이든 실내화든, 가상현실에서 내 발을 감싸고 있는 것은 평행우주를 넘나드는 마법의 신발이다. 위대한 모험도 편안히 누운 자세로 가능하다. 우리는 가상현실로 무엇을 배울 수 있을까? 엉덩이를 오래 붙이고 있는 법만큼은 제대로 배울 수 있을 것 같다. [...] 팬데믹 이후 문명의 상징은 로켓이나 초고층 빌딩이나 원자로가 아니라 좀 더 소박한 사물, 이를테면 전원과 인터넷 연결이 가능한 안락의자가 될 것이다. 21세기의 시민이란? 시청각 보조장치를 착용하고 방에 처박혀 기분전환에 몰두하는 인간 아닐까. 그는 자신이 더 이상 경험할 수 없는 것들을 디지털 쌍둥이들을 통하여 경험할 것이다. 그리고 한없이 외로워하리라.

파스칼 브뤼크네르, 『우리 인생에 바람을 초대하려면』, (이세진 역), 인플루엔셜, 2023.

예시글 6

"외로움, 알고도 쉽게 못 고치는 가혹한 질병이다"

외로움은 영혼을 짓밟는다. 연구자들은 외로움이 개인의 영혼에 남기는 상처보다 우리 사회에 끼치는 피해가 훨씬 더 크다는 사실을 발견해 왔다. 외로움은 뇌졸중, 심장병, 치매, 갖은 염증과 자살에 영향을 미친다. 외로움은 문자 그대로 마음을 아프게 하는 병인데, 외로움으로 인한 피해를 보고 있으면, 보는 이의 가슴도 미어진다.

외로움은 하루에 담배 15개비를 피는 것만큼 치명적이며, 매일 술을 6잔씩 먹는 것보다 더 위험하다. 내 주장이 아니라 미국 의무총감인 비벡 머시 박사가 했던 말이다. 외로움은 비만보다 건강에 더 나쁘다. 더 큰 문제는 우리가 점점 더 외로워지고 있다는 사실이다. 친구가 없다고 느끼는지, 소외감을 느끼는지 등을 묻는 조사에 따르면, 미국인의 절반 이상은 외로움을 겪는다. 연구자들의 주장이 맞다면, 사회적 고립으로 인한 사망자 수는 서구 사회에서 매년 테러 공격이나 살인으로 죽는 사람의 숫자보다 훨씬 많다. 그로 인해 사회는 보건과 관련해 막대한 비용을 치러야 한다. 적절한 대책을 마련해 시행하면 획기적으로 줄일 수 있는 비용이다. 148개 연구를 종합해 분석한 메타연구에 따르면, 사회적인 관계를 강화하고 외로움을 줄이는 건 개인의 향후 7년간 생존 확률을 50%나 높여준다.[...]

대공황은 경제적으로 엄청난 타격을 입혔지만, 이때 사람들의 사망률은 오르기는커녕 오히려 감소했다. 왜 1930년대에는 절망의 죽음이 없었을까? 나는 1930년대만 해도 교회, 남성 사교 클럽, 여성 협회, 브리지 클럽, 볼링 동호회, 친척에 이르기까지 지금보다 공동체나 지역사회 단체가 건재했던 게 분명 역할을 했다고 생각한다. 이런 공동체와 다양한 단체들은 실업으로 인한 경제적 어려움, 그로 인한 굴욕감과 고통을 상당 부분 보듬어줬을 것이다. 실제로 이런 단체들은 모두가 어려운 시기에 더욱 적극적으로 다양한 활동에 나서기도 했다.

공동체와 지역사회를 기반으로 한 단체들은 점점 사라졌고, 이제 우리는 홀로 남았다. 아마 수많은 사람이 외롭게 죽어가는 고독사가 늘어난 이유도 다르지 않을 것이다. 우리는 다른 영장류와 마찬가지로 사회적 동물로 진화했다. 그런데 부유해지면서, 즉 자원을 넉넉하게 쓸 수 있게 되면서 우리는 갈수록 외로워졌다. 인류의 역설이라 부를 만하다. 여유가 생기자, 이제는 오두막집에 여덟 명 가족이 다닥다닥 붙어서 자지 않아도 된다. 대신 인간은 높고 튼튼한 벽을 쌓고 방이 여러 개 딸린 커다란 집을 지었다. 이제 가족들이 침실은 물론 화장실도 따로 쓸 수 있게 됐다. 비싼 집을 사면서 낸 대출을 갚으려면 밤낮없이 열심히 일해야 한다. 그러다 보니 가족끼리 얼굴 맞대고 식사를 같이하는 날이 드물다.

초창기에는 페이스북을 비롯한 소셜미디어가 우리를 하나로 묶어주고 서로 이어주리라는 막연한 기대가 있었다. 그러나 이제는 소셜미디어가 오히려 우리를 더욱 깊은 고독에 빠뜨린다는 것이 전문가들 사이의 중론이다. 사람들은 인스타그램에 올라오는 게시물을 보고, 절망에 빠진다. 세상에서 나만 따분하고 별 볼 일 없는 삶을 사는 것 같고, 다른 사람들의 삶은 재미있는 것들로 가득 차 보이기 때문이다. 그러는 사이 화면을 들여다보는 시간이 길어지면 곧 다른 사람과 얼굴을 맞대고 교류하는 시간은 줄어든다. 이런 여러 가지가 한데 얽혀 지난 10여 년간 젊은이들이 겪은 정신 건강 위기의 원인이 됐을 것이다. 흔히 외로운 사람들은 주로 나이 든 사람일 거로 생각하지만, 조사 결과에 따르면 외로움을 느끼는 사람의 비중은 젊은이들 사이에서 나이 든 사람보다 두 배 가까이 높다.

개를 사랑하는 사람으로서 반려동물과 함께 사는 건 외로움을 극복하는 자연스러운 해법일 것 같은데, 막상 실제 연구 결과를 보면 이 또한 명확하지 않다. 마찬가지로 로봇이나 인공지능을 장착한 봇이 인간과 자연스럽게 대화할 수 있게 되면 사회적 고립에 빠진 이들을 고독에서 구제하는 데 효과적일 거란 분석이 있는데, 이 또한 확실하지 않다. 여전히 살아 숨 쉬는 사람 친구에 비하면 효과가 불분명한 경우가 많다.

미국 의무총감인 머시 박사가 펴낸 보고서 "외로움과 고립이라는 우리 시대의 전염병"은 미국의 고독 문제를 종합적으로 접근하는 데 중요한 지표가 된다. 머시 총감은 다른 사람과의 관계를 잘 맺을 수 있는 사회적 구조를 강화하는 것이 외로움에 맞서는 전략의 핵심이 되어야 한다고 제안했다. 그런 구조란 공원, 도서관 등 물리적인 시설일 수도 있고, 자원봉사자나 이 문제를 해결하는 데 관심과 열정이 있는 사람들을 한데 묶어낼 수 있는 사회적 연결망일 수도 있다. 외로움을 해결하는 법은 이런 식이다. 우리가 진화한 대로라면 우리는 본능적으로 다른 사람과 어울리는 걸 마다하지 않는다. 별것 아닌 계기만 있으면 우리는 어렵지 않게 먼저 다가가고 말을 건다. 그렇게 해서 외로움이라는 무서운 질병에 효과적으로 맞서 싸울 수 있다면, 더욱 적극적으로 이 방법을 장려하지 않을 이유가 없다.

현재 미국인은 고독한 군중이다. 원자화되고, 양극화됐으며, 중독돼 있고, 괴로워한다. 우리의 행복과 건강, 웰빙을 위해 가장 필요한 게 무엇인지 수많은 연구와 경험들이 가리키고 있다. 바로 힘들 때 기댈 수 있는 다른 사람이다.

"외로움, 알고도 쉽게 못 고치는 가혹한 질병이다", 스브스프리미엄(2023.10.04.), https://premium.sbs.co.kr/article/TmthEXsOPF8?utm_source=sbsnews&ref=sbsnews_aside(2024.1.10.)[8]

---

8) 원문: Nicholas Kristof, "We Know the Cure for Loneliness. So Why Do We Suffer?", The New York Times(2023.9.6.), https://www.nytimes.com/2023/09/06/opinion(2024.1.10.). 번역: 뉴스페퍼민트 제공

> **연습문제**

> 4. 앞에서 제시한 모든 예시글(1~6)을 참고하여 30년 후의 미래사회의 모습(기술, 도시, 인간관계 등)을 예측해보자. 다음의 질문 중 하나를 선택하여 심층적으로 분석해보고, 창의적이고 비판적인 시각으로 자신의 생각을 작성해보자.(다양한 방식으로 작성 가능: PPT, 애니메이션, 소설, 에세이, 유튜브, 동영상, 블로그, 보고서 등)

1) 기술의 발전과 일상생활: 30년 후의 미래사회에서는 어떤 새로운 기술이 등장하고, 이 기술들이 우리의 일상생활에 어떤 변화를 가져올 것이라고 생각하는가? 예를 들어, 교통, 의료, 교육 등 다양한 분야에서 기술이 어떻게 활용될 것인지 구체적으로 묘사해 보자.

2) 사회적 변화와 도전과제: 미래사회에서 예상되는 주요한 사회적 변화는 무엇이며, 이러한 변화가 사회에 어떤 도전과제를 제기할 것이라고 생각하는가? 예를들어, 인구 구조의 변화, 일자리 시장의 변동, 환경 문제의 진전 등이 제기될 수 있다. 이러한 변화가 사회에 미칠 영향과 대응 방안에 대해 설명해 보자.

3) 인간관계와 디지털화: 초연결 사회와 디지털화가 진행됨에 따라, 미래에는 인간관계가 어떻게 변화할 것으로 예상하는가? 디지털 기술이 인간관계에 미칠 긍정적 및 부정적 영향에 대해 설명하고, 이러한 변화에 대비하기 위한 개인적 또는 사회적 전략을 제안해 보자.

참고문헌

김화경, 「교양교육에서의 타인의 고통에 대한 감수성 교육의 중요성」, 『교양교육연구』 22집, 한국교양교육학회, 2014.

노리나 허츠, 『고립의 시대 The Lonely Century』 (홍정인 역), 웅진지식하우스, 2020.

이광식, 『디지털 폭식사회: 기술은 어떻게 우리 사회를 잠식하는가?』 인물과사상사, 2022.

파스칼 브뤼크네르, 『우리 인생에 바람을 초대하려면』 (이세진 역), 인플루엔셜, 2023.

한병철, 『피로사회(Müdigkeitsgesellschaft)』 (김태환 역), 문학과지성사, 2012.

임운택, "타인의 삶에 대한 공감과잉 사회", 대학지성 In&Out(2024.1.1.), http://www.unipress.co.kr.

Nicholas Kristof, "We Know the Cure for Loneliness. So Why Do We Suffer?", The New York Times(2023,9.6.), https://www.nytimes.com/2023/09/06/opinion.

3

생태적 삶과 글쓰기

학습목표
- 생태적 삶의 중요성을 인식한다.
- 생태적 삶과 생태미학적 삶의 차이를 파악한다
- 스마트폰을 활용해서 생태미학적 체험의 짧은 글을 작성한다.

1 생태적 삶의 요구 및 필요성

근대 이후 인간은 자연을 인간의 욕구 충족을 위한 도구로 간주해 왔다. 주지하다시피 근대적 자연관(데카르트나 칸트가 이를 대표하는 인물)은 자연/인간, 자연/기술 혹은 자연/예술의 이원론에 입각해 있다. 이에 따르면, 자연은 인간의 기술이나 예술과 무관하게 인간 외부에 존재하는 어떤 것이다. 그것은 무반성적인 것, 혹은 이성에 의해 사유되지 않은 것이다. 즉, 그것은 조야한 것, 원시적인 것이며 문명화되지 않은 것을 의미한다. 한 마디로 근대적 자연관에서 말하는 자연은 이른바 "인간 이성의 타자"로서의 자연이다.

이러한 근대적 자연관의 자연은 인간 이성에 의해서 철저하게 정량화되고, 수치화되는 자연이라고 할 수 있다. 근대적 자연관에서는 인간 이성으로부터 떨어져 있는 자연이 자신과 등가적 가치를 갖는 것으로 인정되지 않는다. 근대적 자연관의 인간은 인간과 자연의 화해라는 이름 아래, 혹은 이원론의 극복이라는 이름 아래, 늘 자연을 이성에 종속시키고자 했다. 즉, 자연은 '이성적 존재로서의 인간'에 의해서 언제든 정량적으로 파악가능한 것으로 여겨졌다. 이러한 자연은 인간으로부터 멀리 떨어져 존재하는 것이기는 하지만 인간 이성에 의해서 낱낱이 파악될 수 있는 대상이다. 달리 말하면 근대적 자연관의 자연은 인간의 필요에 의해서 언제든 이용 가능하고 대체 가능한 도구라는 것이다. 데카르트가 바라본 자연이면서 칸트가 바라본 자연이 바로 이런 자연이라고 할 수 있다.[1]

결국 이러한 근대적 자연관의 자연은 일상 속의 자연과 동떨어진 자연, 소외된 자연으로 머문다. 그것은 우리가 일상의 삶에서 우리의 몸을 통해서 감지하는 자연이 아니다. 그것은 그저 인간의 필요에 의해서 언제든 다른 것으로 대체 가능한 것일 뿐이다. 예를 들면 A산에 내장된 금 1kg은 B산에 내장된 금 1kg에 의해서 대체 가능한 것이다. 그렇기 때문에 거기에는 자연의 고유성(예:다른 어

---

[1] 최준호,「순천만국가정원의 생태미학적 고찰」,『남도문화연구』제32집, 남도문화연구소, 2017, 148쪽.

떤 산에 의해서도 대체될 수 없는 A산의 고유성)이라는 것이 자리할 여지가 없다. 그것은 인간의 이성에 의해서 파악된 것으로, 인간의 필요에 의해서 언제든 소환되고 소비되며 대체되는 물건일 뿐이다.[2]

그런데 위와 같은 자연관에 기초한 삶이 위기를 맞게 된다. 1984년 구 소련(현재 우크라이나) 체르노빌 원자력 발전소 사건은 자연을 도구로 간주하는 삶의 위험성이 각인되면서, 생태적 삶의 필요성이 전 지구적으로 확산되는 결정적 계기가 되었다. 자연을 인간의 도구로만 간주하는 근대적 자연관의 한계를 벗어난 자연관의 정립이 시대의 요구가 된 것이다. 체르노빌 사건을 겪으면서 인간은 자연 속에서 자연과 함께 살아갈 수밖에 없는 생태적 존재라는 사실이 너무도 분명해졌기 때문이다. 적어도 표면적으로라도 근대적 자연관의 관점에서 자연을 대하는 입장을 고집하기는 어렵게 되었다.[3] 요컨대 인간은 자연 속에서 자연과 함께 자연에 의존하며 살아가는 생태적 존재임이 부각되었다.

2 생태적 삶을 넘어 생태미학적 삶으로

문제는 생태적 삶의 중요성을 잘 인식하고 있음에도 불구하고, 실제로 그런 삶을 살지 못한다는 데 있다. 생태적 삶의 중요성을 분명하게 인식했음에도 불구하고, 자연은 여전히 '소외된 자연'으로 '이성의 타자'로 간주되는 삶이 지속되고 있다는 말이다. 거칠게 말하면 생태적 삶이 강조되지만, 그것은 그저 구호나 슬로건에만 그칠 뿐, 그러한 삶이 대부분의 사람들의 일상과 접목되지 않고 있다는 것이다. 이를테면 한국의 대표적인 생태공간이라고 할 수 있는 순천만을 생태적 관점에서 조망하는 것과 보통 사람들의 일상은 별개라는 것이다.

이와 같은 사실로 인해 생태적 자연관과 생태미학적 자연관을 구별할 필요가 있다. 생태적 자연관은 인간의 생태적 삶을 위한 자연관 일반을 뜻한다. 그것은 생태적 자연관에 입각한 자연과학적 연구와 그 연구의 결과물들을 포괄한

---

2) 같은 곳.
3) 앞의 문헌, 150쪽.

다. 아니 그런 연구나 연구결과물이 그 중심에 놓여 있다고 말하는 것이 더 적절하다. 이 경우에 중요한 것은 생태적 삶을 위해서 A하천의 수질이 얼마이어야 하고, 그 수질을 유지하기 위해서 필요한 과학적 조치가 무엇인가 하는 것이 중시된다. 이에 반해서 생태미학적 자연관이란 인간과 자연의 생태적 관계를 몸을 통해서 감성적으로 느끼는 것을 중심에 놓는 자연관을 의미한다. 즉, 이 경우 A하천의 물로 몸을 적시면서, 인간이 자연 속에서 자연과 함께 살아가는 존재라는 것을 느끼는 것이 중요하다. 여기서 미학적(aesthetic)이라는 것은 감성적이라는 말의 본래 뜻(몸의 감지)을 가리키는 어휘이다.[4]

이와 같은 구별이 필요한 이유는 무엇보다도 다음과 같은 데 있다. 생태적 자연관은 근대적 자연관으로 귀결될 가능성이 있다. 달리 말해서 자연과 인간의 공존을 정량화에 입각해서 제시함으로써, 본래 의도와는 다르게 근대적 자연관으로 회귀할 가능성이 생태적 자연관에 수반되어 있다는 것이다(근대적 자연관과는 다르다 하더라도, 우리의 일상과 거리가 먼 자연관으로 귀결될 가능성은 크다). 이에 반해서 생태미학적 자연관은 자연과 인간의 공존관계를 몸을 통해서 감성적으로 느끼는 관점에서 바라보는 자연관이다. 이러한 자연관의 자연은 우리들이 일상의 삶 속에서 감지하는 자연이다. 이때 중요한 것은 늘 우리가 몸을 통해서 자연을 경험할 때 동반되는 '신체적 정황의 감지(자신이 어떤 존재이고 어떤 상황에서 살아가고 있는가를 몸으로 감지)'이다. 이 경우 자연과 인간은 분리되지 않는다. 이때 자연은 정량화되지 않는다. 자연은 감지될 뿐이다. 자연과 인간의 이원론이 개입할 여지가 없다. 생태미학의 관점에서 자연과 인간의 생태적 공존이 강조되어야 하는 이유가 바로 여기에 있다.[5]

물론 이른바 인간과 자연의 공존을 자연과학적 입장에서 정량화해서 파악하는 것의 의미를 무시할 수는 없다.[6] 이를테면 몸으로 감지하기 어려운 치명적

---

4) 앞의 문헌, 151쪽.

5) 같은 곳.

6) G. Böhme, *Für eine ökologische Naturästhetik*, Suhrkamp, 1989, 50쪽.

요인이 있을 수 있고, 그것은 자연과학의 힘을 통해서 파악해야 한다. 다만 자연과학의 자연관은 근본적으로 몸으로 감지하는 자연에서 벗어나 있다는 점이 간과돼서는 안 된다. 그러한 자연은 우리에게 내적인 자연이 아니라 외적인 자연으로 머문다. 그리고 그러한 한에서 그것은 언제든지 우리로부터 멀리 떨어져 있는 자연으로, 즉 이른바 소외된 자연으로 전환될 가능성을 함축한다. 바로 이러한 이유 때문에 '자연과학적 성과를 배제하지 않는 생태미학적 자연관'이 요구된다.[7]

요컨대 몸으로 감지하는 생태적 경험의 중요하게 되었다. 그것도 일상 속에서 그렇게 경험하는 것이 중요하게 되었다. 단순한 생태적 삶이 아니라, 자연과학의 성과를 배제하지 않는 생태미학적 삶이 필요하게 된 것이다. 앞서 언급했듯이 이때 미학적이라는 말은 몸으로 감지하는 감성적 경험의 의미를 뜻한다. 그리고 이는 미학 본래의 의미에 상응하는 것이다.

3 숲체험으로 보는 생태미학적 삶

숲에 관한 신문·방송뉴스가 고장 난 수도꼭지의 수돗물처럼 쏟아져 나오고 있다고 말해도 지나치지 않다. 비교적 유명한 숲 관련 유튜브 영상은 헤아릴 수 없을 정도로 많다. 숲 열풍이라는 말로도 부족할 만큼 숲에 관한 담화가 무성하다. 게다가 숲이 화원, 정원, 수목원, 그리고 일명 생태공원에 관한 얘기들과 뒤섞여 얘기되는 경우가 매우 많은데, 그런 것까지 더해서 보자면 숲 담화는 감당하기 어려울 정도로 넘쳐나고 있다. 이는 적어도 십수 년 전까지만 해도 상상하기 어려웠던 현상이다.[8]

그렇다면 숲에 관해서 언급할 때, 빼놓지 않고 언급해야 할 중요한 요소는 무엇인가? 그것은 숲 체험의 특별함이고, 숲은 그러한 체험이 이뤄지는 공간으

---

7) 최준호, 앞의 문헌, 152쪽.
8) 최준호, 「숲 열풍 속 '숲 체험의 미학적 조망': '생태적 관점의 숲 이해'의 지평 넓히기」, 『문화와융합』 45권 11호, 2023, 한국문화융합학회, 664쪽.

로 이해되어야 한다는 사실이다. 숲 체험은 기본적으로 '숲에 빠져듦' 현상과 분리해서 말하기 어렵다. 그리고 그러한 빠져듦에는 몰입과 잊음이 동반된다. 거기에는 삶을, 세상을, 타인을, 자연을 도구주의적으로 파악하게 하는 데서 벗어나야 한다는 '무언의 외침'이 담겨 있다. 이처럼 숲 체험에는 숲에 대한 정량적인 객관적 연구를 통해서는 드러나지 않는 사실이 담겨 있다.[9] 요컨대 숲 체험은 다른 미학적 경험들(예술작품 감상의 경험, 스포츠 경기관람의 경험 등등)과 마찬가지로 숲 체험자가 특별한 분위기에 빠져들면서, 그와 동시에 그 체험자가 자신이 지금 어떤 상태에 처해 있는가를 몸으로 감지하게 되는 미학적 경험의 하나[10]이지만, 그것은 다른 미학적 경험들에는 없는 특징을 담고 있다.

위와 같은 특징을 지니는 숲체험에 대해서 좀 더 부연해보면 다음과 같다. 먼저 그것은 다른 어떤 미학적 경험들보다도 분명하게 오감 전체가 감지하는 체험이다. 예술의 미학적 경험이나 스포츠 등의 미학적 경험은 다감각적인 경우가 없다고 해도 지나치지 않다.[11] 대부분의 미학적 경험은 시각에 경도되어 있다고 말해도 좋을 만큼, 그 경험에서 시각적 경험이 차지하는 비중이 절대적이라 할 수 있다. 이에 반해서 숲 체험은 시각은 물론이고, 청각(새소리, 벌레소리, 바람소리 등), 후각(숲내음), 그리고 촉각(숲 속 생물 접촉하기), 심지어는 미각에 이르기까지 말 그대로 오감을 통해서 숲의 분위기를 감지하는 경험이다. 이러한 사실이 숲 체험에서 시각적 요인이 중요하지 않다는 것은 아니다. 다만 다른 미학적 경험에 비해서 숲 체험은 비교할 수 없을 정도로 다감각적이라는 말이다.[12]

다음으로 언급할 특징은 숲 체험은 독특한 황홀경에 빠지는 미학적 체험이라는 점이다. 숲 체험을 한 사람들은 종종 그 체험을 통해서 황홀경에 빠졌다고 말하곤 한다. 황홀경에 빠진다는 것은 일상사에 얽매이는 데서 벗어나 숲의 분

---

9) 앞의 문헌, 666-667쪽.

10) 앞의 문헌, 669쪽.

11) 앞의 문헌, 670쪽.

12) 같은 곳.

위기에 몰입하게 된다는 뜻이다. 그리고 그러한 몰입은 보통 그 몰입을 경험하는 사람들의 기분을 '업' 시킨다. 이른바 도취의 상태에 놓이게 되는 것이다. 그래서 우리는 '꽃에 취하다, 단풍에 취하다'라고 말할 때와 마찬가지로 '숲에 취한다'고 한다. 이 점에서 숲 체험은 다른 미학적 체험과 다르지 않다. 다만 숲 체험의 황홀경은 어폐가 있어 보이는 말이지만 '고요한 황홀경'이라 할 수 있다. 풀어서 말해 보자면, 숲 체험을 할 때 이를테면 스포츠 경기를 하거나 볼 때 혹은 예술작품이나 공연을 접할 때 경험하게 되는 이른바 '달뜨는 기분'의 황홀경에 이르는 것이 아니라 '차분해지는 기분'의 황홀경에 이른다는 것이다.[13]

세 번째로 들 수 있는 것은 숲 체험에 동반되는 신체적 정황의 감지(자신이 어떤 존재이고 어떤 상황에서 살아가고 있는가를 몸으로 감지)가 독특하다는 점이다. 숲 향기를 맡고 숲 소리를 들으며 그 분위기에 빠져들면서 독특한 황홀경을 경험할 때, 숲 체험자는 당연히 기분의 변화(감정의 변화)를 경험한다. 그리고 그와 동시에 다른 미학적 경험 때와 마찬가지로 자신이 어떤 상태에 처해 있는 존재인가를 몸으로 감지하게 된다. 이를 한마디로 말하자면 '인간-자연 관계의 일방성' 혹은 '주체가 절대 우위에 놓이는 인간-자연 관계'로부터 벗어나서 자연과 함께하는 삶, 더 나아가 인간은 자연에 의존하는 삶을 살 수밖에 없다는 무언의 외침을 듣는 상황에 자신이 처해 있음을 몸으로 감지하게 된다는 것이다. 이 점에서 숲 체험에 동반되는 처해 있음의 감지는 다른 자연현상의 체험에 동반되는 '신체적 정황'의 감지와 다르지 않다고 할 수 있다.[14]

마지막으로 한 가지 더 추가할 것이 있다. 숲체험은 가장 대중적이고 대표적인 자연 체험이라는 사실이다. 강, 하천, 평야, 산, 바다, 정원, 공원 등등, 자연 체험과 관련된 공간은 매우 다양하다. 그리고 그 각각에는 그것만의 고유한 특성이 있다(이에 대해서 논하는 것은 본 논문의 영역 밖에 놓여 있다). 다만 숲의 경우에 비교해서 보자면 다른 자연 공간의 체험은 상대적으로 특정한 지역

---

13) 앞의 문헌, 671쪽.
14) 같은 곳.

등에서만 가능하다. 산이 그렇고, 강이 그러며, 바다가 그렇다. 정원이나 공원도 마찬가지이다. 이에 반해서 숲 체험은 그렇지 않다. 쉽게 말하자면 숲이 없는 삶의 공간은 없다.[15]

숲은 다른 공간들과 분명하게 구별되는 별도의 공간으로 존재할 수도 있지만, 많은 경우 다른 공간들과 함께 존재한다. 강 주변, 바다 주변은 물론이고, 산중에, 정원이나 공원 가운데에도 숲은 존재한다. 어느 곳에서든 숲 체험, 더 정확하게 말하면 숲의 생태미학적 체험이 가능하다는 말이다. 이렇게 보자면 숲의 생태미학적 체험은 가장 대표적인 생태미학적 체험이라고 해도 무방하다. 물론 이는 다른 체험에서 더 강렬한 혹은 가장 인상적인 생태미학적 체험이 불가능하다는 말이 아니다. 다른 어떤 자연의 생태미학적 체험과 달리, 모든 사람에게, 모든 곳에서, 생태미학적 숲은 다른 자연 대상보다 더 널리 퍼져 있다. 이를 숲의 편재성(遍在性)이라고 일컬을 수 있다. 다른 말로 하자면 일상의 생태미학적 체험을 통해서 생태적 삶의 고양에 이르기 위해서 숲체험만큼 좋은 것이 없다고 해도 지나치지 않다. 일상에서 자연의 생태미학적 체험이 가능한 대표적인 공간이 숲이라는 말이다.[16]

이와 같은 특징을 지닌 숲체험을 글로 적어봄으로써, 더 정확하게 말하면 생태미학적 글쓰기를 통해서, 그 체험을 생태미학적 삶의 고양을 위한 밑거름으로 삼을 수 있다.

---

15) 최준호, 「생태적 자연미학의 관점에서 본 광릉숲: 특별한 숲체험의 공간으로 거듭나야」, 『철학 연구』 143호, 2023, 철학연구회, 93쪽.
16) 앞의 문헌, 93-94쪽.

4 생태미학적 체험의 글쓰기-공감각적 표현을 통한 '분위기 머금은 현상'의 묘사

앞서 살펴본 것처럼, 생태미학적 체험은 생태적 인식과 실제 삶이 어긋나지 않을 가능성을 높여준다. 그리고 그 체험을 글로 적어 남길 경우 그 가능성은 더욱 높아진다고 해도 과언이 아닐 것이다. 물론 이때의 글쓰기는 단순히 머리로만 쓰는 것을 넘어서 몸으로 쓰는 것일 필요가 있다. 몸의 느낌, 몸이 기억하는 것을 떠올려 그것을 글로 적어야 한다.

이제 생태미학적 체험의 글쓰기가 어떤 글쓰기이고, 어떻게 써야 하는가에 대해서 간단하게 살펴보자. 그 핵심을 간단하게 말하자면, 체험 중 특별한 순간의 분위기를 '공감각적' 표현을 통해서 묘사하는 것이다. 이를 유념하지 않을 경우, 글쓴이의 의도와 달리 그 글은 지극히 주관적인 감상문에 그칠 가능성이 크다. 그것도 상당히 추상적인 어휘들로 쓴 감상문에 그칠 수 있다.

생태미학적 체험의 글을 작성하기 위해서는 일단 체험 자체에 몰입할 필요가 있다. 다음으로 필요한 것은 전체 체험 중 아주 특별한 분위기가 느껴지는 한순간에 주목하고 집중하는 것이다. 1시간 가량의 숲체험을 한다고 가정해보자. 그럴 경우 독특한 분위기가 느껴지는 순간이 있게 마련이다. 물론 경우에 따라, 사람에 따라 그런 순간이 여러 번 있을 수 있다. 그렇더라도 그 중 하나에 초점을 맞출 필요가 있다. 스마트폰을 이용해서 메모, 사진찍기를 하는 것, 당연히 필요하다. 1시간 가량의 숲체험을 하면서, 그런 순간을 수시로 맞이하게 되면, 그 순간마다 메모하고 사진을 남긴 뒤, 본격적으로 글을 쓸 때 그 중 하나만 선택하면 된다.

위와 같은 과정을 거쳐 한 순간이 선택되면, 그 순간의 전체 분위기를 마치 사진으로 찍어서 남기거나 붓으로 그림을 그려 남기듯이 적절한 어휘를 선택해서 글로 그려내려고 해야한다. 그리고 이때 그 분위기를 이른바 공감각적 표현으로 묘사하는 것이 필요하다. 이렇게 해서 그 특별한 순간의 전체 분위기를 공감각적으로 묘사할 결정적 어휘가 정해지면, 그것을 중심에 놓고 그 분위기를 체험하던 순간의 앞뒤 상황을 진솔하게 적어내면 된다. 이렇게 되면 그 순간의 특별한 생태미학적 체험이 '분위기 머금은 현상'으로 재현된다. 다르게 말하면 그럴 경우 그 순간은 마치 훌륭한 화가의 그림을 감상했을 때처럼, 평생 잊지 않고 생생하게 기억하게 될 수 있다. 또 다른 말로 하자면, 그러한 글쓰기는 자신의 생태적 삶, 아니 생태미학적 삶의 고양을 위한 아주 훌륭한 밑거름이 될 수 있다는 것이다.

이렇게 볼 때, 문제의 핵심은 공감각적인 표현이라고 해도 지나치지 않다. 예를 통해서 이에 대한 이해에 한발 더 다가가 보도록 하자.

> "길은 단숨에 아름다운 숲속으로 이어졌다. [...] 그곳에는 오크나무와 **달콤한 밤나무**가 수려하게 자라고 있었다. [...]
> 낮이 되면서 점점 여름 날씨답게 더워지고 있었기 때문에 **얼룩진 그늘** 아래로 지나는 게 무척 즐거웠다. 나무 그늘이 주는 시원함은 흥분된 내 마음을 부드럽게 누그러뜨려 주고 꿈꾸는 듯한 즐거움을 선사했다. 나는 그 **향기로운 신선함** 속에 영원히 머물러 있고 싶다는 느낌이 들었다. 나의 동료도 같은 생각을 하는 듯했다. 우리는 느리게 말을 몰면서 **녹색 숲향기**, 그중에서도 특히 길섶 가까이에서 짓밟힌 고사리가 뿜어내는 향기를 들이마셨다."[17]

대표적인 생태미학자 윌리엄 모리스(William Morris)가 자신의 생태미학적 세계관을 잘 담아내고 있는 소설 『에코토피아 뉴스』 다섯 번째 챕터에서, 영국의 켄싱턴 가든(켄싱턴 공원) 주변의 숲을 묘사한 장면이다. 신선하고 평온한 숲의 분위기가 묘사되고 있다. 독자는 나무 그늘과 숲 내음, 그리고 숲속 식물에 대한 공감각적 표현을 접하면서 마치 자기가 실제로 숲의 그러한 분위기에 빠져들 때와 유사한 감정상태에 놓이게 된다. 이것이 이른바 공감각적 표현을 통한 '분위기 머금은 현상'의 묘사이다.[18] 즉, 공감각적 표현(강조 부분)을 통

---

17) 윌리엄 모리스, 『에코토피아 뉴스』(박홍규 역), 필맥, 2016, 58-59쪽.

18) 최준호, 「뵈메의 관점에서 본 모리스 『에코토피아 뉴스』의 자연관: 자연 찬미 속 생태적 자연미학의 흔적들」, 『철학탐구』 76권, 중앙대학교 철학연구소, 2024, 105-106쪽.

해서, 숲의 특정한 분위기가 마치 그림을 보듯이 잘 느껴지게 글로 기술되었다. 또 다른 예를 하나 더 보자.

> "그는 노를 잡고 다시 젓기 시작했고, 우리는 급한 구비를 돌아 북쪽으로 조금 더 갔다. 얼마 지나지 않아 느릅나무가 늘어서 있는 둑이 나타났다. [...] 우리가 노를 저어 가는 동안 둑 위로 걸어오는 사람들이 말을 걸어왔다. 그들의 부드러운 목소리는 뻐꾸기의 노래, 지빠귀의 부드럽고 강한 속삭임, 건초밭의 길게 자란 풀 속을 걸어가는 뜸부기의 끝없는 울음소리와 섞여 들려왔다. 들판의 풀 속에 핀 **클로버 꽃들이 내뿜는 향기의 파도가 밀려왔다**."[19]

이것은 서른 번째 챕터에서 템스강 다리 중 가장 오래된 다리인 래드코트 다리 주변에서 노를 저어가면서 배로 이동하는 중에 보게 된 둑 위의 '자연과 인간의 조화로운 풍경'의 독특한 분위기가 묘사된 장면이다. 자연의 생명체들은 물론이고 인간까지 포함된 '분주하고 활동적인 다채로운 것들'이 규칙 없는 조화 속에서 뒤섞이는 광경의 분위기가 묘사되고 있다. 여기서도 시각, 후각, 청각을 동시적으로 자극하는 공감각적 표현을 통해서 독자는 실제로 그 분위기를 몸으로 감지하는 것 같은 상태에 놓이게 된다. 이 역시 공감각적 표현을 통한 나무랄 데 없는 '분위기 머금은 현상'의 묘사라 할 수 있다.[20]

이제 위와 같은 인식을 바탕으로 아래의 연습문제를 통해서 특별한 숲체험의 공감각적 체험을 묘사하는 생태미학적 글쓰기에 도전해보도록 하자. 그리고 이를 통해서 생태적 삶의 고양, 더 정확히 말하면 생태미학적 삶의 고양에 다가가보도록 하자.

---

19) 윌리엄 모리스, 앞의 책, 332쪽.
20) 최준호, 앞의 문헌, 106쪽.

> **연습문제**

1. 주변의 숲이나 숲과 어우러진 자연환경을 최소한 2곳 이상 탐방 체험한다. 지역의 명소, 이를테면 수원의 경우, 영흥수목원, 일월수목원, 용연 등등을 탐방해서 체험한다. 이것이 여의치 않을 경우, 자신이 거주하고 있는 공간 주변의 자그마한 숲이나 캠퍼스 주변의 그와 같은 곳을 체험해도 전혀 문제가 없다. 오히려 그것이 더 바람직할 수 있다. 이때 인상적인 장소와 그 장소에서의 특별한 느낌을 스마트폰을 활용해서 다음과 같이 간단하게 메모하고 그와 관련된 사항을 사진으로 남긴다.

   장소: 순천만 용산전망대 오르는 길(약 2km)
   시간: 2024.6.1.
   인상적인 체험을 한 장소: 초입의 여러 나무들이 뒤섞여 일종의 나무터널을 이루고 있는 곳
   특별한 느낌: 전신을 훑은 바람에 맞았을 때 느껴졌던 과일향 품은 숲 분위기의 감지

 **연습문제**

2. 위 기초 자료를 바탕으로, 시간적 순서에 따라 3-4문단의 키워드(혹은 중심 문장)를 적어서 글의 골격(개요)을 짠다. 무엇보다 **특별한 분위기 감지의 순간을 공감각적 어휘로 표현하는 것을 중심**에 둔다. 동시에 가제목을 적는다.

가제목: 초여름 순천만 용산전망대 오르는 길의 특별한 체험
첫 문단의 키워드: 비오듯 땀이 흐르던 오르막 길
둘째 문단의 키워드: 상긋함 그윽한 숲내음의 분위기 감지
셋째 문단의 키워드: 갓난아기 방긋거림 같은 햇살 속 호기심
넷째 문단의 키워드: 벼락처럼 엄습한 뒤 표표히 사라진 숲의 분위기

> **연습문제**

3. 아래의 예시 글을 참조해서, 위에 작성한 글의 골격에 따라서 자신이 경험한 잊지 못할 생태미학적 체험의 에세이를 공백포함 1200자 내외(공감각적 표현이 포함된 3-4문단의 에세이)로 솔직하게 작성한다.(가급적 제 삼자가 체험한 것처럼 적는다.)

제목: '상긋함 그윽한 숲내음'의 함의 검색 중

여름으로 막 접어든 시점에, J는 전망 좋기로 소문난 해안가 야산을 오른다. 출발점을 알리는 이정표가 있는 초입부터 정상까지 보통의 성인 기준으로 약30분 정도 걸리는 비교적 순탄한 산행길을 나선 것이다. 다소간 평평한 데를 지나 오르막길에 이르자 이마의 땀이 마르지 않는 샘처럼 솟는다. 손수건으로 연신 닦아내 보지만 역부족이다. 그래도 쉬지 않고 사박사박 발걸음을 옮긴다.

얼마쯤 흘렀을까. 상긋함 그윽한 '계절을 거스르는 바람'이 전신을 훑는다. 숲내음의 엄습이다. 순식간에 주위를 둘러싸고는 전광석화처럼 사방으로 퍼져나간다. 더할 것도 없고 덜할 것도 없을 정도로 좋은 '달뜬 기분'이 온몸을 타고 흐른다. 아카시아 향기 같기도 하고, 라일락 향기 같기도 하고, 그런가 하면 살구향 같기도 한 바람 냄새 가득한 '숲돔'에 들어선 '자신'을 발견한다. 온몸이 땀으로 범벅이 됐지만, 짜증스런 마음은 눈곱만치도 없다. 자신도 모르게 터져나오는 '햐'하는 감탄사와 함께 '오길 잘했다'는 생각이 꼬리를 물고 이어지고, 도시생활의 갑갑함은 그 배후로 숨어든다.

호기심 가득한 토끼눈으로 사방을 둘러본다. 무성하지만 군데군데 성긴 '나뭇잎그늘터널'이 만들어져 있는 걸 확인한다. 그 사이사이로 햇살이 반짝인다. 영락없는 갓난아기의 방긋거림이다. 발밑에는 믿을 수 없을 만큼 폭신폭신하고 탄력 넘치는 낙엽매트가 깔려있다. 길 양옆에 늘어서 있는 나무들로 시선을 돌린다. 이름을 알 수 없는 나무들 중간중간 낯익은 나무들이 시야에 들어온다. 자신이 알고 있는 나무가 맞는지 다가가서 확인해 본다. "맞네. 소나무. 근데 소나무가 이렇게 곧게, 이렇게 높이 뻗어 올라갈 수도 있는거야?" 무심코 내뱉게 되는 말이다. 이번엔 그늘 터널의 활엽수들을 자세히 살핀다. …휴대폰으로 사진을 찍어 무슨 나무인지 알

아내려고 애를 써본다. 그렇게 한참을 보내다 나중을 기약하며, 다시금 길을 재촉한다.[21]

남는 건 사진뿐이라고들 한다. 맞다. 평생 머물 것 같던 전율을 동반한 감동과 감흥도 바닷가 모래 위에 적은 맹세의 글처럼 순식간에 사라진다는 걸 사람들은 잘 알고 있다. 평생 구상한 한 컷의 사진을 찍듯이, 도둑처럼 찾아왔다가 표표히 사라진 '특별한 분위기' 감지를 글로 그려보려는 이유다. 미숙한 스케치와 서툰 붓질로 엉망이 되지 않을까 노심초사하면서도 영원히 남을 빛의 한순간을 포착하고자 했던 인상파 화가를 떠올리며. 평생 새롭게 쓰여질 그 체험의 의미들로 채워질 한 권의 책을 떠올리면서 말이다.

참고문헌

Gernot Böhme, *Für eine ökologische Naturästhetik*, Suhrkamp, 1989.

윌리엄 모리스, 『에코토피아 뉴스』(박홍규 옮김), 필맥, 2016.

최준호, 「순천만국가정원의 생태미학적 고찰」, 『남도문화연구』 제32집, 남도문화연구소, 2017.

최준호, 「뵈메의 관점에서 본 프로축구 경기의 미학적 의미」, 『철학연구』 164집, 대한철학회, 2022.11.

최준호, 「숲 열풍 속 '숲 체험의 미학적 조망': '생태적 관점의 숲 이해'의 지평 넓히기」, 『문화와융합』 45권 11호, 한국문화융합학회, 2023.

최준호, 「생태적 자연미학의 관점에서 본 광릉숲: 특별한 숲체험의 공간으로 거듭나야」, 『철학 연구』 143호, 철학연구회, 2023.

최준호, 「뵈메의 관점에서 본 모리스 『에코토피아 뉴스』의 자연관 — 자연 찬미 속 생태적 자연미학의 흔적들」, 『철학탐구』 76권, 중앙대학교 철학연구소, 2024.

---

21) 최준호, 「뵈메의 관점에서 본 프로축구 경기의 미학적 의미」, 『철학연구』 164집, 대한철학회, 2022.11., 344-345쪽.